华中语学论库（第七辑）
邢福义　主编

成语小札

卢卓群　著

华中师范大学出版社

新出图证(鄂)字 10 号
图书在版编目(CIP)数据

成语小札/卢卓群著.—武汉:华中师范大学出版社,2023.6
ISBN 978-7-5769-0123-8

Ⅰ.①成…　Ⅱ.①卢…　Ⅲ.①汉语－成语－通俗读物　Ⅳ.①H136.31-49

中国国家版本馆 CIP 数据核字(2023)第 072820 号

成语小札
CHENGYU XIAOZHA
©卢卓群　著

责任编辑:王　胜　　责任校对:肖绪旭　　封面设计:罗明波
编辑室:高等教育分社　　电话:027-67867364
出版发行:华中师范大学出版社有限责任公司　　社址:湖北省武汉市洪山区珞喻路 152 号
电话:027-67861549(发行部)
网址:http://press.ccnu.edu.cn　　电子邮箱:press@mail.ccnu.edu.cn
印刷:湖北恒泰印务有限公司　　督印:刘　敏
开本:710mm×1000mm　1/16　　印张:14
版次:2023 年 6 月第 1 版　　印次:2023 年 6 月第 1 次印刷
字数:240 千字　　定价:69.00 元

欢迎上网查询、购书

序

邢福义

随着历史的发展，社会的进步，科技的发达，语言学在整个世界范围内越来越展示出强大的活力和能量。中国语言学是世界语言学的重要组成部分。为了对中国语言学事业有所推动，我们组织撰写“华中语学论库”。作为专用名称，这里的“语学”主要指汉语语言学，近期的15年时间里以现代汉语语法专题研究为重点。“语学论库”，这是汉语语言学研究的一个系统工程，如果将来主客观条件具备，在研究范围上可以不断扩大，在研究时间上可以无限延展，在研究队伍上可以辈辈交接，代代传承。“华中”一词，既跟研究队伍的华中群体相关，又跟华中师范大学出版社的名称相关。

汉语语言学源远流长。千百年来，特别是《马氏文通》出版以来，尤其是20世纪70年代之后，由于一代代学者的不懈努力，汉语语言学沿着“创业—拓新—发展”的轨道不断推进。目前，汉语语言学所统括的汉语语法学、汉语语音学、汉语方言学、汉语词汇学、汉语语用学等学科，都已出现了初步繁荣的喜人局面。

但是，初步繁荣并不意味着已经成熟。对于语言学这样一门社会科学来说，成熟与不成熟的突出标志，应该是学派或流派是否已经形成。在这一点上，科学跟艺术情况相同。比方说，我国的京剧表演艺术已经达到了成熟的高峰，最基本的表现就是形成的这“派”那“派”，只要一提到“梅派”和“程派”，稍有京剧表演艺术知识的人就会知道这是两个具有各自特点的著名流派。又比方说，我国的书法艺术早已达到了成熟的高峰，最基本的表现就是形成了这“体”那“体”，只要一提到“颜体”，稍有书法艺术知识的人就会知道它是不同于“柳体”“欧体”等的有独特风格的书写体，甚至还会知道颜真卿打破了“书贵瘦硬”的传统书风，开创了“二王”体系之外的新体。然而，汉语语言学的各门学科，即使是其中发展速度最快的现代汉语语法学，仍然缺乏显示成熟的任何标志，距离真正成熟实际上还十分遥远。

当今的汉语语言学，面临的主要问题是“二求”：一求创建理论和方法，二求把事实弄清楚。这是互补互促而又互成因果的两个问题。没有理论和方法的成熟，一门学科不可能是成熟的。而理论和方法的创建，是学者们长期深入研究的成果，是有效地进行群体性思考、独立性思考和开拓性思考的结晶。因此，必然带有鲜明的个性，带有学派的印记，反映一派学者的思想体系、研究特点和总体成就。另一方面，没有对事实的清楚了解，理论和方法的创建便成为空中楼阁。从现代汉语语法研究来说，之所以至今尚未成熟，自成体系的理论和方法之所以尚未创立起来，最根本的原因还是对事实的了解基本上仍然处于朦胧的状态。真正适合于我国语言文字的理论和方法，最终只能产生在我国语言文字的沃土之上。因此，应该强调“研究植根于汉语泥土，理论生发于汉语事实”。不然，我国的汉语语言学在世界语言学中就可能永远处于附庸的地位，就永远不会有跟国外理论对等交流的时候。

学术派别的产生，起码应该具备三个条件：第一，有特定的学术领地，提示标志性的理论和主张；第二，有鲜明的治学特点，形成一套自己的研究方法；第三，有良好的学风，形成一支富有活力的队伍。近年来的研究状况表明，我国的学者们已经或多或少地显示了各自的风格特点，但是，顶多只能说其中孕育着某些派别意识，或者顶多只能说预示了某种派别意识的萌芽。汉语语言学的真正成熟，需要经历很长很长的历史阶段，有赖于众多的学者群策群力，更有赖于一辈一辈的学者发扬愚公移山的接力精神。我们华中研究群体人数很少，力量单薄，起点不高，功力不足，对于汉语语言学的发展起不了多大的作用，但是，我们愿意跟在前辈学者的后头，跟在全国各地学者的后头，尽心竭力地做点力所能及的工作。如果把建设富于特色的汉语语言学比作建筑一座大厦，那么，我们组织撰写“华中语学论库”，便是想为这座大厦的建筑献上几根钢筋、几块石头。通过参加大厦的建筑，使我们这支小小的队伍受到训练，这是我们的最大愿望。各部著作在内容上具有独立性，但我们希望，在出版了以上二十部之后可以看到研究风格上的某些特色和理论方法上的某种网络。

“华中语学论库”的撰写和出版，得到华中师范大学出版社的大力支持。年初，出版社社长朱峰先生和中文编辑室主任陈昌恒先生到我家，鼓励我牵头编写一套关于汉语语言学的丛书，要我拟订一个初步的计划。不久之后，新上任的总编辑王先霈先生了解了有关情况，立即审定计划，并且从内容到选题都提出了好些中肯的意见。他们为发展学术事业所作的决策，他们在出版事业上的决心、魄力和历史责任感，不管是对我个人还是对华中语言研究群体的所有成员，都是极为有力的鞭策。

千里之行，始于足下！

贵在努力，贵在坚持！

1996 年 5 月 4 日

前　言

这是一本关于成语的知识性、趣味性通俗读物，供中等以上文化程度的读者阅读。

本书内容为笔者三十多年来在研究成语和编纂成语词典的过程中所写的部分短文和杂记，是想把成语研究和新成果用通俗短文写出来，以服务社会广大群众的一种尝试。

笔者从以前写的成语短文中选取了100多篇，分为10组，辑录于此。

第一组“了解成语”。内容大体上是成语的一个概说。2013年河南卫视举办大型文化节目《成语英雄》时，笔者应邀审稿并参与现场台下工作，针对群众演员提出的问题，笔者进行了解答，然后写了这篇《成语的由来》。这篇短文在原有语料的基础上讨论了“成语”一词的历史发展及其形成。《成语——中国文化的密码》也是从这个节目引发谈论的。《何谓熟语》是一篇约稿。这篇约稿是按照编辑部的约稿要求，将已有的相关材料进行重组，编辑这本书时，准备删去，后来还是保留了下来，可让青少年朋友了解一下熟语这个大家庭中除成语以外的其他成员，为阅读后面的文章作个铺垫。其他的短文和杂记，包括问题解答和补白短文都或多或少有自己的看法或学习心得。《讲“高山流水”的故事——兼谈成语的特点》是想用讲故事的形式谈谈成语的特点，对20世纪八九十年代人们研究并获得共识的成果作了补充性归纳。这篇文章于2003年发表。笔者在参编《汉语成语大词典》的过程中，注意这些成语的来源，从中归纳出成语的产生方式，总结出它们之间带规律性的特征，写了《成语形成的方式及其特征》。这一研究成果笔者写进了参编的教材《现代成语》中。《共时平面上的成语地域变异》讲的是同一条成语（如“意气风发”），在同一个历史时期（如当代），处在不同的地域（如中国的内地和香港），其用法发生变异。这是笔者在20世纪80年代参加第一届双语双方言国际研讨会时提交的论文《试论香港作家作品中的成语运用》[①]中第一次提出来的，后来抽出了这个观点，写了一篇小文章。下面连续三篇短文围绕“多视角地了解成语”，是写给中学生朋友读的，以帮助他们不仅从成语本身了解成语，还从文化语言学的角度了解成语，同时又从应用语言学的角度了解成语。当时，中国兴起文化语言学的研究热潮，笔者试着用通俗的文字表达出来，使学生能多角度地认识成语，并对成语研究的新成果有所了解。《学习成语的特别课堂》是把大型文化节目《成语英雄》当作一个“课堂”，全面、生动、活泼地介绍成语。《了解成语　学习成语　用好成语——谈成语中的继续学习和继续学习成语》是《中国语言生活》（电子版）编辑的一篇约稿，要求从继续教育的角度写作，此文的副标题即是“谈成语中的继续学习和继续学习成语”，这一篇正好作这一组的结束。

第二组“成语释义解字”。第一篇《释“扶老携幼”》是笔者在编《汉语成语大词典》时，查阅当时的成语词典，觉得释文单薄，语料也少，根据搜集的大量语料重新写的一篇短文。后面一篇《“毛手毛脚”补义》是笔者在用词典时写的一篇杂记。《“老态龙钟”与“二八佳人”》是中国香港地区《普通话》杂志编辑的约稿。这是一篇解字的小文章，趣谈隐含在成语中的年龄问题。后面几篇谈到的成语中的“一”“是”“汤”“北”，以及“二三”“七”“八”等内容多是对朋友或学生提出的问题，给以简单的回答，其间当然也有自己的观点和心得，其解释供参考。

第三组“成语语义表达”。这里谈的是语言表达，即成语语义的表达方式。成语语义的表达方式有两种：一是本体表达，二是运用表达。本体表达是表达成语自身的概念意义，是社会成员的共识，成语词典上对成语的释义即是。运用表达，是使用成语的人运用成语时的表达，一般情况下表达的是成语的概念意义。根据使用者的需要和语境的要求，也可使用非概念意义，这往往是成语的临时活用。这组的第一篇《成语语义的表达方式》，是从语言形式的角度，即语音、文字、词汇、语法、修辞等方面来讨论成语语义的表达，主要是概念意义的表达，侧重成语概念意义表达的特殊情况。《没有

---

① 《试论香港作家作品中的成语运用》收入会议论文选集《双语双方言》（中山大学出版社，1989年），又收入陈恩泉主编的论文集《双语双方言与现代中国》（“汉语语言学世纪丛书”，北京语言文化大学出版社，1999年），并收入卢卓群著的《作家作品与双语双方言》（华中师范大学出版社，2017年）。

数词的表数成语》《成语语义超载》《成语的隐性动态》《“空空如也”表示零吗》等，进一步就相关问题，谈一些个人看法。运用表达比较复杂，特别是活用，这与成语的形音义都有牵连，这类活用问题，笔者写过长论文，不提倡中学生搞成语活用，《成语的非成语义》一文就涉及这个问题。在谈表达时，一篇文章中往往本体表达和运用表达都存在，如《虚语素成语》提出了成语“之乎者也”由四个文言虚字“之”“乎”“者”“也”组成，有趣的是，当它们构成一条成语时，却不“虚”了，成了一条有实在意义的成语，可表达一个相当于实词的含义。成语也是熟语大家庭中的一员，最后一篇《熟语喻体的感情标》，就是一篇描述熟语运用的趣味性文章。

第四组“关于成语的结构形式”。第一篇《成语的特点及其变式》是在成语总的特点之下讨论成语结构的突出特点及其变式。《成语变序与变序成语》是在动态中讨论成语的结构。后面的两篇文章对一条成语的多种结构形式、缩略形式等问题作了讨论，发表了个人的一些看法。下面的《四大方位联用之后》《说“南”“北”配合使用》，讨论成语结构中组合运用的实例。《格式词“半”》提出了“格式词”的问题，以供大家来讨论。以往成语结构一般都是从成语自身的结构来谈的，多半是谈四字格及其语法结构。最后一篇《成语结构和汉民族社会文化背景》，是从社会历史文化的角度来探讨成语四字格主体结构，试图从新的角度来探讨成语四字格结构的形成和发展，也是一些个人意见，供讨论。

第五组“成语发展演变拾零”。《〈诗经〉和成语》等前 6 篇，是写给青少年朋友的，让他们了解一下成语发展中的一星半点儿。有朋友说：“出自《论语》《孟子》的成语很多，何不写两篇呢?”我说：“已有人写过，不必再写了。”《避讳和成语》讲的是成语发展过程中，中国社会特有的历史文化现象，阐明非语言语境对语言发展产生的特殊作用。《“胡天胡帝”的演化》探讨该成语从上古到近现代语义的演变。《成语演化两例》根据已有材料阐述社会发展和成语发展的关系。接着的两篇亦如此。《来源于古注疏材料中的成语》是从笔者写的一篇长论文《近古注家和成语的发展》（《湖北大学学报》1995 年第 2 期，全文转载于 1995 年第 8 期中国人民大学复印报刊资料）中摘取写成的通俗短文。成语有的来源于古代诗文，有的来源于古代大量的注疏材料，而后者常常被忽略。《皮袋·酒瓶·成语》讨论的是近现代的外来成语。外来成语是中外文化交流的成果，但必须植根于汉语的土壤才能成活。

第六组“成语的运用”。成语的运用可分为正面运用和负面运用，正面运用指正确运用，负面运用一般指误用。误用问题放在下一部分讨论，这里讨论正面运用。

正面运用，一般是讲把一条成语用得好——表达准确、鲜明、生动，或点评式说明成语用得妙，或者谈成语活用。这些研究课题，在已有的讲成语的著述中可以看到，运用的语料也不难见到，这些都没有谈。这组的第一篇文章《成语运用的句法环境》是从句法环境特色角度来讨论成语的运用，而不是谈成语本身的妙用、活用，《成语的归结与释放》是从篇章的角度讲成语运用的方式方法。《成语连用之加合型语义分析》是对两条成语在连用后的情况进行分析，要注意这种用法广泛而复杂，这是辩证地看待和分析问题，此文也是从一篇长论文《毛泽东著作中成语连用的语义关系》① 中摘取部分内容改写成的一篇通俗性小文章。《同义成语简析（四组）》是约稿，《关注同义成语的运用——从 2005 年高考语文湖北卷成语考题谈起》是对 2005 年高考语文湖北卷成语考题的分析，讨论显性同义成语考题和隐性同义成语考题及其内容、出题方式、应对策略等方面的问题。《成语语用换字——成语的另指用法》和《谈成语借用》主要是讨论成语运用的新情况。《典故活用说逐鹿》讲的是典故性成语“逐鹿中原”“鹿死谁手”的新用与活用，它是以典故的面貌出现的。语言教育是应用语言学的重要组成部分，成语教学是成语运用不可忽视的问题，《成语识字教学应注意的问题》即关注于此。《“蓝颜”、“托老所”和“关门红”》涉及新成语“蓝颜知己”，故收录于此。《〈汉语成语大词典〉简介》一文，和成语运用有极密切的关系，也是成语运用的一个方面，亦收录于此。

第七组“成语正误辨析”。此部分有三方面的内容：一是一般人使用成语时的错误，从规范使用的角度辨别正误，收有《关于成语的形义辨析与音义辨析》、《避免望文生义：判断成语运用恰当必过的一关》和《切勿以今律古》。二是不清楚这条成语是正是误，需要辨其正误，如《“惹是生非”和“惹事生非”哪一条对》。三是成语工作者（研究者）误识成语的某些方面，需要讨论、辨析，如《语本、典出和柳词成语（一）》《语本、典出和柳词成语（二）》《也谈“不假思索”和“不加思索”》。

本书从以上七个方面谈了成语及其运用的一些情况，是以通俗短文的形式写的，没有全面论述成语及其运用，可作为学习成语的参考读物，作为学

---

① 此文原载邢福义主编的《毛泽东著作语言论析》（湖北教育出版社，1993 年），收录卢卓群著的《语法语汇问题论集》（武汉工业大学出版社，1994 年）。

习成语的一个补充。有时同一条成语可能在两三篇文章中出现，主要是角度或详略有所不同，从中可了解一条成语的不同情况。这些短文发表的时间跨度较大，个人的认识也会发生变化，除个别地方有修改外，一般都没有改动。

第八组“成语和社会生活”。该组短文探讨的是社会语言学、文化语言学和应用语言学方面的问题。内容既涉及古代社会的婚恋、家庭、环保、商业广告、教育、文学、音乐以及地名，也包括《成语英雄》节目的社会教育作用。这个题目很大，没写到的东西多得很，如古代社会的政治生活、经济生活、军事生活等均未直接涉及。以前曾想过写一本《古代社会生活的成语事例》，后来一思考，把目录一列，没有精力和时间去做，于是放弃了。这里辑录的是平时写的一些小文章。最近，有朋友闲聊时，提出要笔者写两篇有关古代婚恋与家庭生活的趣味性文章，笔者写了两篇，放在这里一起印出，读读消闲而已。这些社会生活，应是成语反映的历史文化内容，也应是成语的一部分，这要看从什么角度去看待。

第九组“成语典故谈写作”。此部分似乎也应是上一组的内容，是社会文化生活的一部分——写作生活和读书生活，但该组成语的主题内容集中、明确，似属写作学的问题，故而列为一组。

最后一组“成语游戏”。这是按照《学语文报》杂志编辑的要求，为中学生写的一组小稿，分为三类：成语谜语游戏、成语组构游戏和成语配对游戏。“成语谜语游戏”共有 11 篇，其中第一、二篇两篇分别为前言和导读。“成语组构游戏”部分发了 5 篇，该杂志就准备停刊了，这时成语配对游戏部分的提纲刚写好，材料也已整理好，急着开始写作。在写作时，该杂志停刊了，笔者还是写了出来，印于此处，供参考。“成语游戏”寓教于乐，主要供中学生在假期阅读，属于教育学和语文教学法方面的内容。

以上是本书的内容简介，笔者辑录这些成语短文，不仅仅是向大众普及成语知识，介绍新的研究成果，还想引起朋友们对成语的兴趣，思考一些相关的问题。比如：什么是成语？什么不是成语？比如：“兢兢业业”“轰轰烈烈”“形形色色”是成语，“马马虎虎”“热热闹闹”“时时刻刻”是不是成语？“泰山北斗”“东施效颦”“风中之烛”是成语，“泰斗”“效颦”“风烛”是不是成语？“临深履薄”“古稀之年”“近水楼台”是成语，“如临深渊”“如履薄冰”“人生七十古来稀”“近水楼台先得月”是不是成语？如此等等，都是一些可思考的问题。本书后面的三组内容，更值得讨论。社会历史文化问题，写作学的问题，是不是成语研究应讨论的问题？成语游戏应属于成语方面的问题，还是游戏方面的问题，抑或是教育学方面的问题？问题有大有小、有宽有窄、有深有浅，首先是要提出问题，再思考并讨论。大家共同来学习与研讨多式多样的成语问题，以提高我们的文化素养。

卢卓群

2023 年 3 月 20 日

目　　录

了解成语

成语释义解字

成语语义表达

关于成语的结构形式

成语发展演变拾零

成语的运用

成语正误辨析

成语和社会生活

成语典故谈写作

成语游戏

了解成语

成语的由来

有朋友问成语这词是如何产生的？这涉及成语这个语言事实，还涉及成语形义的历史发展。我们从这两个方面来回答这个问题。

我国第一部诗歌总集《诗经》中的语句被引用来表达己意者，先秦典籍中不难看到，《诗经》中的一些语句被反复引用，历代沿习，流传至今成为成语的约有150条，如“战战兢兢”“小心翼翼”“高高在上”“求之不得”“不可救药”“有的放矢”等。再如“狐假虎威”的故事，先秦典籍中多有记载。浓缩这一故事的四个字“狐假虎威”相沿习用，成为我们今天熟悉的一条成语。成语这一语言事实，先秦以来就有，而出现“成语”一词则在元朝。元朝以前，用什么来指称成语呢？人们把它同典故混为一谈。“典故”一词最早见于《后汉书·东平宪王苍传》，指常例、典制和故实。大约汉魏以后，“典故”又用来指引用古书中的传说、故事或词语（包括俗语、谚语、格言等）。引用典故来表达己意，我们叫用典，古人叫用事。北齐·颜之推《颜氏家训·文章》：“沈侯文章用事，不使人觉，若胸意语也。”唐宋时，人们赋诗著文，讲究用典，大力宣传“取古人之陈言入于翰墨，如灵丹一粒，点铁成金也”（宋·黄庭坚《答洪驹父书》）。那时用典相当普遍。

典故的特点之一是语言形式的多样化，特别是源于典故故事的事典即是如此。如“狐假虎威”作为典故，用例所涉语形有“狐假虎威”“威假狐虎”“虎威狐假”“假虎之威”“狐虎之威”“狐假虎势”“假虎张威”“假虎树威”“威假虎狐”等。源于诗文的语典其语言形式一般没有事典多。我们将此二者作为典故发展的一条路线，都是以“多形、引用”的方式表现的。在一个典故运用的过程中，往往有一条或两条被反复引用、相沿引用，形成习用，在这一过程中得到锤炼，使其形式和意义固化，并为人们所熟知，“狐假虎威”即是。这就形成了典故发展的另一条“定型、习用”的路线。这一条路线的形成和发展，为成语从典故中分离出来创造了条件，并成为成语的主要来源，由此也引起了人们的注意。

典故的分离，从秦汉时期就开始了。“创造新的语言（词汇）”是“经过语言的新质要素的逐渐长期积累”来实现的（斯大林《马克思主义和语言学问题》）。成语的新质积累了一千多年，到宋元之际的约一百二十年间，是成语发展过程中的一个拐点。

所谓宋元之际，指南宋、金、元交错共存的一个历史时段。这三个阶段正好有三位关注典故俗谚的学者：南宋的洪迈（1123—1202），金朝的王若虚（1174—1243），元朝的刘祁（1203—1250）。从洪迈出生到刘祁去世，共约一百二十年，这就是我们所说的“成语”由来的发展过程中的拐点。先说洪迈，他对典故俗语之类很感兴趣。他的著述《容斋随笔》五集中，尤喜对宋朝人使用的俗语典故考本溯源。如《容斋五笔·狐假虎威》：“谚有狐假虎威语，稚子来扣其义，因示以《战国策》《新序》所载。”下文叙其故事及含义后说“俗谚盖本此”。大约因为俗谚是通俗的习用的固定语句，为众所知，故洪迈用俗谚去指称“狐假虎威”。后来清人赵翼《陔余丛考·成语·序》说：“洪容斋谓世俗称引成语，往往习用为常，反不知其所出。”清人用“成语”去取代洪迈的“俗谚”，看来洪迈似有“成语”的概念，但还没出现“成语”一词。

金朝王若虚试图用“成言”去概括、指称，他在《滹南遗老集》中有“‘疾雷不及掩耳’，此兵家成言”，“‘当断不断，反受其乱’，成言也”。“成言”是先秦就有的一个旧词，是“订约，成议”的意思，王若虚试将其赋予新义。这个新义词“成言”未被人们接受。洪迈和王若虚同时在世有29年，可惜他们没有在一起研讨过“成言”之类的问题。洪迈出使过金朝，但不去搞学术交流。

金朝的另一位太学生刘祁，和同朝王若虚同时在世40年。王若虚在金朝做官，1234年金亡，王若虚微服北归。1232年，元兵攻打金朝汴京，刘祁逃到乡间，在他的归潜斋中写作《归潜志》。入元后，刘祁生活在元朝，与王若虚无缘相交，仍然写作他的《归潜志》。刘祁熟于典故俗谚，他思考对其中习用的固定语句如何指称，于是考虑用一个新词“成语”来概括。今天的《汉语大词典》“成语”条列有二义，其一义：“习用的古语。”首例引：“元·刘祁《归潜志》（卷十二）：‘古文不宜蹈袭前人成语，当以奇异自强；四六宜用前人成语，复不宜用生涩求异。’”目前所知，这是使用“成语”一词最早的用例。“成语”一词一出现便被人们接受了，这大约是因为“成言”一词所指是固定的现成话。王若虚所用的例子都是俗语、谚语、格言之类。“成语”在古代多指现成的诗文语句，也指有出处的习用的固定词、词组、俗谚等。清人赵翼的《陔余丛考》和钱大昕的《恒言录》中的“成语”篇所收成语即是。它们里面收有一般词汇，如“毛病”“罪过”“便宜”“妖精”“不中用”；有俗谚，如“快行无好步，急则抱佛脚，远水不救近火，好事不出门、恶事传千里”；有诗文句，多是名句；也有今天我们确认的真成语，如“守株待兔”“画蛇添足”“矫枉过正”“大器晚成”“数米而炊”“不学无术”等。“成语”一词在清朝已普遍使用。

洪迈、王若虚、刘祁等人都看到了这种习用的固定语句，都考虑用一个词儿去指称它，从运用旧词“俗谚”到新义词“成言”，再到新词“成语”。“成语”这一新词的出现，是成语孕育发展的阶段性成果的一个标志。明人继承，使用开来。清人加以补说，并用实例给以定位，为后人研究成语做了基础性工作。

辛亥革命后，1915 年出版的《辞源》和 1936 年出版的《辞海》，吸收了宋元以来至 20 世纪 30 年代的相关研究成果，给“成语”下了定义，前者为：“成语”，“谓古语也，凡流行于社会，可以征引来以表己意者皆是”。后者为：“古语常为今人所引用者曰成语。或出自经传，或来自谣谚，大抵为社会间口习耳闻，为众所熟知者。”定义着眼于古语、有出处、相沿习用。

1951 年，吕叔湘、朱德熙《语法修辞讲话》第二讲提出“成语多数是四个字的……”这就从成语结构格式的特点上把大部分俗谚和习用的一般性词区分开来。1957 年，王力《汉语史稿》下册“成语和典故”一节说，运用“成语和典故，统称用典”，并提出“在中国，我们有必要把它们区别开来”。王力先生在对汉语发展史的研究中，第一次明确提出把“成语”和“典故”从“用典”中分离开来。到 20 世纪 60 年代，有学者研究成语和俗语、谚语的区别，成语和熟语的关系等问题。1978 年正式出版了社科院语言研究所编的《现代汉语词典》，已吸收了已有的研究成果，并作了进一步研究，给“成语”下了科学的定义：“人们长期以来习用的、形式简洁而意义精辟的定型的词组或短句。汉语成语大多由四个字组成，一般都有出处。有些成语从字面上不难理解，如‘小题大做’‘后来居上’等。有些成语必须知道来源或典故才能懂得意思，如‘朝三暮四’‘杯弓蛇影’等。”对“成语”从语义、结构、来源、运用四个方面概述了它的定义，帮助我们从共时平面（如当代）认识成语。20 世纪 80 年代是我国成语研究的一个丰收时期。这十年，成语论文、专著、成语词典大量涌现。根据大家的研究成果，可以把成语的特点概括为三句话：①结构的凝固性；②意义的整体性；③运用的沿习性。对这三点，学者们多有论析。1986 年至 1994 年连续出版的十二卷《汉语大词典》，其中“成语”的第二义是：“长期习用，结构定型，意义完整的固定词组。多由四字组成。”《汉语大词典》把古代对成语的基本理解列为第一个义项，把上述今人的认识列为第二个义项，这便从历时平面（从古到今）帮助我们形成对成语的理解。

今天的成语，大部分是从典故中分离出来的。古代所指成语的对象较为宽泛。《现代汉语词典》为“成语”下了科学的定义。这就是我们今天认识的“成语”一词及其含义的由来。以上解答，仅供提问的朋友参考。不对或不妥之处，敬祈指教。

（原载《中学语文》2014 年第 9 期）

附注：此文发表后，根据 CCL 语料库的调查，我们发现“成语”最早见于六朝时期的《全梁文》：“且胡字一音，不得成语，必余言足句，然后义成。”这里的“成语”是一个动宾短语，指“讲成一句话”。

当偏正结构“现成话，旧有话”讲的“成语”，有学者认为最早见于南宋话本《冯玉梅团圆》，即“这首词末句，乃是借用《吴歌》成语”。

成　　语

——中国文化的密码

河南卫视大型文化节目《成语英雄》（2013 年 11 月至 2014 年 1 月播出）开始时，主持人陈琨先讲“猜成语，做英雄”，并介绍了三位类似评委的成语先生——著名主持人崔永元、著名漫画家蔡志忠、著名学者钱文忠。之后又说：“今天我们在这里将会与您共同解开中国文化的密码，寻找成语英雄。”参加比拼、争当成语英雄的，有全国各地的群众，还有外国朋友。参与者按游戏规则猜了成语之后，由成语先生分析、解释成语，评说参与者的回答码，做成语解码工作。

复赛中，黑人歌手好弟这一组首先抢答对了第一幅图画表达的成语“风花雪月”。成语先生说：“好弟两次来参加节目，都把成语的本质讲得很清楚。成语是中国文化特别是中国传统文化的密码，这个成语就特别有密码的味道。因为密码，很难解，从画图上看指爱情，两人相爱了，风花雪月。还有别的意思……”成语先生讲了它的多层意思，以及如何确定不同的意思和运用方面的问题。这里把成语看作中国文化的密码，是一种比喻性说法。这个“密码”，当指秘密的语码，是一种不外露的语言符号。这就需要揭示它，让它的意义外显。这就是解码，或者说破译语言密码。成语的种种含义显示出来，让人们理解它，从而正确运用它。

为什么把成语看作中国文化特别是中国传统文化的密码呢？这就要看成语这个语言符号和文化的关系与联系。邢福义先生在《文化语言学》（湖北教育出版社 1990 年版）的“序”中说：“语言是文化的符号，文化是语言的管轨。比如镜子或影集，不同民族的语言反映和记录了不同民族特定的文化风貌，犹如管道或轨道，不同民族的特定文化，对不同民族的语言的发展，在某种程度、某个侧面、某一层次上起着制约的作用。当然，严格地讲，语言和文化不是一般的并列关系，而是部分与整体的对待关系，或者说，是点面对待的一种特殊的并列关系。文化包括语言，语言是文化中的一种特殊的文化。我们研究语言和文化之间的符号与管轨的关系，立足点是它们之间的点面对待关系。”抓住立足点，明确语言符号这个“点”记录着全部社会历史文化这个“面”。正如英国文化人类学家怀特所言：“所有的文化都基本上依赖符号，尤其是依赖发音清晰的语言产生并永存。”（转引自《文化语言学》第一章“引言”）可见一旦解开了语码这个“点”，就可以获得极其丰富的社会文化信息。成语和文化就是这种点面对待关系的突出例证。这大约是人们把它看作“密码”的基本原因。如语码“泰山”，它并非只是一个单纯的山名或地名。它有着丰富的历史文化蕴含。泰山是五岳之首，是历代很多皇帝进行祭祀活动的重要地方。古人给它打上了许多历史印记。1986 年我在《地名知识》第一期上发表的《成语和地名》中举出了含“泰山”的成语：“如以泰山的宏伟高大喻人们的仰慕的人：‘泰山北斗’；以泰山之巨大喻力大无比：‘泰山压卵’；以泰山所处的地理位置，意义之重大，有‘重于泰山’‘泰山鸿毛’等”，还有“泰山之安”“稳如泰山”“泰山磐石”“泰山可倚”等。类似的含有水名的成语，如“长江大河、泾清渭浊、楚河汉界、桑间濮上”等，都含有丰富的历史文化信息，它们已不是成语这四个字的表层意思了。理解它们需要解码，这样，把这些成语看作文化的密码也就顺理成章了。90%以上的成语来源于古代，反映了古代社会生活的方方面面，而大量的典故性成语，犹如一个个故事的标题，使这些成语具有了索引性特点。这都表明成语是中国文化特别是中国传统文化的密码。

要了解丰富多彩的成语的内容，就得“解码”。解码的方式归纳起来，大体有四种：①诠释式解码。即给成语语码以解释说明，揭示出成语语义的本质特征。一部好的成语词典就是揭示成语语义特征的典范释义著作。②特释式解码。这是对某一成语突出揭示某一意义，或是强调语义的某方面或某一语用义的特征，让人们了解到使用者对该成语的特别认知。如“东施效颦”，意谓丑女东施学美女西施的姿态，比喻盲目模仿，适得其反。生活中甚至有人说“一个丑八怪还想学美女”，用这条成语时带有贬义。可是，有人肯定东施愿意学他人之美是好事，学习的方法不对应给予帮助。再如“吹毛求疵”，比喻故意挑毛病、找岔子，含贬义。有人诚恳地要求人家来“吹毛求疵”，对工作严格要求，以做到毫厘不差。这样使用，这条成语似乎不含贬义了。这就是从个人的角度出发，对某条成语在运用中作出特别的解释，我们称之为特释式解码。③谐释式解码。对成语进行谐谑式的“破译解码”，其解释已远离成语语义的本质特征，近乎“开玩笑”的解释。如有人说毕业后到天南海北去锻炼自己。大家都按照共同理解的成语的本质含义，“天南海北”则指极遥远的地区，认为说话人要到边疆或边远的地区去。其实不是，他对“天南海北”的解释是“天津、南京、上海、北京”。再如用成语“高山流水”打谜语，猜一个地理学名词，谜底是“瀑布”。这和成语“高山流水”是两码事。再如用“煤球”打一个成语，谜底是“一团漆黑”。这是谜语范围内的解码。平时，学习成语，若用“煤球”去解释“一团漆黑”，纯属开玩笑。以上三种解释方式，都是对成语自身的不同破译，虽然后两种解码离成语本质含义渐行渐远。④例释式解码。这不是直接破解某成语的密码，而是用成语以外的事例，在成语的外部打比方，或类比、或旁敲侧击式的暗释，或最后点出属于某成语。这种情况在散文、杂文、短评中可以见到。以上四种成语解码方式，第一种诠释式解码，是释其成语的本质含义，即社会成员对该成语共识的特定含义，被收入成语词典，以肯定、统一并传播人们的社会共识。后三种解码方式，一般都属于成语运用方面的问题。在《成语英雄》这个大型文化节目中，这四种解码方式都用到了。节目中以第一种解码方式为主，第三种用得极少，其他两种也有用例。成语解码方式的灵活运用，可加强成语先生和参与比拼的群众的联系与沟通，调节交流内容，活跃节目的气氛，增加节目的娱乐性和吸引力，收到很好的表达效果。

此外还有一种形象式解码。这是通过绘画、雕塑、表演等艺术形式，以形象的表达方式来说明或显示成语的含义。它已脱离了用语言文字来对成语进行解码，当另行讨论。不过值得注意的是，《成语英雄》这个节目是把一条成语变成一幅画，再猜出成语，仍用语言文字解码，只是用图画示意成语。若把它作为一个艺术品，那又是另一回事了。

数以万计的汉语成语在开发利用方面大有可为。利用成语不同的解码方式及解码过程是开发利用成语的一个重要方面。河南卫视大型文化节目《成语英雄》就是典型一例。利用成语解码及其过程开发引导成语学习方面，常见的是讲成语故事，这类书很多。报刊上也不难见到，如上海市语委等三家主办的供中小学生阅读的《语言文字周报》就有“成语故事”专栏。随机阅读今年前四个月的《语言文字周报》，对成语故事有三种表达方式：①直写。在该栏目中直叙成语故事。如“上行下效”“黔驴技穷”等，从中宣扬了传统文化中的正能量。②串写。在讲一个成语故事时，带出相关联的成语，使之成串。如讲“锦囊妙计”时，串入了成语“赔了夫人又折兵”。这可节省篇幅，增加容量，开阔学生眼界。③仿写。这是仿照成语故事另编写一个，以说明成语语义。如《送炭与添花》，写一个穷秀才中状元的故事，揭示了成语“雪中送炭”与“锦上添花”的含义。再如《珍珠和瑕疵》用故事揭示成语“白璧微瑕”的语用意义。这类仿写的“成语解码”故事，往往带有个人的一些看法。还有一本《成语小相声 76 则》（杜晓峰、达海编，百家出版社 1991 年版），就是用讲相声的形式来纠正成语学习、理解和运用中的谬误。成语解说、辨正、纠错之类的书文也不少，都可学习参考。在语言与文化方面，通过不同解码方式及解码过程来开发利用成语的则更多。除了《成语英雄》之类的电视文化节目之外，有“击鼓传花”“跳方块”等成语游戏，还有成语接龙、成语谜语、成语配对、成语魔方、成语棋等。成语艺术作品方面，有成语连环画、成语漫画、成语剪纸、动画片、皮影戏、成语特种邮票、成语人物故事雕塑等。它们都是利用各自不同的表达特点，采用不同的解码方式来开发利用成语的。邢福义先生在《文化语言学》二版（增订本）“序”中说：“社会发展越急剧，人的思想越活跃，语言和文化的交合也越发加速，越是多姿多彩。”当今，语言中的成语与文化的交合凸显出多姿多彩的发展态势，我们还看到成语在多方面的运用，其发展也正在加速。

（原载《中学语文》2016 年第 25 期）

何谓熟语

熟语是人们习用的具有整体意义的定型的词组，也称固定词组、固定短语、固定语等。这里的词组（短语），也包括句子形式，如主谓词组就是典型的句子形式。熟语是语汇中的特殊成分。在结构上，熟语大于词，但使用在句子中，大致相当一个词。熟语一般包括成语、惯用语、歇后语以及谚语、俗语。前三种多是以相当于“词”的身份参与交际的，如：

①我很想和你开诚布公地谈谈。

②我们必须闯出一条新路来，改变吃大锅饭的现状。

③真是没见过我们这位江姑老爷，屎坑的石头，又臭又硬！

上例中的成语“开诚布公”，惯用语“吃大锅饭”，歇后语“屎坑的石头，又臭又硬”分别相当于“坦诚”“平均主义”“老顽固”。而谚语、俗语常以句子的形式出现（有的还以复句的形式出现），并以句子的身份参与交际，多用来表示一个判断或推理。如：

④我们经过失败之后，也就从失败中取得教训，改正自己的思想，使之合于外界的规律性，人们就能变失败为胜利，所谓“失败者成功之母”，“吃一堑长一智”就是这个道理。

⑤他横挑鼻子竖挑眼，倒好像他立下了汗马功劳，我得跪接跪送才对！

例④引用的是两条谚语，例⑤引用的是一条俗语。当它们作为交际材料单独存放时，我们把它们看作语汇的特殊成分和重要的组成部分。

成语绝大多数是从古代沿习下来的，书面语色彩较浓。交际时一般是用它们的言外之意，即它们自己具有的特定含义。成语其他方面的特点大家一般都知道，因此不赘述。

惯用语是结构相对稳定，具有整体意义，口语色彩较浓的定型词组。如“碰钉子”“拉关系”“走后门”“拍马屁”及上文中的“吃大锅饭”等。惯用语以三字格为主，其结构不如成语的凝固性强，多数可以拆离使用。如“碰钉子”：碰了个钉子、让他碰碰钉子、钉子也碰了不少。“耍花招”：耍着花招、耍过花招、耍什么花招。惯用语大多数来自群众的口语，很难像成语那样找到准确的出处。惯用语通俗、生动、生活气息浓，而且带有幽默感，具有情味，群众乐于使用。

歇后语为生动形象而俏皮的定型词组，由近似于谜面和谜底的两部分构成，中间有间歇。歇后语可分为两类：一类是喻义类，如“拿锄刨黄莲——挖苦”和上文中的“屎坑的石头——又臭又硬”。前一部分是打比方，后一部分是解释前一部分的含义并转换成实际意义。二是谐音类，如“外甥打灯笼——照舅（旧）”“下雨出太阳——假晴（情）”，后一部分通过谐音换字变成要表达的意义。有时只用前一部分，这种情况较少。运用歇后语可使语言活泼、风趣。

谚语是在民间流传的，通俗简明而又具有深刻含义的定型语句。如“水满塘，鱼满仓”“湖广熟，天下足”“栽树在河畔，防洪保堤岸”“拳不离手，曲不离口”“饭后百步走，活到九十九”等。谚语是人民群众对自然界和人类社会多方面的总结，含义深刻，表现出民族文化及地域风俗、地理环境等多方面的特色，其语句生动、简明、流畅而有韵味，常运用比喻、夸张、对偶等修辞手法。文艺作品和口语经常运用谚语。

俗语也称俗话，是民间流传的，反映社会生活经验的通俗而简练的定型语句。如“看事容易做事难”“打肿脸充胖子”“吃不了兜着走”等。俗语和谚语有交叉之处，因此有的学者把它们归入谚语，有的学者则把它们合称为“俗谚”。俗语中的许多特点与谚语相同，此亦不赘述。

此外，有的学者把具有劝诫或鼓励人的格言也划入熟语的范畴，如“谦受益、满招损”“知识就是力量”“虚心使人进步，骄傲使人落后”等。格言不强调语言形式。有的成语、俗语也被认为是格言。

成语、惯用语、谚语在语言形式和内容上有的有交叉。如歇后语“八仙过海——各显神通”“飞蛾扑火——自取灭亡”，它们是歇后语，又是由成语组成的，或者是成语来源于歇后语。再如古代谚语“家有敝帚，享之千金”“貂不足，狗尾续”，已分别发展为成语“敝帚千金”和“狗尾续貂”。成语和俗语有的构成同义或近义关系，如“孤掌难鸣——一个巴掌拍不响”“饮水思源——喝水不忘挖井人”“一曝十寒——三天打鱼，两天晒网”等。这也说明汉语是丰富多彩的。

［附记：

本文发表时，在正题“何谓熟语”之上有一个肩题“高考考熟语”。文章前有一个“编者按”，今抄录如下，以注明本文的写作背景。

（编者按　国家考试中心公布的2004年全国高考“语文考试说明”将“熟语”定为考查的内容，许多同学纷纷打电话来要求本报介绍一下熟语。因此本报特邀湖北省语言学会会长卢卓群教授撰写了这篇文章。卢先生的这篇文章系统而深入浅出，无疑会对广大中学生朋友，特别是对高三的读者朋友领会熟语大有帮助，因此建议同学们认真一读。至于高三同学非常关心的“熟语怎么考”，本报将邀请有关专家对这一全新的考点作出预测性探讨，请读者朋友们留心本报最近版面。）］

（原载《学语文报》2004年第797期）

讲“高山流水”的故事

——兼谈成语的特点

武汉三镇之一的汉阳，有一个琴台公园。里面保存着著名的文化古迹——古琴台。那里竖着一个牌匾，上面写着四个大字“高山流水”。在古琴台中有一块大碑石，据说两千多年前著名的古琴演奏家俞伯牙就是在这块石头上砸碎了他的古琴，从此不再演奏了。

晋国大官俞伯牙一次出使楚国。船到汉阳江边，俞伯牙正在弹奏乐曲《高山流水》，站在岸边的樵夫钟子期听得入神，完全理解了乐曲的意思。从此，他们成为知音。俞伯牙表示明年还来楚国相会。第二年，俞伯牙来到楚国时，钟子期已经病故。俞伯牙十分悲痛，演奏了一曲《高山流水》表示深切哀悼，然后对着琴台上的大碑石把古琴摔碎了，发誓永不抚琴。

成语“高山流水”就来源于这个故事。《现代汉语词典》引出了这个故事的古文并加以解释：

> 《列子·汤问》：“伯牙善鼓琴，钟子期善听。伯牙鼓琴，志在登高山，钟子期曰：‘善哉，峨峨兮若泰山！’志在流水，钟子期曰：‘善哉，洋洋兮若江河！’”后来用“高山流水”比喻知音或乐曲高妙。

列子，相传是战国时期的道家列御寇，他撰写的《列子》早佚。今本《列子》为后人假托列御寇所作，据考可能是东晋时期的作品。撰写于战国末期的《吕氏春秋》有类似的记载，文字略有不同。汉代韩婴《韩诗外传》、刘向《说苑·尊贤》、应劭《风俗通义·琴》都有类似的记载。此外，《荀子·劝学》和《淮南子·说山训》还记有“伯牙鼓琴”的事。这个故事流传很广，成为这条成语的语源和构成基础。大约到唐宋时，出现这一成语的定型形式，且在诗词中广泛应用，如：

> ①高山流水琴三弄，明月清风酒一樽。（唐·牟融《写意》）
>
> ②相逢有酒且教斟，高山流水遇知音。（宋·张孝祥《浣溪沙》）
>
> ③琴窗善鼓琴，高山流水，非知音不能听。（宋·文天祥《跋胡琴窗诗卷》）

宋代以后，“高山流水”作成语继承下来：

> ④对青松，弹得高山流水，积雪堆峰。（金·董解元《西厢记诸宫调》卷四）
>
> ⑤叹良金美玉何人晓，恨高山流水知音少。（元·金仁杰《追韩信》

第一折）

⑥一曲瑶琴试探心，莺莺小姐是知音，高山流水千年调，管取文君侧耳听。（明·崔时佩、李景云《西厢记·北堂负约》）

⑦孔圣人尚学琴于师襄，一操便知其为文王。高山流水，得遇知音。（《红楼梦》第六十八回）

⑧玉燕，我怎么就遇见了你，真所谓高山流水，相见恨晚啊！（凌力《星星草》）

在“高山流水”的发展过程中，也还有其他形式，如“流水高山”（宋·张耒《上黄州郡守杨怀宝启》：“流水高山，知音益寡。”），“高山深水”（宋·黄庭坚《再答明略》：“当时朱弦写心曲，果在高山深水间。”）等，发展到现代汉语阶段，则以“高山流水”定型，进入《现代汉语词典》，为现代人所运用。

其实，在汉魏六朝，伯牙鼓琴的故事已经作为典故在诗文中使用，它们的出现以“伯牙绝弦”居多，也有些以“钟牙”“知音”“钟期”等形式出现；到唐初，又有文学家以“流水”做典故。

⑨钟牙已死，谁为声兮？（《汉·刘向《九叹·思古》）

⑩伯牙之绝弦兮，无钟子期而听之。（汉·东方朔《七谏·谬谏》）

⑪是故钟期死，伯牙绝弦破琴而不肯与众鼓。（汉·班固《汉书·扬雄传》）

⑫不惜歌者苦，但伤知音稀。（《古诗十九首·西北有高楼》）

⑬昔伯牙绝弦于钟子期，仲尼复醢于子路，痛知音之难遇。（《三国志·魏志·王粲传》）

⑭慷慨独悲歌，钟期信为贤。（晋·陶潜《怨诗楚调示庞主簿邓治中》）

⑮音实难知，知实难逢，逢其知音，千载其一乎！（南朝梁·刘勰《文心雕龙·知音》）

⑯独此琴台夜，流水为谁弹。（唐·骆宾王《冬日过故人任处士书斋》）

⑰钟期既遇，奏流水以何惭。（唐·王勃《滕王阁序》）

经历典故引用阶段，人们熟悉了这个故事，在从不同层面引用时，经过历时淘汰，便以乐曲名称“高山流水”作为成语了。这也与乐曲的流传和演奏有关。明代朱权《神奇秘谱》卷上：“《高山流水》本只一曲。至唐，分为两曲，不分段数。至宋，分《高山》为四段，《流水》为八段。”乐曲的影响也促使成语定型为“高山流水”，沿用至今。

从这一例子，可以看到成语有三个特点：

第一，结构的凝固性。成语“高山流水”这一定型结构是长期的历史发展的结果，已为社会成员所共认，不能随意改变。再如“半斤八两”，不能因为十六两制改为现在的十两制而说“半斤五两”，这是因为成语是历史的沉淀。“七嘴八舌”也不能改为“八嘴九舌”，这是因为社会成员已接受了“七……八……”格式构成的成语，一旦形成固定格式，则不可随意改变。这就构成了成语结构的凝固性特点。

绝大多数成语凝固在四字结构中，形成“四字格”的结构特点，四字格对新的成语的形成又起着反制约的作用，使得大约90%的成语都是由四字格构成。

第二，意义的整体性。绝大多数成语都有自己的特定含义，即言外之意。通常不是字面义，实际含义常在字面以外，只能是把构成这条成语的四个字一起来理解，很多成语还要获得语源的帮助才能理解。如“高山流水”不是指“高山上流下水来”，也不是“有高山，有流水”的意思，而是表示知音或知己，或比喻乐曲高妙。再如“狐假虎威”“画蛇添足”“四面楚歌”之类，都不能从字面上去理解，从字面上理解的只有很少的成语，如“风和日丽”“转危为安”“虎背熊腰”“有头无尾”，这些成语，也不能绝对按字面理解，如“虎背熊腰”就不等于“老虎的背熊的腰”，“有头无尾”也不等于“有＋脑袋＋没有＋尾巴”。可见绝大多数成语的语义是多层的，至少有“字面义”和“实际含义”两个层面，而运用时的“实际含义”则是整体理解和运用的。这就构成了成语意义的整体性的特点。

第三，运用的沿习性。大约有70%的成语源于先秦两汉，现代的定型成语（包括古代已定型的形式）多出现在唐宋时期，到元明清则通过戏曲、小说、民间文艺加以传播，沿用至今。“高山流水”就是从唐代沿习至今的。源于《诗经》的成语约有150条，源于《左传》的大约有10条，如此等等，积累至今，大型成语词典收到万条以上，而源于今天的成语只有少数几条。现代汉语中常用的成语约3000条，基本上都是从古代沿习下来的，这就构成了成语运用的沿习性特点。

（原载《中学语文》2003年第3期）

成语形成的方式及其特征

我们现在使用的成语，其来源主要有三个方面：各类故事、诗文语句和民间俗语。不同的来源有不同的形成方式，不同方式形成的成语，具有不同的特征。

各类故事，指神话、传说、寓言、历史故事、人物轶闻、掌故等。通过这些故事形成成语的方式是“概括”，即从故事中概括出类似“标题”的四个字，如秦汉时流行的一个寓言故事，讲狐狸借着老虎的势力在百兽中逞威风，从中概括出“狐假虎威”，这四个字既是一条成语又是这个寓言故事的题目。看到这条成语就引导我们去了解这个故事，理解它的中心思想，以及人们使用时的比喻义。这一类成语具有“索引性”特征，通过“索引”的导引，得以了解成语的内容和意义。再如“女娲补天”“四面楚歌”“磨杵成针”皆是。

诗文语句，主要指古代诗词歌赋、各类散文、杂剧、小说、笔记、历史文献等作品中的语句。形成成语的方式是“提取”。一是整块提取，即提取后就成为定型的成语；二是提取几个语素（通常是四个语素，共四个音节），把它们联缀成为成语；三是把提取的几个语素作些调整、改造或增删，通常是使之成为四字格成语。例如：

①之乎者也都不识，如今嗟叹始悲吟。（《敦煌拾零·叹五更》）

②今之为仁者，犹以一杯水，救一车薪之火也。（《孟子·告子上》）

③韦主簿虽少，有老成之风。（《北堂书抄》卷七十三注引《三辅决录》注）

④其辞清雅，奕奕有余，吐章成文，如悬河泻水，注而不竭。（《语林》）

例①是整块提取，句中是“之乎者也”组合后的原意，指浅近的字眼或文章。提取后，这四个文言虚字凝固起来，引申形容说话、写文章半文不白，夹杂废话，也用来讥讽咬文嚼字，在句中相当于一个实词的作用。例②提取“杯、水、车、薪”四字，辑在一起，凝成成语，“救火”的意思隐含其中，引申来表示无济于事。例③提取“少、老、成”三字，释放已有的含义“年”，构成四字格成语“少年老成”。原句的转折义隐含在其中，并形成特定的含义。例④提取“如悬河”三字，将前面的意思用“口”来表示，“泻水，注而不竭”的意思则隐含于“悬河”之中，不说自明。“口如悬河”

形成于唐代，到晚唐产生变式“口似悬河”，意思一样，语音形式成为“仄仄平平”，到宋代变成“口若悬河”，不仅保留了“仄仄平平”的语音形式，“若”与“河”韵相近，同属于“坡梭”辙，读起来更协调上口。这一形式便固定下来。这类成语具有“剪辑性”特征。通过“剪辑”构成一个或一组新的“镜头”，用少量的字负担原句的复杂语义内容，再加引申，形成特定含义，简练而深刻地表达一个完整的意思。这类成语相当多。

三、民间俗语，指古今谚语、俚语、惯用语、歇后语等。它们形成成语的方式是“转换”，即把这些俗语加以锤炼，使其具有成语的特点，便转换成成语了。有整个转换的，有用提取省略的方式锤炼转换的。例如：

⑤鄙谚曰：“利令智昏。”（《史记·平原君虞卿列传》）

⑥俚语曰：“家有敝帚，享之千金。”（《典论·论文》）

⑦谚曰：“貂不足，狗尾续。”（《晋书·赵王伦传》）

例⑤是整个转换为成语，已具备成语特点。例⑥“敝帚千金”可看作原俚语的略语，是经锤炼而成的四字格成语。例⑦是提取改造后，成为四字格成语“狗尾续貂”。俗语转换为成语，以整个转换的居多。例如：

⑧八仙过海——各显神通

⑨韩信点兵——多多益善

⑩飞蛾扑火——自取灭亡

⑪小葱拌豆腐——一青（清）二白

这些歇后语，有的全部转换为成语，有的部分转换为成语。有时，仍当歇后语使用。

“莫须有”在南宋以前是一条群众常用的惯用语，因与岳飞被害连在一起，转换成一条典故性成语。再如惯用语“恶作剧、紧箍咒、破天荒、抱打不平、家常便饭、半路出家、一鼻孔出气、一棍子打死、不管三七二十一”等，它们既收入了惯用语词典，也收入了成语词典，表明了它们具有双重身份。

有的成语还被看作俗语，如“前事不忘，后事之师”，见于《战国策·赵策一》，汉代贾谊引用时称之为“野谚”（见《过秦论》《史记·秦始皇本纪》）。再如“狐假虎威”（故事见于《尹文子》，并见于《战国策·楚策一》、刘向《新序》等），在南北朝时形成了成语，后又看作谚语。宋代洪迈《容斋随笔·五笔》：“谚有‘狐假虎威’之语……”可见成语和俗语可相互转化，可并存并用。这是从不同的角度去看待而产生的，也说明了这一类成语具有“双重性”特征。这部分成语较少。

了解成语的不同来源和与之相对应的形成方式，掌握它们突出的特征，这对于我们理解和运用成语是具有一定帮助的。

（原载《中学语文》1994 年第 5 期）

共时平面上的成语地域变异

共时平面，指同一个时点，如现代，同一条成语，如“一穷二白”，在不同的地域，如大陆和香港，它的运用会发生地域变异，即两个地域用同条成语时，含义有差别。这便是共时平面上的成语地域变异。上举“一穷二白”，《现代汉语词典》：“形容基础差，底子薄（穷，指工农业不发达；白，指文化科学水平不高）。”这是普通话的解释，是我国人民的共识。在中国香港，“一穷二白”表示一干二净，一无所有。穷，尽，完结；白，净，光。如：（1）梁凤仪《九重恩怨》：“江湖风雨，把少女时代的幻梦与理想洗刷得一穷二白，干干净净。”（2）梁凤仪《醉红尘》：“抑或比现今还要一穷二白，一无所有。”再如“意气风发”，《同义成语词典》：“意气，意志和气概；风发，像春风一样迅猛。整个成语形容精神振奋，气概豪迈。含褒义。”它的近义成语是“生气勃勃”，常与“精神振奋”“斗志昂扬”连用。在中国香港，“意气风发”则形容气概不凡、非常得意，自以为是的样子。这时不含褒义了。它的近义成语是“扬扬自得”。如：（3）林燕妮《浪》：“刘一止出身小康之家……自小至大没吃过什么苦，事业亦一帆风顺，难免有点意气风发，一百件事有一百零一件认为自己是对的。”类似的还有新成语“大红大紫”“红得发紫”等。这是共同语中的成语在中国香港社会的语义变异。

（原载《中学语文》2012 年第 7、8 期合刊）

从成语本身了解成语

——多视角地了解成语（一）

视角，指观察问题的出发点、角度。多角度地看问题，有利于我们全面了解一个事物。我们了解成语也应采用这种方法。

从成语本身了解成语，可以从这样几个角度进行：

第一，从语源上了解成语。语源的意义对了解成语至关重要。如“高山流水”，不了解它的语源“伯牙鼓琴”的故事，就不知道它比喻知音或知己的含义。类似的如“狐假虎威”“负荆请罪”“磨杵成针”等皆是。

第二，从字面义和特定含义了解成语。一条成语有它的字面义，也有它的特定含义，即在运用时的含义。如“磨杵成针”，字面义是磨铁杵使之成为一根针。实际含义是从唐代大诗人李白少年时的故事引申概括出的“只要长期不懈地努力，再难的事也能成功”，强调持之以恒必有成果。再如“钩心斗角”，源于唐代杜牧《阿房宫赋》，钩心：指四周环抱着的宫室之心，斗角：指交叉错落的檐角。实际运用的含义则指用尽心机，施展手腕，明争暗斗。特定含义与语源字面义差别很大，绝大多数成语不能从字面上去理解。这是要特别注意的。

第三，从例句中了解成语。成语词典中，在释义之后常列有例句，这些例证材料不仅证明释义，而且是释义的继续。如成语的句法环境、使用语境、搭配组合、种种用法等，都通过例句体现出成语自身的语用意义，是了解成语本身用法的一个重要方面。如“赴汤蹈火”在词典中可以看到这样一些例句，如“即使赴汤蹈火，我也心甘情愿”，“为了人民的利益，赴汤蹈火，在所不辞”。可见成语“赴汤蹈火”常与“在所不辞”“心甘情愿”之类的词语连用，且经常出现在“即使/就是/纵使……也……”这样一个虚拟性让步句式中，即先承认虚拟的事实“赴汤蹈火”，后转折，反过来指出某事的成立不受其影响，以“赴汤蹈火”作比照，反衬去办事的决心，这正是“赴汤蹈火”出现的句法环境。再如“屁滚尿流”常做“吓得”“打得”的补语，表示结果和情态。例句是查阅成语词典时不可忽视的。

词典是从语源、字面上，从特定含义、例证材料聚焦成语语义，从不同角度去释义，从而让我们从最基本的方面了解成语。

（原载《学语文报》2008 年第 1181 期）

从文化背景了解成语

——多视角地了解成语（二）

我们可以从社会的民族的文化背景去了解成语。

第一，从社会的民族的文化背景来了解成语的产生和形成。文化背景包括政治、经济、军事、文化、历史各种制度与风俗、社会交际的方方面面以及该民族生存的自然环境等方面。在汉民族的文化背景之下，才有了自己特有的成语，如“政通人和”“黄袍加身”“男耕女织”“月下老人”“三教九流”“巾帼英雄”“龙凤呈祥”“狗仗人势”“楚才晋用”“琴棋书画”以及“稳如泰山”“长江大河”“泾渭分明”等。只有了解汉民族历史文化背景，才能较深刻地认识成语的真正含义。

第二，社会的人文环境是不断地发展变化着的，语言也随着社会的发展而不断演变。如现在常用的一条成语“既来之，则安之”，源于《论语·季氏》，意思是：已经把远方的人安抚下来了，就要使他们安心定居，这是一个承接式复句，宋元以后，变成了一个推论因果复句，表示“既然来了，就要安下心来”。今天我们仍用此义。再如“人定胜天”，语本《逸周书·文传》。定：谋，人定：人谋，指人的主观努力。人的主观努力可以战胜自然，是主谓结构“人定‖胜天”。今天的人们则理解为“人的智慧和力量一定能够战胜自然”。定：必定，一定能够。这样理解，主语为“人”了：“人‖定胜天”。近来邢福义先生对这个问题访谈了不同职业的人，大多数人，包括部分学者，皆为后一种理解。以上两例表明后代人对前代或历史上的语言现象按后代人的理解进行“‘主观视点’的转移”，从而认定其义并按其义去运用。

还有一种情况是改用成语的个别字词为当代通行的字词，而成语语义不变，如元代人把“功成名遂”改说成“功成名就”，明代人把“德隆望重”改说成“德高望重”，清代人把“山珍海错”改说成“山珍海味”，现代人把“揠苗助长”改说成“拔苗助长”。这是社会发展变化引起的语言表达的“‘主观视点’的转移”演变的又一类例子。

（原载《学语文报》2008 年第 1183 期）

从运用表达了解成语

——多视角地了解成语（三）

一般来说，在词典中的成语是储存备用的，是静态的，而当它们进入口语或书面进行交际时，则用来传情达意，成为动态的了。同学们在学习语文教材，阅读文学作品、报刊和看影视节目时，常常会遇到成语的运用。对于成语的规范用法，特别是体现成语表达特点的用法，是要好好学习的，这里就不一一举例了。成语运用中还有活用和误用，是我们了解成语的另一个角度。

关于成语活用，成语通常是因袭定型，不能变更结构与意义，这是运用成语的基本原则，但在特定的语境中，为表达某种临时意义可以灵活运用，其方法较多，举三例：①抽换。例："老股民的'男'言之隐"（《健康 119》赠刊，2007 年 12 月）"'男'言之隐"是抽换成语"难言之隐"而成。②拓展。例："哥哥完全心悦诚服，甘拜她的下风。"（严沁《谁伴风行》）"甘拜她的下风"是在"甘拜下风"中插入"她的"，使其成语扩展而成。③删削。例："武汉警方为'小案'用'牛刀'"（《长江日报》2007 年 11 月 29 日）这是将成语"杀鸡焉用牛刀"删削前 4 字，且反其义而用之。成语活用是一种临时性的修辞用法，它是以破坏成语的定型结构和整体意义为前提的，要做到恰如其分不大容易。对中小学的同学们不要求也不提倡这种成语活用。

关于成语误用，这是读错、写错、用错而造成的。例："一场风花雪月，让他无家可归。"（《楚天金报》2007 年 7 月 20 日）"一场"不能修饰成语"风花雪月"，后缺一中心语，可考虑加上"的婚外恋"之类。误读、误写、误用成语常可遇到，也是各类语文考试经常出的题目，同学们必须重视。

除了从成语本身、文化背景、运用表达三个视角来了解成语，我们还可以从哲学、自然科学、韵律及用字排列组合、游戏解读等视角去了解成语。但上述三个视角都是了解成语的基础，是我们学习和运用成语不可或缺的。

（原载《学语文报》2008 年第 1185 期）

学习成语的特别课堂

——《成语英雄》节目是怎样进行成语"教学"活动的

《成语英雄》是河南卫视制作的大型文化节目，旨在传播中国优秀传统文化，同时也普及成语知识，指导成语运用。节目第 1 季共 16 集。参加这个节目的选手来自全国各地、不同行业、不同年龄（9 岁到 80 多岁）近百人，选手中还有国际友人。节目中有三位类似评委的成语先生，节目开始，主持人陈琨介绍三位成语先生：著名主持人崔永元、著名漫画家蔡志忠、著名学者钱文忠。通过初赛、复赛、决赛的层层比拼，最后赛出"成语英雄"。

初赛是选手一组两人，一人用随机给出的成语画意象画，一人猜射。复赛是看已画好的画猜成语。决赛是点数字选画，每幅画的含义包括 5 个字，依次说出包含每个字的成语，比谁说得多，还要正确写出。在成语猜射和诱导猜射中，在成语先生的成语分析讲解中，在成语先生与选手的对话中，大家学习成语。《成语英雄》这个大舞台，便是学习成语的一个特别的课堂。它不同于普通学校里上课的课堂。本文只谈在这个课堂中普及成语知识和成语运用方面的内容。节目的内容丰富，引导“教学”的方法多而活。这里从指导方法的角度分三个大的方面，结合内容，分小点，各举一二例以说明之。

一、绘画示意解读

这里主要讲初赛由选手绘画，示意对方解读，猜出成语。成语先生在评画时说：“画可以最直观表现出对成语本身是不是每个细节都了解了”，“这就是明知不好画，还是要大家画的原因”。抓住细节评画，可分析选手对成语理解的正确、不正确、伪正确、不正确中的“正确”等四个方面。例说如下。

（一）绘画正确。主要指细节画得正确或者说得准确。如选手画“引鸩止渴”，成语先生从画的细节来看对成语的整体把握，解释说：“画出了酒，画出了一只鸟，特别是画出了羽毛，因为很少有人知道这种毒酒是用它的羽毛或者粪便泡出来的，酒才有剧毒。”（按：鸩 zhèn，传说中的毒鸟。此成语比喻用有害的方法解决面临的问题而不管后果。）再如“绵里藏针”，选手画的是一床棉絮，而不是棉花，又把像锥子形的东西改成了一根细针，成语先生肯定了选手对成语的正确理解。

（二）绘画不正确。主要是细节没画正确。如“蓬荜生辉”，“蓬荜”属房屋类，但不等于砖瓦建造的房屋。这位年轻的选手画的房屋可不是“蓬荜”。成语先生说：“可见二位生活太好了，根本不知道什么叫蓬荜。”成语先生指着画解释：“蓬是草编的帘子当门，没有硬木。荜是在外边用树条、木条编的篱笆”，“这里没有篱笆，没有蓬，画了一栋好房子，新装修的，这就是蓬荜生辉”。对方却猜出了这条成语。成语先生有趣地说：“这反而能彰显你们心有灵犀。”画中的细节，如没有草帘门、篱笆墙，反映了今天的青年人对成语的“误解”。

（三）绘画伪正确。指画的画好像正确，其实不正确，是虚假的，称为“伪正确”。如“一网打尽”，成语先生问：“打的是鱼吗？”选手答：“应该是鱼。”成语先生看看画说：“跟鱼一点关系都没有”，“也不是这样的网兜”。接着讲了成语的语源：有一个人在四面张网捕鸟，口里还重复叨念，表示鸟儿不论从东、西，还是南、北飞来，都会撞上网，希望一网把鸟儿打尽。有个看的人说，这样不行，希望网开一面，你可杀一些鸟儿，放一些鸟儿走。原指人给鸟留下别的生路，逮光了，明年还能逮吗？成语先生还说："放在今天，这个成语很有环保这样一个教义。"

再如"比翼双飞"，成语先生说："画了一对翅膀，符合原典吗？"接着讲，"《尔雅》描述的这种鸟只有一只眼，一只翅膀，必须两个在一起才能飞，这是被迫的，不得不这样做"，又说，"从原典看，是被逼无奈才这样干的，不符合自愿原则"。现在用来比喻夫妻恩爱，互相扶持，并肩行动。选手的画，是不了解原典。看来画一双翅膀，比翼齐飞貌似正确，其实是不了解原典的传说，按今天的认识去理解而造成的。

（四）不正确中的"正确"。这是指画中的细节，在整个成语中是不正确的，但在今天看来，符合今天的时代特征，带有一种批判精神。从批判继承的角度看，可以认为是正确的。如"举案齐眉"，选手是一位八十多岁的老大爷，他作画，他的老伴猜。原典讲，汉代有一个人叫梁鸿，给人舂米，每天回家，"妻为具食，不敢于鸿前仰视，举案齐眉。"（《后汉书·梁鸿传》）成语先生说："这是传统中很不好的东西，女子地位低下，当然妻子不敢在丈夫前仰视。"今天爷爷画的是桌子上放着一个小案子，夫妻两人并排坐着。老奶奶也猜着了这条成语。成语先生指着画说："真的把我给感动了。"成语先生没有说画中应把托饭食的案举得和眉毛一样高，而是说："今天这个举案齐眉，用在爷爷、奶奶身上非常合适。爷爷、奶奶的精神状态较好地告诉我们，古老的成语今天有了新的生命，所以我特别感动。"这是对传统文化取其精华、去其糟粕的做法，也是我们学习成语要注意的地方。

可见，选手画成语示意，能反映选手对成语理解的多层面的问题。我们学习成语也不妨这样试试。

二、相机诱导猜射

选手在绘画和猜射的过程中，成语先生和主持人都抓住机会给以诱导，帮助选手理解成语，使其猜中。诱导猜射的过程也是学习成语的过程。诱导方式灵活多样，主要有四种，各举一二例以说明之。

（一）含义诱导。对成语中的用字或其中的词，或对整个成语的语义，相机诱导以理解其含义，达到正确猜射的目的。如国际友人组合猜射成语"走马观花"时，先说出了"走马见花"，成语先生和主持人引导："这个'见'还可以用什么中国文字来代替？"答："走马看花。""还可以用什么文字？""走马观花。"大家祝贺答对了。成语先生赞扬了国际友人选手的猜射增加了中国成语的丰富性，又说："给大家上了一堂同义词和近义词的课。"

再如一位选手画出的画面上，一半边是雨，一半边是云，成语先生和主持人一直在诱导，当说到"有人情绪反复无常"时，画者便在"云""雨"之间用了一个修改文字的易位调序号，猜者顿悟，猜出"翻云覆雨"。

（二）事例诱导。举出可以表达这个成语语义的例子，但不说出这个成语来，以诱导选手思考。选手画出一匹长翅膀的马在飞行，另一选手说了一些关于马的成语，却都不对。成语先生提示："表现你们写诗的想象力。"选手猜着了"天马行空"。又如从四川绵竹来的两位小选手猜射"众志成城"时，成语先生引导他们回想大地震时全国人民同心协力，团结一致，形成支援灾区人民的强大力量，两位小选手便猜着了这条成语。

（三）关联诱导。常常是根据选手猜射的成语，对其相关联的问题，如其中的字义、读音、书写的正误辨析。该成语和另一相关成语的比较辨析等，以加深对该成语的正确理解与规范运用。如"板上钉钉"，成语先生问："是什么板？"选手答："应该是木板吧。"成语先生说："都这么想。这个典故上是石板钉钉，石板比钉在木板上更牢靠。如果在石板上打一个钉子，像古代的石桥、石结构一样，它就不会脱出来。"再如"背井离乡"的"井"，不是水井，古制八家为井。成语字音方面的，如"杀鸡取卵"中的"卵"，"矢志不渝"中的"矢"，读音不准，即时给以纠正。还有书写不正确的，如"暴风骤雨"中的"骤"要求重写一次，涉及义音形规范方面相关问题，都给以指导说明。

选手猜射的"绵里藏针"，成语先生问："跟绵里藏针很接近的还有什么？"选手答："笑里藏刀。"问："绵里藏针和笑里藏刀哪个更厉害？更狠？""绵里藏针。"接着要选手分析两条成语的区别。之后，成语先生引出对语源的讲解，"笑里刀剐皮割肉，绵里针剔髓挑筋"（元·石君宝《曲江池》）。这是对相关成语的诱导和解读，应联系语源对比分析其义。

（四）提示诱导。这是对选手的绘画或猜射的成语进行提示，使之画得能让人明白，能猜射成功。如"长袖善舞"，选手画一个女孩在跳舞，成语先生叫选手把袖子画长，再加长。另一选手即猜射成功。猜射时成语先生步步引导，不断提示。如"劳燕分飞"，选手画了两只鸟向相反的方向飞去，成语先生说："为什么方向相反呢？"选手猜成语为"分道扬镳"。成语先生说："有点这个意思。"选手又猜出"背道而驰"。成语先生："差不多是这个意思，你要把两只鸟用进去。"最后选手还是没猜出来。在不断提示下，成语先生说，选手猜到了燕子，猜到了"分""飞"，就是没猜到"劳燕"。不过，在成语先生的提示诱导下，很多选手都猜射成功。

三、选手融入成语

这是把选手猜射的成语，由成语先生联系选手的工作、学习、生活等方面的事例加以运用，把选手和成语运用融合在一起，在运用中学习成语，在学习成语中又加以运用。选手融入成语的方法，大体有四个方面，各举一二例以说明之。

（一）释义融入。成语先生把释义融入成语应用，使用选手猜射的成语来描述选手的突出特点以及现场表现等，用得准确、贴切，有时还可增加风趣。这样做，可加深选手对成语的理解，扩大对成语运用的认识。如“钩心斗角”，成语先生讲了它的原意，形容建筑物结构精巧工致，表示密切配合、互相支撑，形成一种稳定的和谐美。成语先生的讲解刚一落音，另一位成语先生马上将其义用于两位选手——世界选美小姐：“形容你们今天的表现就是钩心斗角。”大家笑了。这是古义今用。

再如“一拍即合”，成语先生在问它的色彩义时说：“大家认为是褒义还是中性?”选手回答：“应该是褒义。”成语先生讲：“古人云，君子之交，定而后求，小人之交，一拍即合。”这表明该成语原用于贬义。成语先生说：“你们没有猜对（一拍即合），没必要有任何难过，你们二位肯定是君子之交，不是小人之交。”这是通过对成语意义和色彩的解释，把选手直接纳入释义之中，而不是仅仅站在成语之外讲解释义。

（二）造句融入。成语先生要求选手用猜射的成语造句，其内容是指定某成语，用于描述自己的工作、生活。如要一对情侣选手用“天涯海角”编一个歌唱出来：“梦中人熟悉的脸孔/你是我守候的温柔/就算我们分隔天涯海角/怎能不相爱。”这造的是一个复句，是指选。下例是任选。要求一位年轻的选手在猜中的五条成语中任选一条用在她女儿身上。这位年轻的妈妈选用的是“呕心沥血”，说明对女儿的教育是呕心沥血，表示要和女儿共同成长。成语先生认为选手真正理解了这条成语。

（三）说事融入。这是拿一条猜射的成语，联系选手的工作、学习、生活的事例申发推衍，将选手及其事例和成语的内容融合，其间往往显现一种思想观念。在申发说事的过程中，选手几乎成了成语中的新角色。如“风雨同舟”，成语先生讲这个典故故事：“只有一半适合你们，一半不适合你们。前一半讲吴越两国人有矛盾，互不往来。后一半讲，他们有一次坐到一条船上，遇到风雨交加，结果抛弃了成见，安全到达彼岸。”成语先生接着说：

“前段跟你们没关系，你们关系特别好。后段和你们关系很大，因为你们在创业，今后的路还很长，虽然是合作者，也难免有意见不同的时候，但我相信，你们一定会牢牢记住，你们要风雨同舟。”这是较为典型的一例，选手进入成语角色，又从成语角色中跳出来，用成语的正能量来激励选手。这是对成语的多层运用。将不同成语和不同选手、不同事例相融合时，说事也有不同角度、不同层面和不同目的，说事和融入成语的情况也是不相同的。如“削足适履”引申说家庭和睦，“腰缠万贯”引出贪官贪腐应整治，“盲人摸象”引出国际文化交流等。其实，前面的“造句融入”也是讲的和选手有关的事，但它限于一个句子，也不是由成语引发，而成语说事则关联成语，将其事例铺展推衍，形成一个类似语篇的讲述，这是成语说事和成语造句不同的地方。

（四）作文融入。成语作文是在选手闯关过后，将猜出的成语编成一篇短文，由成语先生命题，选手口头作文。一般说的是与选手相关的工作、学习、生活方面的事，就是要用进他们猜射的成语。如武汉大学的选手闯关成功，猜到了五个成语“道听途说、讳疾忌医、狐假虎威、庖丁解牛、束之高阁”，成语先生要选手编一段短文，赞美一下武汉大学。选手稍想后，按命题口头作文：“虽然社会上有一种传言，说我们武汉大学已经不如从前，但我们相信，这绝对是道听途说。我们虽然有毛病，但从来不讳疾忌医，更没有把历史作挡箭牌而狐假虎威。我们老师对学问有精深的研究，堪称有庖丁解牛之技，而我们的同学精于钻研，没有让武大的珍贵藏书束之高阁。”这类例子很多，也是这个节目的一个亮点。这里和上面讲的成语说事区别明显。它们是用不同的方法，按照不同的需要去运用成语。

以上讲了学习成语这个特别的课堂，它的特别不仅在于它不同于普通学校的教室教学课堂，其特别更在于这个节目的独特性，同时也产生了“成语教学”的独特性。首先，它是用画来学习成语，且特别重视成语的细节。这对学习者是有启发意义的。其次，对学习和理解成语的特别之处是，成语先生在不同时候对不同选手的不同问题采用不同的方式给选手的猜射以引导，使之尽快猜出。是诱导，不是直接讲出或指明，选手有一个思考和回旋的余地，为思考与消化成语提供了短暂的时间。这种诱导性学习是学习者需要的，节目的性质也为之创造了条件。最后，在运用中的特别之处是把选手及其事例融入成语之中。选手不仅进入节目，还进入节目中的成语，以体现成语的一种特别的应用。我们把节目看作一个“特别内课堂”，这个“内课堂”里有成语先生、主持人和选手，“内课堂”是电视节目。广大观众在收看，这又构成了一个远程教育的“电教课堂”，可称“特别外课堂”。内外课堂各有特色，开展了别具一格的“成语教学”。这就是我们说的学习成语的特别课堂。

（原载《中国语言生活》2015年第1期、第2期）

了解成语　学习成语　用好成语

——谈成语中的继续学习和继续学习成语

“了解”和“学习”是有关联的。“了解”是知道得清楚，“学习”则是从阅读、听讲、研究、实践等活动中获取知识和能力，从而对学习的对象有较为深刻的认识。相对而言，“了解”常指对事物的一般性认识。它常是通过询问、打听、调查来弄清事实。这也是一种在实践中学习的方法。“用好”指在实际的口语和书面语中运用好，即针对某一事物的特性和要求使相关的知识准确而得体地加以使用。这种使用也是学习。看来，“学习”的涵盖面最大。这三者分说时，又各有自己的特殊性。从各自特性来看，“了解”和“学习”是用好成语的前提和基础。它们是继续教育、终身学习的内容和方法之一。

继续教育、终身学习是我国优秀的文化传统，在成语中也有反映。成语“学而不厌”出自《论语·述而》，孔子本人就是一位学而不厌者。孔子到晚年仍坚持学习。他喜欢读书，特别喜爱研读《易》。《史记·孔子世家》记载：“孔子晚而喜《易》《序》《彖》《系》《象》《说卦》《文言》。读《易》，韦编三绝。”成语“小时了了（了了：聪明），大未必佳”，讲的是汉代著名文学家孔融的童年故事。《后汉书·孔融传》说他是“孔子二十世孙”，“性好学，博涉多该览”。他的童年故事汉魏六朝典籍多有记载。南朝宋·刘义庆《世说新语·言语》上讲，孔融10岁随父到洛阳，想见名流李膺，李膺不轻易接见宾客。一天，孔融到李膺门口，对门人自称与李膺有亲谊，门人于是让他进去了。李膺见一孩童并不认识，问：“你与我有何亲?”孔融回答：“我的祖先孔子和您的祖先李耳（老子）是师友，孔子向您的祖先老子请教过周朝的礼仪制度问题，我们两家代代都友好往来。”听者莫不惊异。这时来了一位官员叫陈韪，有人把孔融讲的话说给陈韪听了，陈韪轻慢地说：“小时了了，大未必佳。”孔融立即回应：“想君小时，必当了了。”陈韪困窘无言。孔融回复了陈韪，也使他认识到坚持继续学习的重要性。孔融后来成为一名武将，打仗时还不忘学习。《后汉书·孔融传》记载："流矢雨集，戈矛内接，融隐几读书，谈笑自若。"他的文学成就很高，后来成为文学史上有名的"建安七子"之一。可谓文武全才，这不是继续学习的结果吗？

成语"长计远虑"见于宋代苏轼《司马温公神道碑》，虽是赞颂他人，而苏轼自己也是长计远虑之人。在继续教育、终身学习方面也做出了榜样。苏轼多才多艺，是著名的文学家。他已经很有学问了，还要抄读《汉书》，把它作为一门"功课"坚持下去。成语中坚持刻苦自学、终身学习的事例不少。我们可以从这种自学式"继续教育"的传统文化中吸取丰富的养料。

今天的继续教育，指在正规学校教育结束之后，继续参加指导性自学或培训，有获文凭和不获文凭两种类型的继续教育，这是狭义的继续教育。广义的继续教育还包括有目的的个人自学（即自学式继续教育），乃至坚持终身学习。正如民间谣谚所言："活到老，学到老。"

在个人生活中如何自学成语？常见的是在阅读，看电视，或在人际交往中学习成语。这是动态的学习。我们平时阅读报章杂志、网络文章可注意从中学习成语。也可以集中一段时间阅读成语专书，学习相关的成语知识。这是静态的学习成语，也是不可少的。间或读点成语故事，或翻阅一下成语词典，这既可以获得成语知识，还是调节生活的一种方式。

看电视时，也是学习成语的好机会。举一例：

保护绿水青山，才有青山绿水。（央视《新闻联播》，2015 年 7 月 16 日）

有的成语词典把"绿水青山"作主条，"青山绿水"为变式，在词典中称"也作"条。有的成语词典相反，不管怎么处理，它们是一组同义成语，都形容秀丽的山水景色。不同的是前后两段变序。句中没有用同一条成语，而用主条和变式，造成一种"错综"的表达效果，使文句活泼有变化。各地的电视节目都不乏精彩的成语用例。

在人们的日常交际活动中，也会用到成语，也可以从中学到成语。如某招待所新来了一位姓陈的年轻服务员，满工龄的服务员老谢即将退休，谢师傅和小陈交班的时候，谢师傅说："欢迎你啊，新陈代谢。"小陈望着老谢，似乎不大理解。这是用成语"新陈代谢"一语双关，并带有一点儿幽默的意味。（请注意，如果发现了不能理解的成语，就勤查词典，联系运用的语境多想想，是会学到一些东西的。)

一个中等文化程度的普通人，应知晓多少成语呢？我们从编纂成语词典的角度来考察一下。这类词典，一般说来，是针对他们要知晓的数量和内容的实用性收录的。对此，笔者随机抽出 10 本主要供中等文化程度的读者使用的成语工具书，列表如下：

读者对象	书名（出版社，出版时间）	条目数
小学生	小学生常用成语六百解（吉林文史出版社，1998 年）	约 600 条
中学生和中等文化程度的读者	中学成语辨正词典（知识出版社，1989 年）	2400 余条
	新华成语词典（长春出版社，1994 年）	3700 条
	中学成语词典（江苏教育出版社，1995 年）	3400 条
	新编学生实用成语词典（中国社会科学出版社，1995 年）	3000 条
	新编学生成语词典（中国书店，1995 年）	2748 条
	学生常用成语词典（湖北教育出版社，1996 年）	常用：约 4600 条 备用：约 1400 条
学生	中华学生成语词典（上海辞书出版社，1997 年）	3400 条
少年儿童等	彩图成语词典（上海辞书出版社，1998 年）	2700 余条
小学生、初中生、中等文化程度的读者	趣味成语词典（四川辞书出版社，2006 年）	约 1300 条

这表明，一个小学生应知晓的成语大约 600 条。一个初中生应知晓的成语约 1000 条。一个中等文化程度的普通人应知晓的成语约 3000 条。这类成语词典收录的绝大多数是常用成语。因考虑到中学教学，也收录了个别不常用的成语，但在教材中存在，收入词典，可供了解。重点学习的是常用成语。据专家研究，“现代汉语中常用成语有三千五百条左右，次常用成语大约是两千五百条”（倪宝元、姚鹏慈《成语九章》，浙江教育出版社 1990 年版）。我们在阅读中，在看电视时，在日常的生活交际中，应不断地注意学习成语，特别是常用成语，从而丰富和提升我们的语言表达能力。

（原载《中国语言生活》2016 年第 3 期）

成语释义解字

释“扶老携幼”

成语“扶老携幼”，常见的成语词典只讲了它字面的常用义，而忽略了它的特定含义。如《汉语成语小词典》释为：“搀扶着老人，领着小孩儿。”《汉语成语词典》的释文与上文几乎全同。这条成语的特定含义可从两个方面来讲：一方面指众多的人出动，甚至连难以行动的老人和小孩也出来了。这一含义又可分两点说。

其一，用于描写欢迎、送行、聚集等群众性的场面。如：

①未至百里，民扶老携幼，迎君道中。(《战国策·齐策四》)

②及改武定军，百姓扶老携幼送数十里，悲号而去。(《金史·始祖以下诸子·宗贤》)

③近郊之人，扶老携幼，望门而呼，城上莫有应者，独坐视其宛转于锋刃之下。(《赠张别驾序》)

其二，形容人们成群结队逃荒逃难的情状。如：

④所见逃民，动以万计，扶老携幼，风栖露宿。(《典故纪闻》卷十一)

⑤郑侠上疏，绘所见流民扶老携幼困苦之状。(《王荆公传》第十四章)

另一方面，是现在较为普遍的一种用法，即用于写帮助、照顾老弱儿童，和助人为乐的行为。如：

⑥当他（指雷锋）乘车回沈阳的时候，照样扶老携幼，帮助列车员忙这忙那。(《雷锋的故事·人民的勤务员》)

“扶老携幼”也作“扶老携弱”，如《史记·周本纪》：“豳人举国扶老携弱。”也作“扶老挟稚”，如《宋史·可适传》：“夏人扶老挟稚。”也可作“扶老挈幼”，如《水浒传》第五十八回：“乡村百姓，扶老挈幼，烧香罗拜迎接。”这些都是“扶老携幼”的变式或异体。如果我们只讲常用义，而不概括它的特定含义，是很难理解它的真正意义和准确用法的。

（原载《中学语文》1983 年第 11 期）

“毛手毛脚”补义

“毛手毛脚”，《现代汉语词典》（第 5 版）释义：“做事粗心大意，不沉着。”查几本成语词典，解释大体相同。“毛手毛脚”似可补上：指动手动脚，行为轻佻无礼。如：（1）李季《王贵与李香香》：“崔二爷你守规矩，毛手毛脚干啥哩！”（2）曾心仪《彩凤的心愿》：“本来公司请他来，帮我照相参加比赛，他单独跟我在一起时，就想对我毛手毛脚。”这个意思在古代就有了。（3）清·玩花主人和清·钱德苍《缀白裘·杂剧·花鼓》：“他要毛手毛脚的，你进去须要防他。”（4）清·魏秀仁《花月痕》第九回：“中一席，卜长俊、夏旒、胡孝三个，每人身边坐一个，毛手毛脚的，丑态百出。”

（原载《中学语文》2012 年第 7、8 期合刊）

“老态龙钟”与“二八佳人”

这个题目很奇怪，“老态龙钟”是描述形态的，“二八佳人”是指称人物的，怎么凑到了一起呢？举出“老态龙钟”是为了说明“龙钟”既可描述神态，又可表示年龄；举出“二八佳人”是为了指出“二八”也是一种表达年龄的方法，这样岂不有了共同点，可以放在一起说明了，下面且听我慢慢道来。

用“龙钟”来形容“老态”大约是从唐代开始的。先秦时写作“龙种”，形容（士兵）狼狈溃败的样子。到了唐代多写作“龙钟”，并且引申用来形容衰惫的样子。唐诗中常用来形容老年人体衰行动不灵便的状态，例如王维《夏日过青龙寺谒操禅师》诗：“龙钟一老翁，徐步谒禅宫。”孟郊《醉会中赠郭行馀》诗：“搜郭有志气，相哀老龙钟。”到了宋代，形成了成语“老态龙钟”，用描写人到老年生理上的衰惫状态的“龙钟”来表现人生的最后一个阶段，亦即年龄中的一个时段。像这样用某阶段的生理特征来表示年龄段的成语还有不少，例如“黄发鲐背”，出自《尔雅·释诂》，郭璞解释道：“黄发，发落更生黄者……鲐背，背皮如鲐鱼……皆寿考之通称。”鲐鱼背上有黑斑，老人背上也有类似的黑斑，用以称代老人。“黄发鲐背”是老年这一生理阶段身体上出现的特有标记，以此来指年老的人，常用来形容长寿的老人。又如“青春难再”指青春时期度过之后就不会再来了。“青春”本指春季草木青翠葱茏的景象，比喻美好的青年时期。还有以“黄金”为喻，指人的一生中最可宝贵的时期——“黄金时代”，一般用来泛指少年到青年这段时间。这段时间并没有确定的期限，但也有人具体解释为“人从十五岁到三十岁，是黄金时代”。再如“黄口孺子”。黄口：雏鸟的嘴为黄色，借指儿童。孺子：幼童。这条成语多用来讥称无知的年轻人，如同幼童一般。这些成语都表示人生中的某一个时期，或描写或比喻或借代，常常是用对人生不同时期生理状况的描述来表示某个年龄段，年龄段的起讫界限一般是模糊的，只表示个大致时限。

有时所指年龄时段范围的幅度弹性很大，如“黄花晚节”，黄花：菊花。用菊花在秋季傲霜耐寒比喻人在晚年保持坚贞高尚的节操，这里“晚年”表示人步入中老年后，生命结束之前的几年或十几年。如鲁迅活了五十六岁，郭沫若活了八十六岁，他们两人的晚年相距三十载。这里“晚年”所表示的年龄时段则因人而异，所指具体时限各不相同，与一般表生理年龄时段的成语似不能等同看待。

“二八佳人”则与“老态龙钟”不同，用的是另一种方法，所表达的年龄意义也不相同。“二八佳人”指的是十六岁的美貌女子。二八一十六，用以指称十六岁的时候，即表示年龄中的一个“时点”。它与时段不同，不是指时间的长短，而是指时间的位置。又如“破瓜之年”，也是指十六岁的女子。可是它的含义与“二八佳人”有所不同。“破瓜”的“瓜”字，破开则像两个“八”字，二八一十六。民间又有以破瓜为破身的说法，“破瓜”一语双关，表明女子十六岁成婚。“二八佳人”一般用于未婚女子，“破瓜之年”通常用于正待结婚或已婚的女子。虽然它们表示的是同一个年龄时点，其文化内涵则有所不同。另外，“瓜”字被破成两个“八”字，若八八相乘则等于六十四，“破瓜之年”又指六十四岁的老人。再如“弱冠之年”，指男子二十岁。古代礼仪，男子到二十岁举行冠礼，要结发，加冠，表示成人。弱：指二十岁体犹未壮，强调了二十这个时点。“花甲之年”指的是六十岁。古人以干支纪年，干支是十干和十二支的合称。甲乙丙丁等为干，也称天干。子丑寅卯等为支，也称地支。顺次以天干支配地支，如：甲子、乙丑、丙寅、丁卯等，自甲子到癸亥，错综参互，六十年重复一次，故称六十花甲子，简称花甲。这是中国古代特有的计年岁的方式。在含有年龄的成语中年岁“时点”的表达往往和民族文化的某一特定内容有关。

请再看一条成语“不惑之年”，语出《论语·为政》：“……三十而立，四十而不惑，五十而知天命……”这条成语用“藏词”的方式造出，藏去“四十”。用“不惑”替代，“不惑之年”即四十岁。这是年龄的一个“时点”。它还表示从出生到四十岁才进入“不惑之年”。因此，“四十”又是一个时段。实际上这里是以时段表时点。这个“时点”还可以延续九年至四十九岁，其延续的部分似乎在计量之外。到五十岁则称作“知命之年”，便将“不惑”向前推进了一步，更加不惑了。“而立之年”“古稀之年”与此情况相同。

从上面的例子，我们可以发现含有年龄的成语的一些突出特点。在运用时我们要注意表年龄时点的成语所指不一定就是这个具体的年岁。如“二八佳人”中的“二八”运用时可指十五六岁或更轻的年纪。尤其值得注意的是，表时点的成语，其时点往往隐含着时段，如“花甲之年”实际上含着六十年这一时段。时点和时段常常交融在一起，可以说，它是以时段表时点的。这的确是饶有兴味的现象。

（原载香港《普通话》1992 年第 2 期）

成语中的“如”字

成语中的“如”字，有时表示比喻关系，充当比喻词，有时则不是这样。请看这两组例子：

A 组：a）心乱如麻、忧心如焚、从善如流、泪如泉涌。b）如虎添翼、如鱼得水、如汤沃雪、如火如荼、如饥如渴、如胶似漆、如花似玉。

B 组：a）囊空如洗、度日如年、文如其人、依然如故、如出一辙、嫉恶如仇、爱财如命。b）栩栩如生、风雨如晦、一面如旧、如醉如痴。

A 组“如”是比喻词，表示比喻关系。a）中的成语前后两项是不同类的或不同本质的事物。“心乱如麻”中，后项“麻”指头绪纷繁，乱成一团，用为喻体，取这一相似点，以引起联想，这是比喻。b）中，本体没有出现。有的成语只有一个喻体，有的有两个。

B 组“如”不是比喻词，不表示比喻关系。a）表示等同关系。“如”有“和……一样”的意思。“囊空如洗”，口袋里空得像（等于/相当于）洗过了的一样。“如”表示等同对待或看待。“嫉恶如仇”即痛恨坏人坏事如同对待敌人。b）中“如”表示使人具有某种性状。“栩栩如生”指描摹、刻画的形象如同（使之成为）活生生的。它们的后项不能像A组那样作为喻体而构成比喻，它们是直接说明事物的属性或主观上使其具有某种属性。

再者，“如”还表示顺从、按照、符合等义，如“如愿以偿”“如法炮制”“尽如人意”“恰如其分”。在“自愧弗如”中，“弗如”（也说“不如”）是比不上的意义。“如”还用作形容词词尾，相当于“然”，如“突如其来”“空空如也”。

（原载《语言美》1991年第238期）

成语中的“是”

——兼及“非”和“是非”

成语中的“是”用法较多，可作指示代词、形容词、名词、动词和助词。形容词和动词的用法较为复杂。本文将分条来谈谈。

一、“是”作指示代词，当“这、此”讲。如“是可忍，孰不可忍”（语出《论语·八佾》），意思是，如果这样的事能容忍，还有什么事不能容忍的呢？指绝对不能容忍。再如“岂有此理”也作“岂有是理”，表明“是”“此”同义。

二、“是”作形容词。当“对、正确”讲。如“自以为是”“一无是处”“实事求是”。“是”常与“非”（错误）对举或连用。对举的如“说是道非”“口是心非”“习非成是”，连用的如“是非曲直”“混淆是非”“是非分明”。“是非”还结合成一个名词，表示因说话引起的纠纷、麻烦，如“搬弄是非”。“是非”有时被强拆分离，以进入“……是……非”这一结构格式。如“惹是生非”（即惹是非）、“无是无非”（即无是非）。

“今是昨非”意即：今天对的，昨天（是）错的。而“是今非昔”则表示：以今为是，以昔为非。即认为现在是对的，认为从前是错的。类似的成语有“是古非今”。其中的“是”“非”是形容词的意动用法，表示“以……为……”“认为……是……”，是形容词活用作动词。“是是非非”，前一个“是”“非”是形容词活用作动词，后一个“是”“非”是活用作名词，表示以是为是，以非为非，即认为对的就肯定，认为错的就否定，指正确分辨是非，也指评定是非。

三、“是”作名词。当“法则”讲。如“共商国是”（共同商定国家大计），《尔雅·释言》：“是，则也。”晋·郭璞注：“是，事可法则。”即办事所依循的准则。“法”：仿效，依循，“则”：法则，即法规，是法律、法令、条例、规则、章程的总称。“国是”：国家的大政方针。

四、“是”作动词。（1）表示存在，相当于“有”。如“俯拾即是”“触目皆是”“所在皆是”。（2）表示判断，即作判断词，也称系词，联系前后两部分，以说明它们之间的情况、属性、关系等。作为短句式成语见于当今的有“有奶便是娘”“手心手背都是肉”。见于古代的，有清代曹雪芹《红楼梦》第四十三回的“丁是丁，卯是卯”，清代俞万春《荡寇志》第八十回的“一是一，二是二”。这是运用“A是A，B是B”的格式构成的，表示严格区别，毫不含糊，认真而实在的意思。（3）两个“是”构成“是……是……”的格式，表示“不是……就是……”“是……还是……”，成语有“是长是短”，表示“不是长的，就是短的”，指说长道短。

五、“是”作助词。与“唯”构成提宾格式“唯……是……”。“是”起提前宾语的作用，即将“动宾”变成“宾（是）动”以强调宾语。如“唯利是图”，“唯”：只。“利是图”，原为动宾结构“图利”，“是”提前宾语“利”，变成“利是图”，“唯利是图”即“只图利”。同类结构的成语有“唯利是视”“唯力是视”“唯命是听”“唯命是从”等。

运用“是”字成语时，要注意“是”和“事”的辨别。比如“共商国是”不要写成“共商国事”，“国事”指国家大事，包括政治、经济、文化、军事、科技、教育、国计民生等方面，凡涉及全局性的大问题，都是国家大事。“国是”的语义范围比“国事”小，常用于商议研究的语境中，所以应写作“共商国是”。

“惹是生非”和“惹事生非”的写法都是正确的，是同义成语，有的成语词典把“惹事生非”作为“惹是生非”的变式（也作条）。

此外，“是非之地”和“是非之心”结构相同，同是“是非”，含义不同。“是非之地”的“是非”指引起纠纷、矛盾。“是非之心”的“是非”指能分辨正确与错误。

（原载《学语文报》2013年第1745期）

成语中的“一”

数词“一”在成语中是常见的，多表基数，如“一日千里”“一孔之见”

“一劳永逸”。用来表示次序的很少，如“一不做，二不休”。

在数词“一”原文的基础上产生新意，这就是引申。一件物品，对小的来说，它是“大”；对大的来说，它是“小”。因此，“一”可以向“大”“小”两个方面反向引申。“一”作为整数，可表示一个整体，引申为“整个”“满”，如“一表非凡”“一身是胆”；并引申为“专一”，如“一心一意”；又引申为“同一”“相同”“等同”义，如“一模一样”“一视同仁”“一概而论”。以上“一”是形容词用法。又引申为副词，“全”“都”义，如“一反常态”“一览无余”“一如既往”；“直”义，如“一往无前”“一望无际”。“一”又是起始数，是最小的整数，可引申为时间名词“开始”“初次”，如“一见如故”；又引申为形容词，“少”“独”义，如“一针一线”“一知半解”“一意孤行”“一厢情愿”；又引申为副词“一经”（意为经过某一行为就出现相应的结果），如“一蹶不振”“一触即发”“一挥而就”。这里表示“一经”的“一”往往含有“只要”的意思，常出现在“一……不……”“一……即……”“一……而……”的格式里。在格式“一……一……”中，可表示“时而……时而……”，如“一张一弛”，这时“一”作连词用。在“一……二……”格式里表示“又……又……”，如“一穷二白”；这个格式还用来表示强调，如“一干二净”（等于说“很干净”），前者“一”是连词，后者是助词。以上所讲是“一”的一些主要的常见的引申用法。不论“一”怎样引申，都是从“大”“小”两方面引申的，是先实词后虚化的。

［附记：原题为《“一”的引用》，今改］

（原载《学语文报》1992年第214期）

含有“七”“八”的成语

含有“七”“八”的成语，如“七嘴八舌”“七零八落”“七手八脚”“七拼八凑”“七歪八扭”等等，以及“横七竖八”“夹七带八”“杂七杂八”“乱七八糟”等。“七”“八”是数词性语素，在这里却不表示具体的数目了。

第　，表示多。只表示比较多，接近最多的程度，但还没有达到极点。“七”“八”为多的代表，它们和极数“九”接近，所以表示多而没有达到极多的地步。

第二，表示杂乱、散乱。成语中出现相邻的两数，如“三、四，五、六，七、八”等。一个是奇数，一个是偶数，奇偶相配，往往给人以错乱之感，如“三心二意”“颠三倒四”“四分五裂”“五颜六色”等等。“七、八”也是这样。

“七、八”在四字成语中组成格式运用。首先是“七……八……”，含有这一格式的成语很多。其次是“……七……八”和“……七八……”，含有这两种格式的成语很少。每种模式里都可以分别嵌入两个字。这两个字或者同义近义，如“拼、凑，折、扣，歪、扭，零、落”等，或者反义，如“横、竖，死、活，上、下”等，或者类义，如“嘴、舌，手、脚”等。它们嵌入格式中，凝固起来，表示这一类事物或动作行为多而乱。

（原载《读与写》1986年第7期）

“汤”和成语中的“汤”

一提起“汤”，大家都知道是排骨、牛肉、猪内脏之类或是某些蔬菜加水煮熟后的汁液。在古代，“汤”指热水、开水。例如，《孟子·告子上》：“冬日则饮汤，夏日则饮水。”杨伯峻译注：“冬天喝热水，夏天喝凉水矣。”又《吕氏春秋·尽数》：“夫以汤止沸，沸愈不止，去其火则止矣。”汤：开水，沸水。大约到唐代“羹”“汤”连用，唐代王建《新嫁娘词》三首之一写新娘出嫁到婆家三天就下厨房，“洗手作羹汤”。“羹”是用肉或菜调和五味做成汤的食物。“羹汤”在一起，羹的含义便向汤渗透。“汤”出现了菜汤义，常指带汁的肉、菜等食物。元代关汉卿的著名戏剧《窦娥冤》第二折子中有“饮羹汤一杯”的话，“羹汤”连用。这部戏剧写了窦娥孝顺婆婆，为婆婆煨“羊肚汤”。这个“汤”指食物煮熟后所得的汁水。到元代，我们看到了有“煨汤”的“汤”。湖北人喜欢喝汤（常煨的是鸡汤、排骨汤、猪肚汤等），俗语有云：“吃肉不如喝汤，喝汤不如闻香。”从上古到现代，由没有内容的白开水（“汤”）到有了内容（肉鱼菜肴之类）的汤，从事理上看这个变化是自然的。现在很少见到当热水、开水讲的“汤”，但在某些方言中还保留着，如上海话中洗脸的热水叫“面汤”，武汉人把嵌入炉中靠炉膛烧开水的器具叫“汤罐”。

“汤”指饮料大约在宋代。宋人朱彧《萍洲可谈》卷一云：“今世俗客至则啜茶，去则啜汤。汤取药材甘香者屑之，或温或凉，未有不用甘草者。此俗遍天下。”今有酸梅汤、银耳汤、冰冻赤豆汤等，现也用“汁”（菠萝汁），

“露”（果子露），义同“汤”。

成语中的“汤”一般保留了热水、开水义。例如“以汤沃雪”“扬汤止沸”“金城汤池”“赴汤蹈火”中的“汤”皆是。不过有的“汤”进入了成语后语义有所变化：第三条成语中的“汤池”指开水滚流的护城河，第四条成语中的“汤”与“火”都指代险恶的环境或险恶的事物。每条成语中都有它的整体意义，这里从略。此外，“换汤不换药”中的“汤”指汤头，即中药汤剂的配方。换了汤头处方，却没有换原来的药品，比喻形式上改变了，内容和实质并没有改变。

［附记：本文原名为《说“汤”》］

（原载香港《普通话》1989 年第 1 期）

“北”为何当打败仗讲

“北”的本义是相违背。《说文·北部》：“北，乖也，从二人相背。”乖，违反、背离。古代称打败仗时向与敌相背的方向逃走为“败北”或“北”，“北”引申指打败仗。“北”在甲骨文时代已普遍借用来表示方向。于是又造一个“背”字，分担“北”的本义。“北”“背”成为古今字。“北”的本义在古老的成语中还可以看到。如“三战三北”（表示多次打败仗），“战则必北”（只要打仗必定失败），这是就败军方面而言的。败北之后，战胜者乘胜追击失败的敌人，有成语“追奔逐北”。奔、北，这里指战败奔逃的敌人。北，引申指败逃者。这是就战胜者方面而言的。不同方面的“北”，其引申义有所不同。

另外，成语“北面称臣”，意思是来朝见面南而坐的君王，表示自己愿做国君的臣下，指降伏于人。这里的“北”即表方向，又含有“败北”的意思。清·徐灏《说文解字注笺》：“古者宫室皆南向，因以所背为北。久而昧其本义。”古人故以南面为尊。成语有“南面百城”（居于尊贵的地位，统辖许多城邑，形容统治者尊贵富有），“南面之尊”（指王侯之位）。

（原载《中学语文》2010 年第 5 期）

“二三”是动词吗

“二三”在古汉语中是一个词，它的基本用法是数词，表约数，如《孟子·尽心下》：“吾于《武成》，取二三策而已矣。”杨伯峻《孟子译注》译文：“我对于《武成》一篇，所取的不过两三页罢了。”又用于对人的称呼，表示诸位，如“宣子曰：‘二三君子请皆赋’”（《左传·昭公十六年》）。

“二三”也可以是动词，这要看入句的结果。《诗经·卫风·氓》有“二三其德”，王力主编《古代汉语》（上册第二分册446页）注：“把他的心变了，等于说变了心。二三，用于动词，使动用法，有改变、反复的意思。”此注解也是有古注做依据的（古注略）。这是“二三”入句的结果使然，可称作“使动词”。再看一例作动词的一般用法：“德二三，动罔不凶。”（《书·咸有一德》，转引自《辞源》“二三”条例句）。类似“二三其德”的用法，见于古籍的有“二三其节”（《三国志·诸葛亮传》裴松之注引），“二三其操”（南朝梁·任昉《求为刘献立馆启》），“二三其心”（《三国志·袁绍传》裴松之注引），“二三其意”（唐·崔志远《桂苑笔耕集》卷五）。

（原载《中学语文》2013年第12期）

成语中的多音多义字

一个多音多义字出现在不同的成语中，例如“重”读zhòng，当“程度深”讲，有成语“积重难返”；又当“重视，不轻率”讲，有成语“安土重迁”。读chóng，当“再”讲，有成语“久别重逢”“重振旗鼓”。还有一种情况是：一个多音多义字出现在两条同形（指书写形式）成语中，如“一日之长”中的“长”读zhǎng，指年纪比别人稍大，语出《论语·先进》。“一日之长”中的“长”读cháng，这条成语的意思是比较起来才能或某方面稍强些，最早用例见于南朝宋裴松之注《三国志》引张勃《吴录》例。再如“难兄难弟”中的“难”读nán，意思是兄弟之间或同行的人都一样优秀，难分高下，语出《世说新语·德行》。现代人把其中的难（nán）读成nàn，便划分出一条通行成语“难兄难弟”，指彼此共患难或处于同样困境的人。再如“久假不归”中的“假”，读jiǎ，指长期借去不归还。读jià，形成一条同形成语，指长久告假在外而不回来，清人作品中有用例。同形成语其异读异义，要注意利用上下文来辨识。

第三种情况是：一个多音多义字出现在同一条成语中，例如“春风风人”，前一个“风”读 fēng，后一个“风”读 fèng，是风吹拂的意思。这条成语指用和煦的春风吹拂人，比喻及时给人以教育或帮助。再如“解衣衣我”“推食食我”，后一个“衣”读 yì，指给人衣穿；后一个“食”读 sì，指给人吃。这是古汉语用法。这类成语极少。

多音多义字在成语中依靠跟其他语素的语义关系和结构关系，用读音来区别其意义，同形成语的意义则还要依靠语境来区分。成语中的多音多义字（在成语中作为语素出现的）是我们在阅读、写作和口语交际中应充分注意的。

（原载《学语文报》1991 年第 180 期）

谈含“虎”成语的褒贬问题

含“虎”的成语既有褒义的，也有贬义的，这一语义特征跟“虎”褒贬同词，“虎”与他类动物组合相关联。

先说“虎”的褒贬同词。褒贬同词指一个词兼有相对或相反意义的语言现象。“虎”的褒义常表示雄健、勇猛、威武，有生气。同是“虎”还表示贬义，常表示凶残、强暴、险恶等义。含褒义“虎”的成语，如“虎背熊腰”“燕颔虎颈”“虎门虎将”“虎头虎脑”“如虎添翼”“虎虎有生气”等。含贬义“虎”的成语，有“养虎遗患”“放虎归山”“狐假虎威”“虎视眈眈”“与虎谋皮”“谈虎色变”“骑虎难下”“虎入羊群”“苛政猛如虎”等。还有以“虎口”“虎头”“虎尾”“虎穴”喻极危险的境地，如“虎口余生”“虎尾春冰”“龙潭虎穴”“不入虎穴焉得虎子”等。有一条成语，既有虎的贬义，又有虎的褒义，不过它是以贬衬褒，即“虎毒不食儿”，虎“毒”是贬义，“不食儿”含褒义，表示凶残的老虎尚且如此，以借喻人更应该有骨肉亲情。

再说“虎”与其他类动物组合。常言道，物以类聚，人以群分。“虎”与不同类动物组合，形成某一相同特征的类聚，突出了某一方面的意义。“虎”与“龙”组合，大多是褒义成语，如“藏龙卧虎”“生龙活虎”“龙吟虎啸”“虎啸生风”等。也有极个别不表褒义的，如“降龙伏虎”“虎斗龙争”。“虎”与“狼”组合，常形成贬义词语，如“虎狼之国”“虎狼之势”“如狼似虎”“狼贪虎视”“狼吞虎咽”“豺狼虎豹”“前怕狼后怕虎”等。

也有褒贬倾向不明显的“虎”字成语，一般只是客观地直陈其事，对“虎”而言，只指其自然形象和生动性活动。有时在某一种语境中也可能产生褒贬倾向，如“虎掷龙拿”“二虎相斗”“三人成虎”“画虎类犬”“坐山观虎斗”等。

“虎”字成语有褒有贬，都与“虎”自身的意义和成语语境对语义的制约有关。我们只有从整体上去理解，才能准确把握“虎”字成语的褒贬意义。

（原载《学语文报》2010 年第 1381 期）

成语语义表达

成语语义的表达方式

成语语义的表达方式，指成语用什么样的手段把它的语义传达出来。手段是多种多样的，如语言的、逻辑的、文化的。这里讲的是语言方面的表达手段，这是成语的主要表达手段。本文侧重从语言形式的种种表达方式来讨论这一问题。

一　语音文字词汇的表达方式

（一）语音的表达方式

语音是成语的存在形式，每一成语都有它的语音形式。语音的表达手段指语音由静态的存在形式出现特殊的动态转化，由此产生成语的语义，主要表现在三个方面：①变读：同一字因读音不同，意义发生变化，整个成语表现出新的语义。如“难（nán）兄难（nán）弟”形容兄弟都非常好，含褒义；读作“难（nàn）兄难（nàn）弟”指彼此曾共患难的人或指处于同样困境的人，有时用于讽刺两人同样坏，含有贬义。再如“久假（jiǎ）不归”指长期借用不归还，“久假（jià）不归”则指长久在外告假不归。②谐音：通过读音相同或相近的字词来表现成语语义。如“桃之夭夭”形容桃叶十分茂盛。后因“桃”“逃”谐音，变成了“逃之夭夭”，诙谐地形容逃走。再如“藕断丝连”，“丝”和“思”谐音，多用于男女情思难以割断。前者是谐音换字，后者是谐音双关。③拟声：通过摹拟声音来表现成语语义，它不同于一般的象声词。如“不如归去”，是拟杜鹃鸟的叫声，像人言“不如归去”，用来表现思归的情绪。“唯唯诺诺”是拟应诺之声，表示一味顺从附和。

（二）文字的表达方式

文字是成语的书面存在形式。文字的表达手段指利用文字字形的离合与误写来表达成语的语义。①字的离合：指把字的构件离拆，另行组合解说，用来表达成语语义。如“破瓜之年”或“瓜字初分”，“瓜”字一破分成两个

“八”字，即二八十六岁，多用于少女。“止戈为武”，“止”“戈”合成一个武字，意思是使干戈平息下来才是真正的武功。②字的误写：指利用写错别字来表示成语语义。如“别风淮雨”是“列风淫雨”的误写，后用以泛指古书文字讹误或写错别字，又引申为一般情况的差误。“宁为鸡口，无为牛后”比喻宁可在范围小的地方自主，不愿在范围大的地方听人支使。“鸡口”是“鸡尸”（鸡中之主）的误写，“牛后（後）”是“牛从（從）”（牛之子）的误写。

（三）词汇的表达方式

指通过词语的离拆、组合来表达成语的语义。大体上有三种情况：①插词：把复音词拆开嵌入其他成分，或是把两个双音词拆开互相插入，凝成块状，表示整体意义。这类插词成语中的插入成分往往有强调语义的作用。如清楚→一清二楚，尴尬→不尴不尬，恭敬→毕恭毕敬，变化→千变万化，果然→果不其然，慷慨→慷他人之慨；风浪/平静→风平浪静，改换/朝代→改朝换代，真实/凭据→真凭实据。②抽换：将原来成语抽出一个语素换上另一个语素表达一个新的语义。如德隆望重→德高望重，山珍海错→山珍海味，揠苗助长→拔苗助长。③简缩：通常是将原成语简省次要部分，浓缩成四字格的成语。如无所措手足→手足无措；仁者见仁智者见智→见仁见智；如临深渊，如履薄冰→如临如履/临深履薄。

二　语法的表达方式

语法的表达方式，指通过排列与搭配形成的结构格式来表达成语的语义。

（一）一般的语法表达方式

指成语通过各种语法结构及其他关系来表达语义。如“天南地北”是并列结构，一个“天南”，一个“地北”，表示距离极远。再如“顿开茅塞”是动宾关系，“茅塞”是“顿开”的对象，比喻立刻解开了疑难（能够理解、领会了）。再如“宁死不屈”是复句式选择关系中的“决选”，这种句式表示舍此取彼，强调在二者不可兼得的情况下，经过衡量得失，作出决定，选择其一，口气极其肯定。这一句式表达出誓死也毫不屈服的成语语义。一般的语法表达方式，大体分为三类，试举例说明。短语类结构关系：（1）联合关系，如：志士仁人、头重脚轻、悲欢离合。（2）主谓关系，如：风雨飘摇、塞翁失马、儿女情长。（3）动宾关系，如：平分秋色、搜索枯肠、分我杯羹。（4）偏正关系，如：不速之客、背道而驰、一盘散沙。（5）正补关系，如：牢不可破、疲于奔命、危在旦夕。(6) 兼语关系，如：请君入瓮、放虎归山、恨铁不成钢。(7) 连动关系，如：入境问禁、卖剑买牛、顾名思义。单一类结构关系，如：一清二楚、乱七八糟、阿弥陀佛。复句类结构关系：(1) 并列关系，如：载歌载舞；高不成，低不就；视而不见，听而不闻。(2) 承接关系，如：兔死狐悲；貂不足，狗尾续；路见不平，拔刀相助。(3) 递进关系，如：得陇望蜀；听其言而观其行；一而再，再而三。(4) 选择关系，如：非愚则诬；宁缺毋滥；宁为玉碎，不为瓦全。(5) 转折关系，如：虽生犹死；不劳而获；麻雀虽小，肝胆俱全。(6) 因果关系，如：有恃无恐；城门失火，殃及池鱼。(7) 目的关系，如：削足适履；画饼充饥；取人之长，补己之短。(8) 假设关系，如：种麦得麦；当断不断，反受其乱；有则改之，无则加勉。(9) 让步关系，如：百口莫辩、万死不辞、插翅难飞。(10) 条件关系，如：一触即发、急则生智、乘风破浪。短语结构关系和复句关系在四字格成语中有时有交叉现象，如"画饼充饥"在词组关系中是兼语式；画饼、饼充饥。从复句关系的角度看，属目的关系：画饼，借以充饥。这类情况还涉及一个"变序"问题，即改变原成语的字面语序，成为它的变式，如天南地北→地北天南，顿开茅塞→茅塞顿开。变序之后，前者结构不变，后者结构改变。

(二) 特殊的语法表达方式

指通过古汉语中特殊的语法手段来表现成语的语义。就这类常见的古汉语遗留的语法现象，列出五个方面试举例说明。①宾语前置：通过否定句式、"唯……是……"句式以及疑问代词作宾语、词和短语充当"以"的宾语，使宾语于动词之前来表达成语语义，宾语的含义往往得到强调。如：时不我待、莫予毒也；唯利是图、唯命是从、马首是瞻；何去何从、何思何虑；夜以继日、一言以蔽之。②使动用法：指谓语动词使它的宾语怎么样，名词、动词、形容词都有使动用法。如：起死人而肉白骨、南辕北辙；劳民伤财、破釜沉舟；独善其身、丰衣足食。③意动用法：表示认为或者以为宾语怎么样，仅见于名词形容词有此用法。如：草菅人命、鱼肉百姓；不远万里、不耻下问。④名词作状语：名词直接修饰动词，其修饰色彩较浓，作用较多，如表比喻、表处所方位、表时间连续、表工具方式等。如：龙腾虎跃、风起云涌、班门弄斧、南征北战；日理万机、日新月异；口诛笔伐、刀耕火种。⑤活用种种：除使动、意动中的词类活用外，还有名词、形容词活用作一般动词，形容词活用作名词等。如：不胫而走、春风风人；不近人情、红男绿女；弃旧图新、扶老携幼。须指出的是，这些词的用法，包括词类活用，一旦进入成语，便成为一个语素，凝固成整块，出现了整体意义，有别于古汉语中单个词的用法和临时活用。

三　修辞的表达方式

修辞的表达方式，指通过准确、鲜明、生动、形象的语言形式来表达成语的语义。

（一）平实的记叙方式

指通过陈述和描写来表达成语的语义。①直陈：把成语的语义直接陈述出来。如：转危为安、与众不同、一举两得。②形容：把人或事物的具体样子生动地描绘出来用以表达成语的语义。如：风和日丽、大腹便便、轻歌曼舞。

（二）辞格的表达方式

指通过各种修辞格式来表达成语语义。辞格是生动有力的描摹、修饰的特殊方法。下面举若干常见辞格来说明：1. 比喻：即打比方的一种修辞手法。主要有：（1）明喻，如：危如累卵、虚怀若谷、如鸟兽散。（2）暗喻，如：人为刀俎，我为鱼肉；化干戈为玉帛。（3）借喻，如：龙潭虎穴、星火燎原、赴汤蹈火。（4）讽喻，如：刻舟求剑、东施效颦、画龙点睛。（5）强喻，如：重于泰山、急于星火。（6）博喻，如：如胶似漆、如切如磋、如琢如磨。2. 借代：用人或事物的有关部分或其特征、标志来代替整体。如：眼高手低、手无寸铁、急管繁弦。3. 比拟：把物当人来写（拟人），或把人当物来写（拟物）。如：莺歌燕舞、天怨人怒；惹草拈花、桃李满天下。4. 摹状：摹写人或事物的情状。如：卑躬屈膝、众目睽睽、摇摇欲坠。5. 示现：把实际上看不见听不着的事物说得如闻如见。如：余音绕梁、回肠荡气、口蜜腹剑。6. 衬托：利用一事物来陪衬、突出另一事物。如：柳暗花明、无病呻吟、有勇无谋。7. 对比：把两种相同或相反的事物，或者同一事物的两个方面并举比较、突出语义。如：泰山鸿毛、聚沙成塔、喜新厌旧。8. 对偶：字词对称、结构相同、意义相对或相关的表达方式。如山清水秀；满招损，谦受益；落花有意，流水无情。9. 排比：排列三个或三个以上结构相同、数字相等或相近的句式，表达相关的语义。如：富贵不能淫，贫贱不能移，威武不能屈；飞鸟尽，良弓藏，狡兔死，走狗烹。10. 错综：指词面参差错落的形式，常用同义语素或义同而说法不同的方式表达出来。如：谨小慎微、和颜悦色、好逸恶劳、至高无上。11. 层递：逐层说出，层层推进。如：一而再，再而三；人弃我取，人取我与。12. 顶针：上尾与下头相同并相连。如：一传十，十传百；人同此心，心同此理。13. 回环：用相同的字词，前后循环往复以表达人或事物的种种关系。如：一而二，二而一；用人不疑，疑人不用；来者不善，善者不来。14. 双关：利用字词同音或同义关系使一语关涉两件事。如：藕断丝连、酒逢知己千杯少。15. 互文：前后互参见义，说明事物，表达语义。如：披荆斩棘（即披荆棘、斩荆棘），万紫千红（即万千紫、万千红），精雕细刻（即精雕刻、细雕刻）。16. 复叠：用字词相重叠来表达语义。如：得意洋洋、轰轰烈烈、浩浩荡荡。17. 夸张：故意把话说得超过实际可能，以扩大事物的特征。如：羊肠小道、惊天动地、血流成河。18. 强连：把应当用于甲的修饰语硬移用于乙。如：怒发冲冠、衣冠禽兽。19. 通感：眼耳唇鼻舌身等不同的感觉相通。如：望梅止渴、秀色可餐。20. 婉转：用委曲含蓄的话烘托暗示出要表达的意思。如：采薪之忧（婉称有病），敬谢不敏（恭敬辞谢）。21. 避讳：遇有犯忌触讳的事物不直接说出，而用别的话来表达。如：寿终正寝（忌说死），绝代佳人（唐代避李世民名讳，改“世”为“代”）。22. 藏词：把失落的字词的意义转移到留存的词语之中。如：下马威（藏风）、而立之年（藏三十）、近水楼台（藏先得月）。23. 飞白：故意保留白字、别音。如：目不识丁（个）、久假（jiǎ，别音 jià）不归。须指出的是，有的成语其表达手段运用几种辞格。如“口蜜腹剑”运用了借代、衬托、对偶、示现四种。值得注意的是，语音、文字、词汇、语法、修辞中的种种表达方式，在一条成语中有交叉现象和综合运用的情况。

（原载《中学语文》1990 年第 3 期）

邻数成语·倍数成语·等数成语

含数词的成语常见的是一条成语中含有两个数词，我们根据这两个数词的关系，分为邻数成语、倍数成语和等数成语。

在自然数列中有两个数相邻，如“一二”“二三”“三四”等，像这样含有两个相邻数词（数字）的成语，叫邻数成语。如“略知一二”“二三其德”“乱七八糟”“不如意事常八九”，这是邻数连用。较多的是邻数间用，如“一穷二白”“二桃杀三士”“三朋四友”“四分五裂”“五颜六色”“七上八下”“九儒十丐”。也有逆向的，如“十拿九稳”“九州八极”“七情六欲”“五湖四海”“三心二意”等。此外，还有很少奇数相邻的（如“三五成群”）和偶数相邻的（如“骈四俪六”）。这些词有表实数的，但多数是表虚数。“一”和“十”常有“全”“满”的意思，“一”还表示数少，“一”和“十”中间的数，组合后往往表示多、杂、散乱等意。

一条成语中的两数，一个是另一个的倍数，叫倍数成语，如“三头六臂”“四通八达”“五光十色”“一五一十”等。两数成倍，常表示多、多个方面或种类繁复的意思。

一条成语中的两个数所表示的数目相等，叫等数成语，如“说一是一”“寡二少双”“半斤八两”“十全十美”。这类成语往往表示就是这样或相差无几、不过如此的意思。

（原载《江汉早报》1985 年 12 月 25 日）

没有数词的表数成语

有些成语不用数词表数，本文想谈谈这类成语的表数方式和作用。

一

这类成语的表数方式有五种：

第一，省说数词“一”，如“杯水车薪”，语出《孟子·告子上》：“今之为仁者，犹以一杯水救一车薪之火也。”为了凝成四字格成语，省去了“一”和其他成分。又如“目不识丁”是“不识一丁”的变式，省说“一”清楚可见。再如“只鸡斗酒”“寸草不留”“尺布斗粟”，皆是。

第二，用含数量的名词（包括方位词）来表数。①表时间。常用年、月、日之类的时间名词及方位词表示，如“夜以继日”“不日不月”“度日如年”“空前绝后”。②表距离、空间。常用方位词、处所词表示，如“天南海北”“天涯海角”“上不着天，下不着地”。③表人和事物。常用众、群之类表数目之多，如“众志成城”“乌合之众”“鹤立鸡群”“群龙无首”。有时用单音名词重叠表示多，它们往往带有周遍性，如“人人皆知”“面面俱到”“头头是道”。表示数量单一或极少，常用“单”“孤”等名词，如“孤掌难鸣”“独木难支”“单枪匹马”。

第三，用表频数的动词来表数。①数算类。通过可以点数的动作，并带修辞语或补充语表示数量，如“屈指可数”“不胜枚举”“数米而炊”。②往来类。以动词“往”“来”为代表，两者同时并用，表示动作行为的频繁，如“拔来报往”“熙来攘往”“徒劳往返”“乌飞兔走”“星移斗转”。③累积类。这类动词表数量的不断增加，如“日积月累”“积羽沉舟”“聚沙成塔”“集腋成裘”。④连接类。这类动词含有连接不断、罗列分布的意思，由此而表示数量之多，如“兵连祸接”“肩摩踵接”“延年益寿”“星罗棋布”。

第四，用表数量、程度、范围的形容词来表数。常用多、少、高、深、长、短等单音形容词表示，如“见多识广”“源远流长”“蝇头微利”“满目疮痍”。

第五，通过描写、比喻等手段来表达数量。表示大和多的，如“罪恶滔天”“人山人海”“吞舟之鱼”“汗牛充栋”；表示小和少的，如“容膝之地”“风烛残年”“凤毛麟角”。这类表达法在成语中较多。有时几种表数方法综合运用于一条成语中。

二

没有数词的表数成语，其特点是：

第一，具有模糊的概数性。这类成语表数，只能定型而不能定量，所表的数是不具体、不确切的。这便形成了模糊的概数性特征，如“不日不月”形容没有期限，“天涯海角”指极远的地方。这里我们只知道时间悠长，距离遥远；究竟有多长、多远，不得而知。当然也不是数学上的无限长，无穷远，而只能知道一个模糊的概数。

第二，这类成语还具有表数的极端性。它们往往表示大、小之极。表极大（如“罪恶滔天”），极小（如“太仓稊米”）；表极多（如“满城风雨”），极少（如“微乎其微”）；表距离极远（如“天南地北”），极近（“寸步不离”）；表时间极长（如“代远年湮”），极短（如“俯仰之间”），还表示连接不断、行动频繁等等。有的在同一条成语中表示两个极端的数量，形成了鲜明的对照，这就更加突出了它的含义（如“杯水车薪”“星火燎原”）。这些都显示出了这类成语表数的极端性的特点。

第三，这类成语描写性较强。它们不用数词表数，而是通过描写、比喻等等手法来表数，多给人以具体、形象的画面感，或是内在潜伏着一个画面，同时还使语言含蓄、生动，常见于文艺语体中。如“度日如年”可以说成“过了一昼夜像过了三百六十五点二五日”，这种说法只有在科学语体中才能见到。一般情况下，文艺语体或生活口语是不需要这样说的。而且，“度日如年”有它特定的含义，即指日子难过。我们看到这条成语，便联想到它内在包含着的一个生活难熬的画面。如果把它换成纯数词，这一特定含义就不明显了，画面感也消失了。再如“光阴似箭”“日月如梭”“凤毛麟角”“鞭长莫及”“接踵而至”“层出不穷”等等，它们的文艺语体色彩很浓，富有描写性，本身常用了许多修辞手法，其积极效果显而易见。

模糊的概数性、表数的极端性和较强的描写性是这类成语的主要特点，在学习和运用时是值得我们好好揣摩的。

（原载《语文教学与研究》1985 年第 5 期）

成语的非成语义

成语是整个儿表达一个完整的意思，其实际含义通常是字面以外的意义，即所谓特定含义。如果排斥特定含义，主观地另作解释，这样释出的意义，就是成语的非成语义。如“高山流水”源于伯牙鼓琴的故事，本为乐曲高妙，比喻知音或知己。如果用以表达“高山上流下水来”的意思，此义就是非成语义。运用这种非成语义有它特殊的表达作用。下面谈谈它的表达方式和特点。

从成语的形、音和义的关系来考察：用其形而排斥其特定含义者大体上有三种：①附会字面；②多义换用；③双关曲解。用其音而排斥其特定含义者，主要有一种：谐音换字。

附会字面。成语语义是运用这种语言的社会成员在使用过程中共同确定下来，并为大家所理解的。成语的非成语义违背了这一点，却是附会字面、望文生义，作出“错误”的解释，如“破釜沉舟”，是说项羽和秦兵打仗，过河后就砸破锅沉下船，表示下决心不顾一切干到底。而韦君宜在《洗礼》中写道：“然后他具体告诉了她，连省里都有了为大炼钢铁要‘破釜沉舟’不惜一切大干的指示……仔细想想，什么是‘破釜’呢？这个县的这种做法就可以解释为破釜。不是把锅砸了吗？‘沉舟’的也有。别的县有把做木船和大车的木料甚至棺材板，都弄来做了大风箱的。”这样解释，满足了写作的临时需要，使文章诙谐有趣，并含讽刺意味。

多义换用。利用一字多义，当用该字之甲意义而故意改用乙义，给这条成语造成非成语义。如“见机行事”的“机”当时机、机会讲，可是在笑话《“礼”与“机”》中却把“机”解释为电视机、缝纫机之类的“机”。这则笑话讲到，小王在结婚前半年就解决了住房问题，其奥妙是领导见“机”行事。这种多义换用，超出人们的正常理解，从而触发人们重新联想和思考，使人感到用得新奇，别具匠心。

双关曲解。利用修辞中一语双关的手法，把成语中这一意义的词引向另一意义，造成非成语义。如“失败是成功之母”中的“成功”，指获得预期的效果，跟“失败”相对。又，“成功”也是明清之际，收复台湾的名将郑成功的名字。二者双关换用，编成一则笑话《郑成功的母亲》，它讲的是一位历史老师问学生郑成功是何人，学生说不知道，但又说知道郑母之名；教师惊异，要学生讲出来，学生说叫“失败”，因为“失败是成功之母”。这种一语双关，故意曲解原意的手法在相声、笑话、漫画标题中，常可见到。

谐音换字。利用读音相谐，换一个同音字，使其意思自然改变。如“无”和“吴”，“事”和“氏”，“非”和“飞”，音相谐而义不同。相声《歪批三国》讲到张飞他姥姥为什么姓吴时，回答是：“老太太管孩子。”有一句话：“你这个孩子，总出去惹祸！真是无事生非！”解释说：这就是吴氏老太太生的张飞！这样谐音换字，另行解释，在一定的语言环境中可以收到滑稽、有趣的喜剧效果。

成语的非成语义，其特点有三：第一，主观随意性。在某种语境中按具体表达的需求，对某条成语随主观意图加以解释，但这种解释不能胡来，应切合自身当时的需要。第二，临时性。这种非成语义的出现多是根据临时的需要。有的是灵机一动说出来的，常带有偶然性。不能把这种解释当做固定含义来使用。第三，谐趣性。不用成语固有的特定含义，而另外“歪”作解释，往往有诙谐讽刺的趣味。在笑话、相声、幽默小品、讽刺性杂文、喜剧中常用，在小说、故事、散文中也不难见到。

非成语语义的运用，是成语活用的一种形式。它不单用来达到幽默、讽刺的效果，还用来塑造人物形象，调和某种气氛，巧妙回答问题。我们如果以正确而严肃的态度，在具体的语境中，根据实际需要，有分寸地运用成语的非成语义，是会收到一定的修辞效果的。

（原载《中学语文》1987 年第 4 期）

成语语义超载

成语所负载的语义信息超出了它自身的范围，形成了语义超载，以致读者难以理解，甚至接受不了。在这种情况下，它所传递的信息就需要与它在意义上有关联的上下文来分担。分担成语超载语义的语境（上下文），有语义的预设、追加和转嫁三种情况。

一、预设信息。在上下文中，对成语的超载由语义预先分担过去，这样，看来似乎不是语义超载，实际上，它常常成为一种超载形式。例如：

蓄意出售变质肉，明知坑人违法，有的商人偏要去做。这叫缺德，也可以说是一种“谋财害命”的表现。（《北京晚报》1986 年 6 月 7 日二版）

“谋财害命”本为图谋钱财而伤害人家的性命；句中的“谋财害命”超出了它的语义范围，但已有“出售变质畜肉”这个预设信息，指明这种缺德事如同干谋财害命的勾当一般，把问题往严重的方向说。否则对方就会问，我是做生意，没杀人谋取钱财，怎么是“谋财害命”呢？

二、追加信息。成语语义超载而且含义失常，使读者无法理解，为了使读者把握住这种含义，在它的后面加上解释性的话，这就是追加信息，其目的就在于减轻成语的语义超载。例如：

座谈会开始了，贾处长一本正经地说：“同志们，让我首先给大家介绍一下，这位编辑同志是我国著名的戏曲专家，他不仅博古通今，而且里通外国……”那编剧听到这里，先是一愣，然后慌忙起来解释：“不，不，不……”贾处长不等编剧把话说完，便热情地截住话头，说：“哎，别客气啰！你就是里通外国嘛！世界各国的戏剧你都懂噢！……”（仇国庆、陈涂生编《新笑话集锦·里通外国》）

前一个“里通外国”和“博古通今”相对，这里的“里”义指国内，“通”和“博古通今”的“通”同义，同用这两个成语，意思是赞扬这位剧作家古今中外的戏剧皆通。这种暗示义人们也很难以理解，为此，作者在后面追加一释义成分，表明“里通外国”在文中的特指的含义，以解决超载的问题。

三、转嫁信息。成语语义超载后，其信息量大到使该成语无法承受，于是向语境转移。由语境来分担超载部分。因此，只有把该成语与上下文联系起来，才能理解它在这一语境中的特定含义。例如：

［男］张弦难诉相思意。咫尺叹鸿沟。

［女］花自飘零水自流，断肠人倚楼。

［男］夜夜明月今何在，不把桂影投。

关关雎鸠［女］恨悠悠，［合］一般苦两样愁。（霍达《难诉相思》，电视剧《鹊桥仙》插曲）

“关关雎鸠”在这时不好理解，它所负载的信息超出它自身的语义载量。“关关雎鸠”是指叫着的雎鸠鸟，联系《诗经·周南·关雎》来看，至多是表示求爱之声，但在这里远不止这一意思，它还含有“窈窕淑女，寤寐求之。求之不得，寤寐思服。悠哉悠哉，辗转反侧”的意思。这些语义，是诗中的，也是语境中的，都存在于“关关雎鸠”之外。语境把这首诗中的其他意思联系起来，企图让“关关雎鸠”来承担此重任，“关关雎鸠”已经超载，只好转嫁给语境，分析时得联系上下文解释这条准成语所包含的意思。

成语的语义超载是成语活用、妙用的重要手段之一。上例中的“里通外国”是字面活用，使用的是非成语义。“谋财害命”则是妙用。成语的活用或妙用都得借助语境的解释作用，用语境分担语义的超载部分。离开了语境，既“活”不起来，也“妙”不成文。结合语境来理解成语的语义，是消除因语义超载而费解的重要途径；使用成语的语义超载，是成语活用或产生妙用效果的重要手段。

成语的语义超载还可看作成语语义发展过程中形成新的含义的一种方式。如“抱布贸丝”，指进行商品交易。如果说它又指青年男女秘密约会，便是语义超载。《诗经·卫风·氓》有云：“氓之蚩蚩，抱布贸丝，匪来贸丝，来即我谋”，却是真实的内容，男女幽会是语境中指明的。反过来，语境义又作用于成语本身，久而久之，这条成语经过长时间的反复锤炼，便能承担语义超载部分，而成为这条成语自身的特定语义。“抱布贸丝”的男女幽会义于是形成。

（原载《中学语文》1988 年第 2 期）

成语的隐性动态

成语中的隐性动态和显性动态相对，它指的是成语字面上没有动词性语素，却含有某种动作行为，这就产生了成语的隐性动态。

成语的隐性动态有两种情况。一是在语源中有动词（或成语雏形、变式中有动词性语素），成为定型成语后把它省略了，如：一刻千金（一刻值千金），盲人瞎马（盲人骑瞎马），狡兔三窟（狡兔有三窟），半斤八两（半斤对八两）。理解时要把省去的动词加进去。二是语源中本无动词，但透过表面可以看到人的活动，如豪情壮志、眼高手低、诡计多端等。

（原载《语言学通讯》1988 年第 1 期）

虚语素成语

虚语素成语指以虚词充当语素组合而成的成语。虚词没有实在意义，然而，它们黏合凝固成成语之后，则发生了新的变化，产生了实在意义，其作用相当于一个实词，且能充当句子成分，不再是几个虚词的加合。如“之乎者也”这四个文言虚词在唐宋笔记小说里常常连用，逐渐凝固起来产生质变，一块儿指读书人的本分，或必知的基础，又用来讥笑文人咬文嚼字，不能解决实际问题，以后，指说话、做文章故作斯文，或尽是文言。“之乎者也”在句中可充当主语，如“之乎者也都不识”，可充当谓语，如“严贡生便走过来……之乎者也了一顿”，还可作状语、宾语等。这种完全由虚词作语素凝成的成语是极个别的。

（原载《语文教学与研究》1986 年第 9 期）

“空空如也”表示零吗

有人提出：“空空如也”表示零吗？这个问题提得好，这是从数学的角度来看这条古老的成语。

“空空如也”出自《论语·子罕》，原形容虚心的样子。“空空”：同“悾(kong)悾”，虚心诚恳的样子。“如”：词尾，表示某种样子。“也”：语气词。清代以后用来形容一无所有。

零常被人们确认为什么也没有，在这一点上，“空空如也”和零意义上交叉重合。我们再来具体分析一下零：在加减运算中，加零或减零仍得原数；在乘法里，零乘以任何数都等于零；在除法里，零不能做除数。但是，很多情况下，零不表示“空空如也”。例如有理数中的“0”是正数和负数的分界点，在数轴上零表示原点，在摄氏温度计上“0”表示冰点，在地图上“0”标示的是赤道的地理纬度，在时间上“0”是新的一天的开始，如此等等。“0”有它自己的实在内容，并非“空空如也”。把成语和数学联系起来才能打开我们的思路，这是自然科学与社会科学日益结合的反映。文学语言和数学自然科学既有联系又有区别，这一点是值得我们注意的。

（原载《学语文报》1989 年第 147 期）

成语中的科学成分与非科学成分

绝大多数成语产生于古代，有的内容和现代科学研究的结果相吻合，这便是科学的成分；不相吻合的，便是非科学成分。我们用几条跟兔子和蛇有关的成语来说明这个问题。

兔子属于兔科，可分为两类：一类是挖洞群居的，称为家兔，有野生家兔，有驯养的家兔；另一类是就地刨窝单独行动的，称野兔。有人观察过生活在旷野上聚居的野生家兔，一个有 407 只兔子群居的兔窟，竟有 2080 个洞口。在汉语中“三个”表示多，“狡兔三窟”便符合这个科学事实。野兔向上一蹦，可达 2.5 米，跑的时速可达 55—70 千米，它们随时警戒，一见情势不对，猛一蹦，迅速脱身，飞奔而去。成语“动如脱兔”成为一个生动而贴切的比喻。兔子视力差，眼睛长在正面两边与侧面交界处，视物没有立体感与距离感，却有往后看的本领，能看得见追捕者。野兔逃跑时心情紧张，只顾望后，自然忘了前面的阻碍物，于是，“兔走（跑）触株（树桩），折颈而死”。由寓言故事形成的成语“守株待兔”是符合这一事实的。（部分资料参阅刘也《成语与科学》）

成语中的非科学成分，主要表现在两个方面：一是不符合科学事实（这与古人缺乏科学知识有关）。如“打草惊蛇”，蛇没有外耳和鼓膜，只能探测低频率声音，打草的声音无法听见。由于它贴近地面，使蛇惊的是震动的脚步声。二是夸大事实（这在文学中是允许的）。如“人心不足蛇吞象”。据记载，能吞下最大动物的兽类，是非洲的一种 4.87 米长的岩蟒，从它肚子里剖出一个 59 公斤重的动物。蛇口可张开到 130 度（人只能张开到 30 度），自然吞不下笨重的大象。“蛇吞象”是用以比喻人心贪得无厌，如同蛇吞大象。

这类成语通常用它们的比喻义。如“狡兔三窟”比喻避祸藏身的地方很多。“守株待兔”比喻不经主观努力而想得到意外的收获，或死守狭隘经验，不知灵活变通。“打草惊蛇”比喻采取机密行动时因不慎而惊动了对方。人们通常把巧遇划入文学语言的范围，我们可以从科学的角度来考察成语的含义，不过得注意文学和科学之间的区别和联系以及不同的表述方式。

（原载《武汉科技报》1987 年第 374 期）

成语和颜色

有些成语含有颜色词，如红装素裹、朱唇皓齿、粉白黛黑等。这些颜色词在成语中的作用主要表现在两个方面：一是修饰，用色彩来描绘事物，如青山绿水、朱楼翠阁等。二是借代，常见的有借指各种花木的，如姹紫嫣红、绿肥红瘦等；有借指服装和化妆品的，如红男绿女、粉白黛黑等；有借指是非、好坏的，如颠倒黑白、青红皂白等。此外，颜色词作为结合成分直接用来表示人或事物的名称，如绿林好汉、黄袍加身等。

含颜色词的成语有两个特点：一、具有很强的描写性，它以鲜明的色彩来凸显事物的特点，多用作形容或比喻。如朱颜绿鬓，形容青春年少；灯红酒绿，形容寻欢作乐的奢侈生活。二、常以两种色彩出现在同一条成语中，它们多表示纷繁、艳美，如白白朱朱、红桃绿柳等，也有表示对比、映衬的，如黑白分明、回黄转绿等。

恰当地运用颜色成语，可使文章色彩明丽，从而增强表达效果。

（原载《福州晚报》1987 年 8 月 7 日）

成语和眼睛

人们常说：眼睛是心灵的窗户。表现眼看的动作词汇是非常丰富的，其中成语占有相当数量。这些成语归结起来大体有两类：一类表示各种“看”。如看得远：高瞻远瞩；看不远：鼠目寸光；看得清楚：一目了然、明察秋毫；看不见：视而不见；看得快：一目十行；注意地看：目不转睛；坦然地看：开诚相见、视死如归；高兴地看：眉开眼笑；愤怒地看：怒目而视；等等。

另一类，其目的不在于“看”，而是用来描写人物外貌：明眸皓齿、眉清目秀、双瞳剪水、獐头鼠目；或是用于传达情意：眉来眼去、眉目传情、暗送秋波、眉飞色舞、目瞪口呆。

这类成语的特点有三：其一，看的种种情状是通过眼目以外的词语表达出来的，如高、远，如了然、不暇接等。其二，成语中一般不出现看的对象，如耳闻目睹、侧目而视等；出现了看的对象也往往是总括的、抽象的或用比喻义，如一目十行、视丹如绿、视同路人等。这就是成语具有概括性与表现力。不管有没有看的对象出现，该成语却提示了它的对象，如过目成诵（看书），怒目而视（看使人发怒的人或事物）等等，这就告诉我们成语使用的范围和对象。其三，这些成语表达的种种情状，往往是程度较高的，甚至是极端的，如上例说看得远则高瞻远瞩，看得不远则鼠目寸光，看得清楚则明察秋毫，如此等等，都给人一种夸张的感觉，从而增强了成语的表达效果。

（原载《江汉早报》1986 年 6 月 4 日）

“点睛”杂谈

点睛：用笔点上眼珠。睛：眼珠。又泛指画眼睛。“点睛”一词最早见于晋代王嘉《拾遗记》：“始皇元年，骞霄国献刻玉善画工名裔……又画为龙凤，骞翥若飞，皆不可点睛，或点之，必飞走也。”南朝梁武帝时画师张僧繇，在寺庙的墙壁上画龙点睛的传说最为著名，唐代张彦远《历代名画记》、李冗《独异志》等书中都有记载。后来还有“画鱼点睛”的传说。明代董其昌《画禅室随笔·杂言上》：“沈明远画鱼不点双睛。尝戏诧人曰：‘君点，当化龙去。’有一童子拈笔试点，沈叱之，鱼已跃去矣。”这些“点睛”的传说都用来比喻用一字一词抓住关键，且精彩而生动。若要进一步使视野广阔，则要“画兔点睛”，因为兔子的眼睛长在头部的前面与侧面的交界处，视角近 90 度，可以转到两侧向后看，看到后面追它的猛兽。或许是顾了后而顾不了前，便出现了“兔走触株，折颈而死”的惨剧。要想不发生这种惨剧，得“画蝇点睛”。苍蝇是“复眼”，蜂窝状，由 400 多只小眼睛组成，它不用转向就可看到四面八方，而且处理图像的速度比人眼快。因而要“点画眼睛”，最好是点“复眼”，既能抓住要害，又能多视角地观察处理问题。

“点睛”主要用于艺术创造，除点龙、凤、鱼等动物之睛外，更有“画人点睛”者，如晋代著名画家顾恺之：“为人画扇，作嵇（康）、阮（籍），而都不点睛。主问之，顾答曰：‘那可点睛，点睛便语。’”（刘义庆《世说新语·巧艺》）到了清代，“点睛”常用来称赞诗文写作，如方世举《兰丛诗话》：“太白‘落日故人情’、老杜‘因见古人情’，以实字写虚神，有点眼欲飞之妙。”

现在常用于文学创作方面，鲁迅在《我怎么做起小说来》一文中谈到写一个人的特点最好是描写他的眼睛。有人把注重人物眼睛的描写，称之为“点睛”。更多的是在诗文的关键处写上一笔，使主旨突出，且生动精彩。如钟尚钧《末尾点睛》：“至末尾方写出在如此情景中送别友人，自不免有依依惜别之情。前面烘托，末尾点睛，突出旨意。”

“点睛”还有引申用法，指在整个事件中抓住关键而实施的行为举动，如江溶、申家仁《创作例话·第五篇·殉道》：“人生的最后一幕，往往不是尾声而是高潮。在死神叩门的时候，不少角色总是以某种发乎自然的惊人之举，作为自己生命史的点睛之笔。伟大者因之而愈见其伟大，渺小者因之而愈见其渺小。”

（原载《学语文报》2008 年第 1207 期）

熟语喻体的感情标

熟语包括成语、惯用语、歇后语、谚语、俗话等。比喻型熟语中，有一部分喻体，有明显的褒贬感情色彩，并以此喻体或明或暗地指称句子中的人或事物，形成一种对其褒贬色彩的标记，我们称之为熟语喻体的情感标。例如：

（1）丁如龙讲话惯于甩文，丁如虎总是在女儿面前奚落他说他是“瘦狗子进茅屎坑，闻（文）进闻（文）出”。让人从耳朵到屁股都不舒服。（《落日》）

（2）哪里像我辈，赞人的好处，便逢人说项。（《快心编下》第七回）

例（1），用了歇后语“瘦狗子进茅屎坑，闻进闻出”，这不仅说他“甩文”，还把他比作进厕所的“瘦狗子”，以此来指称丁如龙。这便成了对丁如龙的“感情标”，是把他“甩文”放在“标尺”的贬斥标格处。这类情况多见于歇后语、谚语、俗话，其比喻往往又用上了比拟，包括拟人和拟物。也有用白描的，如“黄鼠狼给鸡拜年，没安好心”“泥菩萨过江，自身难保”“留得青山在，不怕没柴烧”“成家子粪如宝，败家子钱如草”等等。

例（2），“逢人说项”，是一个典故性成语。项：项斯，唐代人，有诗才。唐·李绰《尚书故实》记载，唐代诗人杨敬之，特别爱才，得知项斯颇有诗才，赠诗云：“平坐不解藏人善，到处逢人说项斯。”清·翟灏《通俗编》卷五："（项）斯因此名达长安，逐登科第。今'逢人说项'，用此事也。"这条成语指热心为人扬名或为某人到处说好话。"项斯"喻指有才华能被人赞颂传扬的人。对宣传的人来说，无疑认为是个褒义感情标，对被宣传的人来说，有不同的看法，请看一例："若足下贸贸然逢人说项，是爱我者害我，誉我者毁我也。"（清·徐枋《与王生书》）。这类含有具体人名的成语，往往泛化，喻指这类人所具有的共同的特征。再如："庆父不死，鲁难未已""三个臭皮匠，顶个诸葛亮""助纣为虐""班门弄斧""马工枚速""柳骨颜筋"等。这些成语中某方面的代表人物，都具有"感情标"。

在这类熟语中，有的喻体是中性的。也有"感情磨损"的，即褒贬义减弱或变成中性。如"说曹操曹操就到"，这时指的"曹操"是小说《三国演义》中的人物，小说是"抑曹"的。《三国演义》第十二回，毛宗岗评述，引了"谚云：方说曹操，曹操就到。当面错过，岂不好笑"。今天用这条俗语，只表示在谈论某人时，某人恰巧来了，也不管曹操是"奸臣"，还是历史上的政治家、军事家、诗人。

我们在使用比喻型熟语时，有的喻体表现出了明显的褒贬感情色彩，在歇后语和成语中，似乎表现得较为突出，运用时要注意这类熟语跟整个句子乃至整篇的内容、气氛和感情的表达都要一致。忽略了熟语喻体的情感标而造成的语病是平时不难见到的。

（原载《中学语文》2006 年第 6 期）

关于成语的结构形式

成语的特点及其变式

成语的特点可从语义、语形和习用三方面来说。

第一，成语可分为意内型和言外型。意内型成语指其含义与字面义基本一致，如“秋高气爽”“轻歌曼舞”“有勇无谋”“与众不同”“转危为安”等。这类成语常用来描写环境、人物及其活动，以及陈述某种情况。它们言简意赅，文艺语体色彩较浓。这种意内型成语在整个成语中数量极少。《汉语成语小词典》（商务印书馆 1981 年版）收成语 3559 条，意内型成语仅 65 条，约占 1.83%。

言外型成语，指成语的实际含义与字面意义不相一致，有的相去甚远，甚至难以看出其内容和字面的联系。这是由于成语有自己特定的语源，以及在产生和发展的过程中，通过概括、引申、比喻、渗透等方式，被赋予了特定的含义。这个特定含义就是运用成语时的实际含义，也称言外之义，如“守株待兔”“不辨菽麦”“井底之蛙”等。从历史故事、神话、寓言、传说、人物轶文中概括出来的成语，其特定含义与字面意义不相一致尤为明显。言外型成语在成语总数中占绝对多数，因此，我们可以说，有字面以外的特定含义是成语语义的突出特点。

第二，几个语素经过熔铸，一旦凝结，形成一个板块状的整体，同时也出现了特定含义，即形成成语。“之乎者也”是四个文言虚词，唐宋笔记小说里常常连用，凝固成为成语，指读书人必须懂得的起码知识，如：“之乎者也都不识，如今嗟叹悲始吟。”（罗振玉《敦煌零拾·卷五·叹五更》）又用来讥笑文人咬文嚼字，如：“太祖幸朱雀门，指门额问赵韩王普曰：‘何不只书朱雀门，须着之字安用?’普对曰：‘语助。’太祖笑曰：‘之乎者也，助得甚事?’”（宋·僧文莹《湘山野录》卷中）又指说话、做文章故作斯文，如：“严贡生便走过来，见了王德、王仁，之乎者也了一顿。”（《儒林外史》第六回）还形容半文不白的语言，如：“他对人说话，总是满口之乎者也，叫人半懂不懂的。”（鲁迅《孔乙己》）可见“之乎者也”一旦用材料铸成新的产品，再也不是原来的文言虚词的简单相加了，只是用来表达特定的实在意义的一个“代表”。

成语的组字形式是以四字组合为主体。《汉语成语大词典》（河南人民出版社 1985 年版）收古今常用成语 16945 条，其中非四字格成语 1895 条，约占 11.2％，四字格成语约占 88.8％。《汉语成语小词典》收今人常用成语 3559 条，其中非四字格成语 211 条，约占 5.9％，四字格成语约占 94.1％。可见四字格在成语中占绝对优势。我们还看到，从古至今，四字格成语的使用频率有增长的趋势。

第三，成语是相沿习用的熟语之一种。有的成语在两千年前就以整块的形式出现，沿用至今，如“兢兢业业”“学而不厌”“诲人不倦”“众怒难犯”“众叛亲离”等。有的经过了几百年甚至上千年的发展演化，它的语形、语义才定型，成为现代人常用的成语形式，如“赴汤蹈火”“暴风骤雨”“粉身碎骨”“八面玲珑”“天崩地裂”。现在见到的成语，绝大部分是从古代沿用下来的。《汉语成语词典》（四川辞书出版社 1985 年版）收成语 10158 条，只有现代用例的 397 条，约占 3.9％。没有用例也没有语源的成语 598 条，约占 5.9％。两者之中有相当一部分成语是明确地知道源于古代，只是在该词典中没有语源和古代用例。可以肯定，90％以上的成语是从古代沿用至今的。

变式成语是由原式成语发展演化而来的，在成语总数中所占数量很少。我们对《汉语成语词典》（修订本）（上海教育出版社 1982 年版）做了一个粗略的统计，该词典收成语 5500 条，其中变式成语 469 条，约占总数的 8.5％。

变式成语的变化方式，按其基本结构的变与不变分为两大类，再按字面形式分为若干小类：

1. 结构不变

（1）原型换字：安（稳）如泰山　分道（路）扬镳　不可言（名）状　杀鸡取卵（蛋）　踌躇（踟蹰）不前　必（毕）恭必（毕）敬

（2）变形换字：成竹在胸——胸有成竹　蔚然成风——蔚成风气　风烛残年——风中之烛　飘风过耳——秋风过耳

（3）字面反序：天翻地覆——地覆天翻　刻骨铭心——铭心刻骨　天涯海角——海角天涯　零敲碎打——碎打零敲　不亢不卑——不卑不亢

（4）扩展与紧缩：一字师——一字之师　三寸之舌——三寸不烂之舌

不分皂白——不分青红皂白　三思而后行——三思后行　三过其门而不入——过门不入

2. 结构改变

(1) 变换字形：目不识丁——不识一丁　熙熙攘攘——熙来攘往　抛砖引玉——引玉之砖　抱恨终天——终天之恨

(2) 字面反序：高山流水——流水高山　顿开茅塞——茅塞顿开　泰然处之——处之泰然　得意洋洋——洋洋得意　一以当十——以一当十　水滴石穿——滴水穿石　天翻地覆——覆地翻天

(3) 紧缩与扩展：无所措手足——手足无措　仁者见仁，智者见智——见仁见智　尺有所短，寸有所长——尺短寸长　如临深渊，如履薄冰——临深履薄　城门失火，殃及池鱼——池鱼之祸　八斗才——才高八斗　马耳风——东风吹马耳

观察这些变式成语可以认识到：

1. 变式成语和原式成语一般是同源同义成语，但也有个别例外：(1) 同源不同义，如原式“每下愈况”和变式“每况愈下”。(2) 同义不同源，如“负薪救火”和“抱薪救火”，实际上是两条成语在内容和形式上的偶合，只是个别字不同。这和一般的仅意义相近而没有形式上联系的同义成语（如“别树一帜”和“标新立异”，“直截了当”和“开门见山”是不同的)。(3) 原式成语因调换字的位置而成为反义变式成语，如“事半功倍”和“事倍功半”，“点铁成金”和“点金成铁”。

2. 变式成语涉及语义、语形等方面的问题。语义方面最明显的是换一个同义近义语素成为一组同义成语。语形方面的情况复杂一些，如四字格成语字面反序后形成的变式成语，有结构相同的，也有结构不同的。一条成语有几种变序形式，同样出现结构相同和不同两种情况。一般来说，前者是通过修辞手段形成的变式成语，后者是通过语法手段形成的变式成语。

3. 如果只是临时变化某一条成语，以达到某种表达效果，这是成语的活用，如：

①“倘若他们也是助人为钱的话，完全有理由向我索陪伴费。”(《中国青年报》1984 年 10 月 19 日)

②“一向被人们看作‘书呆子’的技术人员投笔从商，哪来这么高的工作效率。”(《长江日报》1985 年 1 月 10 日)

这两例中的“助人为钱”和“投笔从商”是临时套用成语“助人为乐”和“投笔从戎”，前者达到了为钱和为人对照的修辞效果，后者表达得准确

而又有风趣，但显然没有约定俗成，不是变式成语。

（原载《语文建设》1987 年第 3 期）

成语变序与变序成语

本文谈四字格成语变序问题。成语变序是成语运用和成语形成的一种方式。先看成语运用的例子：

①大道理用清浅现成的话说出来，叫做深入浅出，小道理而用晦涩难懂的话说出来，要浅入深出。（老舍《打倒洋八股》）

②有那么几个/好龙的叶公——/强大的东风/使他们/……（贺敬之《放歌集》）

③无论他跑到天涯地角，还是地角天涯，都要抓回来！

例①把“深入浅出”活用为“浅入深出”，是作者临时达意的需要。例②把“叶公好龙”变序为“好龙（的）叶公”，是诗歌韵律的需要。例③，同时使用“天涯地角”和“地角天涯”在句中意思一样，这是修辞上的重复使用，以起到强调的作用。

以上成语变序，是成语的活用，属于修辞讨论的范围。成语变序对于成语形成定型也有它的作用。例如：源于《尚书·中候》的“天地开辟”，指星球开始形成，变序形成成语“开天辟地”，指有史以来，前所未有。源于《周易·鼎》的“耳目聪明”，指听力和视力都好，变序形成成语“耳聪目明”，形容头脑清楚，目光敏锐。源于《左传·邵公二十八年》的“经纬天地”，原文说“经纬天地曰文”，晋·杜预注：“经纬相错，故织为文。”变序形成成语“经天纬地”，比喻经营规划宏伟的事业，常用来形容有经邦治国的才能，如此等等。它们都是由非平衡结构变成平衡结构（前后两段是并列关系）。也有个别情况由平衡结构变成非平衡结构，这是语义内容对成语形式的要求所致。如“师道尊严”指为师之道庄严，指老师受到崇敬，他所传授的道理、知识才能受到尊重。由四字格的前后两段变序而为并列的平衡结构是指一般情况。不涉及前后两段并列，而由原作中的部分语素变序形成的定型成语是特殊情况。如原作“每下愈况”变序为“每况愈下”，这是语义内容的要求。再如原作“烟云过眼→过眼烟云”定型为“过眼云烟”，这是韵律形式的要求。也有互换位序后成为一组反义成语的，如“事半功倍→事倍功半”“点铁成金→点金成铁”。

通过变序手段形成的更多是异体成语，在成语词典中称为“也作/亦作”条。这就是我们说的“变序成语”，它是异体成语的一种。对现代汉语中定型的成语来说，变序成语则为异体，也叫变体、变式、或式等。如：“花好月圆”也作“月圆花好”，“茅塞顿开”也作“顿开茅塞”。变序成语的变序形式大体有三种类型：

1. 并列式对称对等两段变序。四字格成语的前后字数对等的两段是并列关系，互相变换位序，形成的变体仍为对称形式。如“万水千山→千山万水；荡气回肠→回肠荡气；风餐露宿→露宿风餐”，这类变序在变序成语中占绝大多数。变序后语义一般没有什么变化。

2. 非并列式不对称的对等两段变序。四字格成语的前后两段不是并列关系，前后数字对等的两段互相变序后也不存在对称形式。如“茅塞顿开”（主谓）→“顿开茅塞”（动宾），前一条主语“茅塞”是话题，后者宾语“茅塞”是“顿开”的对象。“大快人心”（动宾）→“人心大快”（主谓），前一条含有使动义，后一条不含使动义。“跳梁小丑”（偏正）→“小丑跳梁”（主谓），前一条是名词性的，后一条是动词性的。“满园春色”和“春色满园”都是主谓结构，但话题不同，被陈述的对象不同。总之，它们的语法意义变化较大，语用表达上有差异，而整个成语的基本语义没有大的变化。

3. 单个语素（字）之间的变序。四字成语不是前后两段相互变换位序，而是成语中的部分单个语素（字）相互变换位序，其中有不对称的语素变序，也有对称的语素变序。如“始终如一——终始如一，石破天惊——石破惊天，嫉贤妒能——妒贤嫉能，风花雪月——雪风花月”等。这类变序成语极少。它们变序后基本语义没有什么变化，多是节律要求而采用变序成语的。

“成语变序”主要是使用成语时采用的一种表达手段，通过这种手段也可以形成成语的定型形式。“变序成语”是异体成语的一种，是通过定型成语变序形成的异体形式。谁能成为定型成语，谁又能成为异体成语，这是“语言竞争”“优胜劣汰”的结果。确立定型成语或异体成语，其语序选择主要取决于韵律协和、语义清楚、同义反义语素的对举与配合、结构的对称性等因素。了解成语的语序，能帮助我们理解成语的形式和内容的和谐统一，加深对汉语成语的认识。

[此文与卢磊合写]

（原载《中学语文》2006 年第 7、8 期合刊）

谈一条成语两种形式

一位高二的同学，至今还想着初一时学的两条成语，一条是袁隆平的《寻梦园》中的“古稀之年”，课文的脚注指出源于杜甫《曲江》诗句“人生七十古来稀”。而杜甫的这句诗也是成语了，已被收入多部成语词典。二者意思基本相同，杜甫诗句是原形式，即原式。“古稀之年”是后来的变化形式，即变式。另一条是《故乡的桂花雨》中的“才高八斗”，课文中也有语源语义脚注。这位同学一查成语词典，发现最早用例是“八斗才”，见于唐代。到宋代，出现了变式“八斗之才”和“才高八斗”。一条成语为什么会有两种字数不同的结构形式呢？它们之间有什么关系？这位同学一直思考着。这里，我们着重讨论一下一条成语两种不同字数结构的形式，以回答这位同学思考的问题。

先看一些例子，原式有三字的，有五、六、七、八字的，每条后边列出的是它的变式（下例均采自当今出版的成语词典）：

一字师——一字之师；微乎微——微乎其微；退三舍——退避三舍

疾风知劲草——疾风劲草；秋风扫落叶——秋风落叶；游刃有余地——游刃有余

继往圣，开来学——继往开来；长安居，大不易——居大不易；鞭长不及马腹——鞭长不（莫）及

近水楼台先得月——近水楼台；心有灵犀一点通——心有灵犀；三过其门而不入——过门不入

虽死之日，犹生之时——虽死犹生；仁者见仁，智者见智——见仁见智

八字以上的成语及其变式，在成语大家庭中数量极少，举 3 例：

飞鸟尽，良弓藏；狡兔死，走狗烹——鸟尽弓藏，兔死狗烹；

良药苦口利于病，忠言逆耳利于行——良药苦口，忠言逆耳；

智者千虑，必有一失；愚者千虑，必有一得——千虑一失；千虑一得

以上 3 例，可看作两个六字格成语相加，或两个七字格、八字格成语相加，分别简缩而成的。这类变式成语中的某个部分也常单独使用，如“兔死狗烹、良药苦口、千虑一得”等。

综合以上我们观察到，原式为三字格成语，通过扩展成为四字格成语。原式为四字以上者，皆通过缩略形成四字格成语。那么，有没有四字格成语变成非四字格成语的呢？有，但很少。如源于《诗经》的“渭阳之情”（表

示甥舅之情)，到唐代出现了“渭阳情”，先是诗歌节律要求，后通过相沿习用，为社会成员所认可，才成为变式成语。再如源于《左传》的“木本水源”，这有点像文言的白话翻译，这种变化似与语言的变迁有关。这种逆向变化是很少见的，成语发展的总趋势是由非四字格成语向四字格成语转化。

这类一条成语两种形式（或三种形式)，运用时常出现在不同的语境中，有的语意还有些细微的差别。这表明它们各有各的语用价值。今天的人们，更多地喜用四字格的变式成语。这是因为经过历史的锤炼，它们比原式更为简练，语义更为浓缩，表达更为精辟，且更注重节律的和谐与流畅。

成语发展过程中的这一有趣现象，受到同学们的关注，并引起思考，这是探究性学习的成果，值得提倡。

（原载《学语文报》2009 年第 1339 期）

成语的二字缩略式

成语的缩略形式，亦称“简缩”或“省作”。一般是非四字格成语简缩成四字格成语。如“翻手为云，覆手为雨”→“翻云覆雨”，“家有敝帚，享之千金”→“敝帚千金”。但“四字”不是成语的终极缩略形式，四字成语还有缩略成二字的。不过，二字的成语缩略式一般不把它看作成语。有的缩略形式已发展成词，如“泰斗”（“泰山北斗”的缩略)，“效颦”（“东施效颦”的缩略)。这里的成语和缩略词的意思一样。也有二者意思不完全一样的，如“白衣苍狗”，比喻世事变幻无常。省作“苍狗”和原成语义一样，而“苍狗”还指天狗，古人以为不祥之物。这与成语无关。还有二者同源，但意思完全不同的。如“画蛇添足”和“蛇足”，前者比喻做多余的事，反而不恰当；后者比喻多余的事物。另有成语和貌似其省略形式，二者在意义上没有什么关系。如“形形色色”和“形色”，前者形容各式各样，种类繁多；后者指形体和容貌，或指形态和颜色，或指神态表情等。

四字成语的二字缩略形式有的发展成一个双音词，如上述“泰斗”“效颦”“苍狗”“蛇足”。常见的二字缩略式（包括双音缩略词)，再如：“敝帚”“锦囊”“冰炭”“树帜”“侧目”“二竖”“求疵”“并驾”“点铁”“市虎”“三思”等等，它们蕴含丰富、言简意赅，往往带有典故故事，又积淀着深厚的民族历史文化，这种缩略形式或缩略词是值得我们注意的。

（原载《中学语文》2010 年第 3 期）

四大方位联用之后

“东”“西”“南”“北”四大方位各指一方，如“东、西、南、北各设一岗哨”，这里是具体方位。当它们结合在一起，构成一条成语使用，则相当于一个词，其意义发生了变化。这时的“东西南北”也指方位，却是概括指各地，如西汉司马相如的《上林赋》：“东西南北，驰骛往来。”也用来泛指方向，如《西游记》第十三回：“三藏昏昏沉沉，也辨不得东西南北。”若用“东西南北”来修饰“人”，其语义又发生了变化。这时表示漂流各地，行踪无定。如《礼记·檀弓上》：“今丘（孔子）也，东西南北之人也。”

（原载《中学语文》2010 年第 5 期）

说“南”“北”配合使用

“南”“北”配合使用，构成“南 A 北 B”格式，大体有三种情况：一、实指。“南”“北”实指其方向，如“南箕北斗”“南橘北枳”。二、对指。“南 A”和“北 B”的意思相对。如“南阮北阮”（晋朝时姓阮的家族住北者富而住南者贫，指居住一地而贫富悬殊的同族人家），“南枝北枝”（指南山坡向阳的梅花先开，北山坡守寒的后开，比喻人有不同的处境和苦乐）。三、泛指。“南”“北”配合用于指全国各地，如“南征北战”“南腔北调”“南来北往”。这里的具体方位淡化，但仍有方位的痕迹。

与“南……北……”格式相对的“东……西……”则不然，“东……西……”已经虚化，表示“这里……那里……”，已经看不到方位的痕迹了，如“东扯西拉”“东倒西歪”“东张西望”“东飘西荡”“东拼西凑”等。

（原载《中学语文》2010 年第 6 期）

格式词“半”

“半”可以是数词，如：一斤半、半碗。也可以是量词，如：一半、两半。作数词时，还有泛化用法，表示大体上从中间分开后的一部分，如“半辈子”“半老徐娘”。又指在中间的，如“三更半夜”“半途而废”“半路出家”。还可以表示留存下来的部分或丧失的部分，如“半壁江山”“半截入土”。进而用来表示少量或短暂，如“半瓶醋”“半面之交”。

“半”的虚化，指它的词汇意义减弱，语法意义增强并占主导地位，当它和另一个“半”构成四字框格“半A半B”时，“半……半……”表示进入这一框格的结构槽中的A、B，两者的性质状况同时存在，这时“半”便虚化成格式词了，在这一框格中进入格式槽的A、B多为相反或相对的关系，如“半推半就”“半嗔半喜”“半信半疑”；也有A、B是相近或同类关系，如“半心半意”“半丝半缕”。和这一框格形式略同的是“半A不B”，只是在感情色彩上多含厌恶意，如“半文不白”“半死不活”“半大不小”。格式词“半”还与“一”构成格式“一A半B”，表示填入格式槽的A、B不多或不久，A、B多是同义或近义的，如“一星半点”“一知半解”“一年半载”。

（原载《中学语文》2013年第11期）

成语中的比喻性状语

先看两组例子。

A组：

星罗棋布（像星星罗列天空，像棋子布满棋盘，形容数量多，分布广）

土崩瓦解（像土崩塌，瓦破裂那样，比喻彻底崩溃）

风驰电掣（像刮风和闪电那样，形容非常迅速）

金玉良言（像黄金美玉一样珍贵而有益的话）

B组：

蚕食鲸吞（像蚕吃桑叶那样逐渐侵占，像吃东西那样一口吞掉，比喻用各种方式侵占）

鹅行鸭步（像鹅和鸭走路似的，摇摆而缓慢）

龙腾虎跃（像龙飞腾，像虎跳跃，形容动作矫健而奋起）

抱头鼠窜（抱着头像老鼠一样仓皇窜逃）

A组是自然界无生命物，B组是有生命物，包括人们想象的“龙”等（内容），它们都是名词性语素（语法形式），修饰动词性语素，充当状语（句法特点），以自身的行为方式（B组）和性状（A组）作比喻来修饰动作行为，含有“像……那样（一样/似的）”的意思（表达方式）。我们学习成语，不仅要理解它的意义，还要弄清它的语法结构、表达方式等方面，这就有助于我们深入地、全面地了解成语，正确地运用成语。

（原载《学语文报》第270期）

成语和字形

汉字由笔画和部件构成，属于表意系统文字。正因为“表意”这一特点，它便能形成表意的成语。利用文字的组构形成成语的，大体有以下四种情况。

一、描述，把字形说出来，表达一个意思。如“八字打开”，言“八”字像两扇门打开了，表示通行入内，也表示说话开门见山。俗话有“八字没一撇”，意为“没门”，常比喻事情还没见到端倪，离成功还远得很。

二、离析，把一个字的构成部分分离开来表示新的意思。如“破瓜之年”，“瓜”字破开成两个“八”字，二八一十六，指女子十六岁。又指八八六十四岁的老人。如果用“破瓜碧玉”则指年轻美貌的女子。

三、组合，指组成一个字的几部分各有自己的意思，合起来共同表示一个意思。“止戈为武”，“武”字从止从戈，指平息暴乱，不再使用武器，才是真正的武功。《汉书·武五子传赞》：“是以仓颉作书，‘止’‘戈’为‘武’。圣人以武禁暴整乱，止息干戈，非以为残而兴纵之也。”

四、误写，这是把形近字写错而产生的成语。如“别风淮雨”是“列风淫雨”的误写。而南朝梁·刘勰《文心雕龙·练字》：“《尚书大传》有‘别风淮雨’，《帝王世纪》云‘列风淫雨’。‘别’‘列’、‘淮’‘淫’，字似潜移。”后泛指古书文字讹误或写错别字，又引申为一般情况的差误。类似的还有一条“鲁鱼亥豕”，在篆文中，“鲁”和“鱼”，“亥”和“豕”字形相似，抄写或刻版时容易弄错，用以形容书籍传抄或刻版过程中出现文字错误的现象。

依字形构成的成语很少，大体上就是这么几条，多不常用。这里可了解汉字的表意，汉字和成语构成的关系。类似拆字组字在生活中的运用也不少，还有专门的字谜，都可引起我们对汉字和汉文化的兴趣。

（原载《武汉晚报》1986 年 12 月 23 日）

成语结构和汉民族社会文化背景

众所周知，汉语成语大多由四个字组成，四字格结构在成语中占绝对优势。我调查过古今兼收的《汉语成语大词典》，其四字格成语约占 88.8%，重在收入今人常用成语的《汉语成语小词典》，其四字格成语约占 94.1%。从古今成语运用来看，四字格成语似有增长的趋势。为什么会形成这种结果？本文试图从民族的社会文化背景，包括民族文化心理来谈谈这个问题。

上古时，汉族的先民们生息在黄河流域和长江流域，外界的自然环境、气候条件、作物生长及其变化比较有规则，人们容易掌握，生存条件相对稳定，这便造就了先民们向内探求，追求内部世界与外部世界的协调与和谐，个人身心和外部环境相适应成为进入自由境界的重要条件。而古希腊人不同，他们是在海上贸易竞争中发展起来的，要与地中海地区恶劣的气候环境抗争，须得向外探索以求取生存。于是造就了西方人喜动、勇斗、外露、直率等性格。两种不同的生存环境开始造成两种不同的文化：大陆文化和海洋文化。这便形成了事物发展的不同根基。

大陆文化带有“封闭性”，重内省、重和谐、重稳健、重有序，认为均衡与和谐是保持稳定生存的根本条件。它不像古希腊强调矛盾与冲突，认为参差、矛盾、不协调才是美。在中国，自古以来，人们恪守着“天时地利人和”“和衷共济”“不偏不倚”“中庸之道”等准则，强调建立一个和谐发展的社会（参阅陈建民《语言文化社会新探》，上海教育出版社 1989 年版）。这些思想经过长期的历史积淀，形成了民族性格与民族心理，影响到处理事情的方方面面。

汉语成语的结构形式，是重和谐、重均衡、重匀称、重有序的汉民族文化心理的典型反映。吕叔湘、朱德熙在《语法修辞讲话》中说：“成语多数是四个字的，最普遍的格式是上下两截用对对子的方法连在一起。例如‘远走高飞’‘摩肩接踵’‘烟消火灭’‘四分五裂’‘惊心动魄’。”这样，四字格成语显示出节奏的匀称、和谐，具有均衡感和平衡感。成语成为中国人喜闻乐见的语言形式。成语在古代，很少能见到贬义的，绝大多数是褒义或中性的。孙雪敏《成语语义褒贬转化试析》（《语文建设》1999年第4期）对《学生常用成语词典》作了调查。到如今，有70%以上的成语来源于先秦两汉，皆为褒义或中性。作者调查发现，褒义转贬义的成语：南北朝时有1条，唐五代时1条，宋元两代各2条，明代4条，清代3条，清代贬义转中性的4条。到现代，褒义转贬义的有10条，褒义转中性的有1条。可见，即使有些成语褒义转贬义，但大多数成语仍为褒义或中性。这似乎与以平衡、和谐、有序为美，以和为贵的心理有关，表明语义结构内容和语言形式结构总体上是协调的。再来看"破坏"了均衡和谐的四字格，以三字格为主的惯用语，它们大多数是贬义或者是消极意义的，中性很少，褒义更少，如"抬轿子、拍马屁、吹牛皮、踢足球、穿小鞋、扇阴风、点鬼火、走过场、和稀泥、抓辫子、打棍子、磨洋工、开小差、碰钉子、走后门、开倒车"等。这种"不和谐"的结构，似乎也与语义的消极倾向相吻合。

作为成语结构的书面语语境，即从成语产生的直接外部条件看，我国第一部诗歌总集《诗经》就是以四言为主的句式，源于《诗经》的成语就有150多条。汉魏六朝的辞赋，喜用平行句法，骈偶句中的四字句非常多。以后，诗词曲乃至散文都有相当数量的四字句或含有四字格的句式。四字的成语总趋势的形成，又往往迫使新成语凝固于四字格之中，这也是由于四字格成语自身的平衡、整齐、对应、和谐、节奏美等优点使然。

民族的社会语言文化背景，影响到成语的语义内容包括语法结构、语音结构、书写形式等方面，这是比较容易看到的，而对成语结构形式的影响却是隐匿的、内含的，分析其对语言形式结构的影响，也是研究语言与文化的一个重要方面。

（原载《中学语文》2007年第2期）

成语发展演变拾零

《诗经》和成语

《诗经》是我国最早的一部诗歌总集，编成于春秋时代，共305篇，分为“风”“雅”“颂”三大类。“风”大都是采集的民歌，“雅”“颂”基本上是统治阶级的颂歌。语言表达的突出特点是：（1）诗篇的形式以四言为主，音节自然和谐。（2）普遍运用赋、比、兴的手法。（3）语言朴素、优美，描写生动、形象。源于《诗经》的成语，据初步统计，约有150条，常用的约40条。这些成语，大体有三种情况：

一是直接摘取诗中的句子作成语，如“窈窕淑女”“求之不得”“战战兢兢”“如兄如弟”“小心翼翼”“高高在上”“忧心忡忡”“不可救药”。

二是从诗中截取四字组成的成语，如“既明且哲，以保其身→明哲保身”“如临深渊，如履薄冰→临深履薄”“人言之多，亦可畏也→人言可畏”“谓天盖高……谓地盖厚……→天高地厚”。

三是根据诗句的意思概括出成语，如“大侯既抗，弓矢斯张；射夫既同，献尔发功；发彼有的，以祈尔爵→有的放矢”“伐木丁丁，鸟鸣嘤嘤，出自幽谷，迁于乔木→乔迁之喜”。

以上三类，第一类成语最多，占三分之二以上，第三类极少。这些源于《诗经》的成语，已离开原诗，独立运用，在句中相当于一个词。它们的语义已经发生变化，如“窈窕淑女”在《关雎》中指采荇菜的姑娘；作为成语则泛指美丽的、品质好的女子。“有的放矢”在《宾之初筵》诗中指张开弓表演射技，对“的”发射，以求取各自应得的酒爵；作为成语则比喻做事有明确的目的性和针对性。“明哲保身”在《烝民》诗中为褒义，指既聪慧又明智的人善于保全自己。后变成贬义，指为了个人利益而丧失原则的庸俗处世态度。源于这些诗句的成语已被社会公认，成为交流思想、传递信息的载体，一般不能改动它们的用字和语义，也不能将《诗经》中的任何一句摘出当成语。

汉语成语中的四字格成语占90%以上，它们言简意赅、生动形象、世代流传，为大家喜闻乐见。这不能说和《诗经》没有关系。

（原载《少年文史报》1984年第745期）

《左传》和成语

《左传》相传为春秋末年鲁国史官左丘明撰写，其目的是要传（阐释、解释）孔子修编的史书《春秋》，所以又名《左氏春秋》或《春秋左氏传》，简称《左传》。其实，《左传》是一部独立的编年体历史著作，它记载了东周前期240多年间各诸侯国的政治、军事、外交等方面的历史事实，叙事委婉详尽，情节富于故事性，人物性格鲜明，文字简括、凝练而又蕴含深意，是一部文学价值很高的散文名著。

出自《左传》中的成语，有人统计共有108条，其中绝大多数是四字成语（非四字成语仅7条）。这些成语构成方式大体有以下5种：

第一，直接摘取句子中的一个语言片段，使之成为成语。如“众叛亲离”（隐公四年：“阻兵无众，安忍无亲，众叛亲离，难以济矣”），“华而不实”（文公五年：“且华而不实，怨之所聚也”），“城下之盟”（桓公十二年：“为城下之盟而还”）。

第二，摘取代表性的字词“剪接”而成。如“再衰三竭”（庄公十年：“再而衰，三而竭”），“天经地义”（昭公二十五年：“夫礼，天之经也，地之义也”），“食言而肥”（哀公二年：“是食言多矣，能无肥乎”）。

第三，摘取原句后调整个别字词和语序再行组合而成。如“余勇可贾（成公二年：“欲勇者贾余余勇”），“不逞之徒”（襄公十年：“五族聚群不逞之人”），“有恃无恐”（僖公二十六年：“何恃而不恐”）。

第四，从故事中概括出成语。如“各自为政”（宣公二年：宋国元帅元华慰劳将士忘了车夫羊斟，作战时正好乘上了羊斟的马车，羊斟说：以前慰劳将士由你下命令行事，今天在车上得照我的主张行事，说着就把车拉到敌营里去了），“趾高气扬”（桓公十三年：楚王之子屈瑕打了胜仗，神气十足，大夫门伯比送他继续出征，回来时对马夫说他会失败，因为他走路把脚抬得很高，最后果然打了败仗）。

第五，《左传》引用俗语、谚语，结构形式和意义经过锤炼而成为成语。如“狼子野心”（宣公四年：“谚曰：狼子野心”），“鞭长莫及”（宣公十年：

“古人有言曰：虽鞭之长，不及马腹”）。

（原载《少年文史报》1992年第968期）

源于《廉颇蔺相如列传》的成语

成语的语源按形态可分为三类：定形源、雏形源和意型源①。现将源于《廉颇蔺相如列传》的成语分类简述如下：

定形源：这类成语一出现就是这个样子，如“完璧归赵”“刎颈之交”。这类成语，有的也有变式或简略形式。如“完璧归赵”又作“完璧还国”，省作“归赵”“璧赵”“奉赵”“奉璧”“璧还”。尽管如此多变，其主要形式仍旧一直被人们使用着。

雏形源：这类成语中的几个字已在古文词句中出现，但还没有凝聚在一起；或是初步具备了成语形态，但没有最后形成。如“胶柱而鼓瑟”（胶柱鼓瑟）、“奉公如法”（奉公守法）。有人认为“胶柱鼓瑟”较早的出处是《文子·道德篇》：“执一世之法籍，以非传代之俗，譬犹胶柱调瑟。”《文子》成书现难以确定是否早于《史记》。“胶柱鼓瑟”和“胶柱调瑟”可看作同时产生的两条同义成语。

意型源：这类成语多来源于历史故事、寓言。依其故事，发展成成语的雏形和定形，也有直接变成定形的，由此便引申出特定的含义，如“价值连城”。列传中有秦城易赵璧的故事：“赵惠文王时，得楚和氏璧，秦昭王闻之，使人遗赵王书，愿以十五城请易璧。”可见和氏璧可与十五座城池的价值相当。其后有“连城之价”“连城璧”“价重连城”等形式②。元人高文秀根据这篇列传编成的杂剧《渑池会》，对上面所引列传的话是这样表述的：“闻知赵国有无瑕玉璧，价值万金，俺主公进奉十五座连城，换取玉璧。”这样，由于成语的历史发展，出现了两个同源同义成语“价重连城”和“价值连城”。它们的特定含义是一样的，都用来形容物品极其珍贵。“负荆请罪”

---

① 参阅陈汝法《成语引源问题说略》（《辞书研究》1981年第4期）。

② 一说“价值连城”出自《尹文子·大道上》：“此玉无价以当之，五城之都，仅可一观。”据考证今天见到的《尹文子》为汉以后依托之作。

和“纸上谈兵”[1] 是大家熟知的出自本列传的意形源成语，不再赘述。

（原载《中学语文》1982 年第 10 期）

错出来的成语

因谬误而造成的成语，如“别风淮雨”是“列风淫雨”的误写，“别”本作“列”，“淮”本作“淫”，因形近而写错，见南朝梁·刘勰《文心雕龙·练字》。错出来的“别风淮雨”成了一条成语，用来指古书中文字讹误或错别字，又引申指一般情况的差误。

再如“枕石漱流”，即用石头作枕，用流水漱口，旧指隐逸生活。语见三国魏·曹操《秋胡行》。后误作“漱石枕流”。南朝宋·刘义庆《世说新语·排调》有一段故事：“孙子荆年少时，欲隐，语王武子‘当枕石漱流’，误曰‘漱石枕流’。王曰：‘流可枕，石可漱乎？’孙曰：‘所以枕流，欲洗其耳；所以漱石，欲砺其齿。’”这条“误作”便成了原成语的变式，又演化成“枕流漱石”。宋代朱熹，明代王錂，近现代严复、姚华均用过此条错出来的成语。

上面前一例是从“源”的方面讲的，后一例是从“流”的方面讲的。这种现象现代也有。“按部就班”的“部”误写作了“步”，鲁迅、郭沫若等都用过“按步就班”。这条成语就用开了，成为“按部就班”的变式。所谓“错”出来的成语，是指习非成是、约定俗成的成语。误用成语不能与此混为一谈。

（原载《拉萨晚报》1989 年第 446 期）

顾恺之吃甘蔗

传说公元前 4 世纪周朝就种植甘蔗了。秦汉时已普遍种植甘蔗和用甘蔗榨糖了。汉代杨孚《异物志》记载：“甘蔗，远近皆有，交趾所产特醇好，本末无薄厚，其味至均。围数寸，长丈余，颇似竹，斩而食之，既甘；榨取

① “纸上谈兵”是后人对此故事含义的概括，那时尚无“纸”，其意形源即“意”在于此。

汁如饴饧，名之曰糖。”至魏晋南北朝，吃甘蔗已是常事。

晋朝著名画家、博学多才的顾恺之（字长康）喜欢吃甘蔗。南朝宋·刘义庆《世说新语·排调》：“顾长康啖甘蔗先食尾，人问所以，云：‘渐至佳境。’”唐代房玄龄等编纂《晋书·顾恺之传》引述此事，曰：“恺之每食甘蔗，恒自尾至本，人或怪之。曰：‘渐入佳境。’”二者答话的区别相差一字。“至”者，（从甲处）到乙处。“入”者，（从甲处）进入乙处。后者强调进入，更为生动。这一故事已成为“渐入佳境”内含的一个比喻，让人有具体形象而又有趣的联想。“渐入佳境”自此流传下来，唐以后多用来鉴赏或评述诗文作品，今用于指进入越来越美的境界或兴味越来越浓的感受。

（原载《中学语文》2011 年第 9 期）

杜甫和成语

你知道吗？现代汉语里常用的一些成语如“别开生面”“发人深省”“倾盆大雨”“雾里看花”等，都是唐代大诗人杜甫为我们创造的。

杜甫的诗语言精炼、生动，具有高度的表现力。

源于杜诗的成语有三种类型：一是直接采用其诗句。如“朱门酒肉臭，路有冻死骨”（《自京赴奉先县咏怀五百字》），也单用“朱酒肉臭”。再如“人生七十古来稀”（《曲江》），后也说“古稀之年”或“古稀”。二是摘取诗句中的词语作成语。如“语不惊人”（《江上值水如海势聊短述》：“语不惊人死不休”），“短衣匹马”（《曲江》：“短衣匹马随李广”），“千村万落”（《兵车行》：“千村万落生荆杞”）。三是由杜诗提出成语的雏形，由后人定形。如“倾盆大雨”，《白帝》诗有“白帝城夏雨倾盆”，宋代苏轼定形，见于苏轼诗《雨意》：“倾盆大雨定明朝。”这类情况还有“白云苍狗”（《可叹》），“别开生面”（《丹青引》），“儿女成行”（《赠八卫处士》），“发人深省”（《游龙门奉先寺》），“广厦万间”（《茅屋为秋风所破歌》），“眼穿心死”（《喜达行在所》）。

源于杜诗中的这些成语，经过相沿习用，成为我们语言的财富。

（原载《少年文史报》1990 年第 855 期）

避讳和成语

避讳一般指不能直接呼唤或书写封建帝王圣人、祖辈父辈的名字。我国历史上的避讳始于先秦，到了隋唐十分盛行，宋代更严，帝王名字的同音字也不准用，元明稍好，到清代避讳之风极凶。常用的方式是将避讳之字缺笔或另换一个义近的字，或者音近音同的字。

由于避讳换字，造成了同义成语，词典上称“也作”条或“又作”条。举三个唐代的例子。我们熟知的成语“不入虎穴，焉得虎子”，唐代李延寿撰写的《北史·李远传》改为“不入兽穴，不得兽子”。这是因为唐高宗李渊之父名虎，所以将“虎”改为“兽”。这种改法没被后世接受。又如“加膝坠渊”，源于《礼记·檀弓下》，意思是放在膝盖上，表示非常亲热，推进深渊里，表示十分憎恨，指按自己的好恶来决定对人的态度。唐代避李渊讳，改“渊”为“泉”，如杜牧《张直方授左骁卫将军制》：“加膝坠泉，予常自慎。”再如“绝代佳人”，原为“绝世佳人”，因避唐太宗李世民讳，将“绝世”改为“绝代”。唐代韩偓《意绪》：“绝代佳人何寂寞，梨花未发梅花落。”“绝代佳人”已被人们接受，现在很少有人再用“绝世佳人”了。总的来说，避讳给语言带来混乱，给我们读古书造成障碍。对成语的发展来说，它是形成同义成语的特有的社会历史现象。这是非语言的社会文化语境对成语发展进行干预的典型一例。

（原载《武汉晚报》1985 年 8 月 26 日）

“胡天胡帝”的演化

“胡天胡帝”，《汉语成语大词典》释义：“形容服饰仪容如同天神。”引源为《诗经·鄘风·君子皆老》。第二义是：“也表示极其尊崇敬仰。”此成语还有一义是“没天没地任性胡来”，这一义又分化为“不顾公众的道德规矩，行为放荡，极尽侈靡享乐的生活”和“说话天一句地一句，忽高忽低，东扯西拉”。这些意思在清末民初的语料中可以见到。如（1）周亮《沈石庵冬日感怀韵》：“胡天胡帝心如醉，疑雨疑云梦正浓。”（2）况周颐《惠风词话》卷一：“长言之不尽，至乃凌乱拉杂，胡天胡帝，其言中之意，读者不能知，作者亦不蕲其知。”

追溯这一意义的产生，大约是因为“帝”“地”谐音，把“胡天胡帝”改成“胡天胡地”，有例为证：（3）阿英《西门买书记》：“也有两家兼售古书了，但他们不识货，开价往往胡天胡地。”《汉语大词典》把“胡天胡地”当作“胡天胡帝”的“亦作”条，也是一个证明，于是两条成语等价运用。可人们往往习惯用“胡天胡帝”，这大约是历史使然。2010 年上海举办世博会，在上海馆里，舞台上站着的几位穿旗袍的少女唱起 20 世纪 40 年代的流行歌曲《夜上海》，歌词中就有“胡天胡帝蹉跎了青春”（“帝”后改为“地”）。歌词中“胡天胡帝”这一意义，收入了《港台语歌词词典》，释义：“胡闹；乱搞，乱闹。”再看一例：（4）吴其敏《三来故宫》：“‘内廷’则是他们胡天胡帝，肆无忌惮地尽情过着豪奢糜烂生活的所在。”

（原载《中学语文》2012 年第 6 期）

成语演化两例

语言的发展变化，指语音、语义、语汇、语法等语言结构要素的历史变化。这种语言变化，一是社会发展引起的，二是语言结构要素之间的矛盾引起的。成语是语汇中的构成部分，其发展变化，也不外乎这两大因素，这里各举一例说明之。

春秋战国以后，华夏族曾称北方及西域少数民族为“胡人”。到汉代，他们与华夏族有多种形式的语言接触。汉人、胡人相处时，胡人说汉语，生硬别扭，变腔走调，汉人称之为“胡言汉语”。东汉以后，北方少数民族纷纷进入内地，先后建立了二十多个国家，史称“五胡十六国”，这是历史上大动乱的魏晋南北朝时期。于是乎，“胡言汉语”演变成“胡言乱语”了，“胡”由原来的名词性语素变成了形容词性语素。后人使用这两条成语，意思都指没有根据地随便乱说，两条成语共用直到明代。清代以后人们只用“胡言乱语”了，也忘记了社会历史发展中这条成语的演化情况。

“臭”读 xiù，当其味讲，《诗经》上有用例。大约到汉魏时，“臭”与芳香对举运用，产生与“香”相对的秽恶难闻其味的意思。如曹植《与杨德祖书》：“兰茝荪蕙之芳，众人之所好，而海畔有逐臭之夫。”往后，“臭”分化成“臭（xiù）”和“臭（chòu）”两个同形异音字。“臭（xiù）”名词，当“气味”讲，又分化为动词“嗅”（用鼻子闻）；“臭（chòu）”则指难闻的气味。成语“臭（xiù）味相投”指双方思想、志趣、性情等十分投合，中性成语。原作“臭味相与”，见于汉代蔡邕《玄文先生李休碑》。作为中性成语的“臭（xiù）味相投”一直沿用到清代，可是当时读作 chòu 的“臭”字的用法越来越普遍，为了回避把“臭（xiù）味相投”理解成“臭（chòu）味相投”，于是语言结构内部作出了自己的调节，出现了成语“气味相投”继续沿用，朱自清作品中有用例。这就出现了三条成语：“臭（xiù）味相投”“臭（chòu）味相投”“气味相投”。在当代，用的较多的是“臭（chòu）味相投”，明显含贬义，《现代汉语词典》为此条成语特别注明“专指坏的”。由于“臭（chòu）味相投”成了三条之中的强势成语，影响到“气味相投”，运用时也多含贬义。

语言是在不断地发展变化的，我们要正确理解和使用成语，就得要弄清它们的来龙去脉，要注意它们的历史演化和现实用法。

（原载《学语文报》2007 年第 1081 期）

“家天下”的由来和演化

《左传·桓公二年》：“吾闻国家之立也，本大而末小，是以能固。故天子建国，诸侯立家。”晋杜预注：建国，“立诸侯也”；立家，“卿大夫称家臣”。意思是把土地分封给诸侯，建立诸侯国；诸侯把土地分封给卿大夫，建立家。卿大夫所统治的领地称作“家天下”。上古社会实行的是按亲亲尊尊的原则封土建国的制度。“封土建国”简称“封建”。《说文》：“封，爵诸侯之土也。”“建，立朝律也。”今人综而言之：“封建，指帝王以爵土分封诸侯，使之在其封定区域建立邦国。”（冯天瑜、何晓明、周积明《中华文化史》）商代已经开始分封诸侯，到周朝，这种封建制十分盛行，“封建亲戚，以蕃屏周”（《左传·僖公二十四年》）。其结果，造成诸侯国割据，不听天子指令；诸侯国内卿大夫割据，不听国君指令，形成一块一块领地，一个个“家天下”的局面。于是战国时期秦国等开始推行郡县制。秦统一中国后以郡县制代替分封制，实行中央集权，郡县长官对其土地有使用权，可以征收农田工商等赋税，但不能占为己有。郡县制成为中国君主专制政治结构的主要部分，“诸侯国”和“卿大夫”的“家天下”都不复存在了。“国家”有名无实，后来便泛指君主统治的全部领土。“国家”不同于今天的“国家”概念，今天的“国家”是一个政治概念，且是一个偏义词，指的是“国”，“家”已无实义，只是陪伴语素。

“家天下”到汉代被理解为君主把国家视为自己一家统治的天下，独裁专制，世袭相传，成为“家天下”的蓝本含义。《礼记·礼运》：“大道之行也，天下为公……今大道既隐，天下为家。”汉朝人有推及三王五帝统治的领地为“家天下”。《韩氏易传》：“五帝官天下，三王家天下，家以传子，官以传贤。”汉代以后，“国”“家”分用或对举运用时，“国”通常指国家，“家”通常指家庭，家家户户的家，如“国泰民安”“国计民生”“国破家亡”“家给人足”“家贫如洗”“家破人亡”等。

（原载《学语文报》2008 年第 1203 期）

中国古代算学和成语

“我国古代的数学和天文学一样，是一种最发达最普遍的知识。”（张舜徽《中国古代劳动人民创物志》）许多算学口诀，自古至今，家喻户晓，妇孺皆知。在长期的社会实践中，某些算学口诀和数算口语发展成为成语。

1. 十进制。在原始社会里，“当人们领悟到离自己最近的、天生的计算器——自己的手指时，计算的发展才大幅度地加快了。”（[苏] 鲍尔加尔斯基《数学简史》）一手五指，人们便一五一十，十五二十地数数了。秦汉时代的古算书《孙子算经》就普遍采用了十进制。由十进制数算口诀发展成的成语有“一五一十”“十十五五”。前者比喻从头到尾，原原本本；后者形容分别组合，多少不等。

2. 乘法口诀。俗称九九表，传说伏羲氏所作。《管子·轻重》有虙戏作“九九之数”的记载，《吕氏春秋》已用过“三七二十一”。“不问三七二十一”，也说“不管三七二十一”，是不顾一切、不问是非的意思。还有“不管三九二十七”，义同上。

3. 十六两制。关于权衡的造法，《汉书·律历志》说，以一千二百粒中等黑黍的重量为十二铢，二十四铢为一两，十六两为一斤。历代沿用，大同小异。现改为十两一斤。成语“半斤八两”“半斤对八两”，指两者轻重相等，比喻彼此一样，多用于贬义。

4. 珠算口诀。珠算大约起源于元明之际。元代陶宗仪《南村辍耕录》有走盘珠算的记述，明代柯尚迁《数学通轨》就是论述算盘的最早著作。七八百年来，珠算在人民群众中普遍使用。从珠算口诀中来的成语有“二一添作五”“三一三十一”，前者指一半或半份，后者指按三份平均分配。

算学口诀易记易背诵，广泛运用，具有较强的熟语性。在漫长的社会生活和语言交际过程中，这些口诀被赋予了字面以外的特定含义，进入了成语的行列。这类成语通俗易懂，虽是一些数字，却不使人感到枯燥，用起来倒觉得很有趣，生活气息浓郁，这正是广大人民群众长期锤炼的结果。

（原载《武汉科技报》1987年第357期）

来源于古注疏材料中的成语

教科书告诉我们，成语来源于神话寓言、历史故事、人物传说、诗文语句、口头俗语以及古代外来语。可是，不要忘记，还有一些成语是从古籍的注疏材料中产生的。

例如《汉书·王莽传下》有“人民正营”，唐·颜师古注：“正营，惶恐不安之意义。”《论语·子罕》有“后生可畏”，宋·朱熹注：“孔子言后生年富力强，足以积学而有待，其势可畏。”这里的注疏释文直接出现了定型的成语“惶恐不安”“年富力强”。有的是在解释中将原文“剪辑”拼合成一条成语。例如杜甫《春日忆李白》有“渭北春天树，江东日暮云”，清·仇兆鳌注：“春树暮云，即情寓景，不言怀而怀在其中。”较多的情况是注疏中出现一个成语的雏形，几经锤炼方成定型的成语。例如《论语·学而》有“诗云：‘如切如磋，如琢如磨’”，宋·朱熹注：“……治而有精，而益求其精也。”到明代引用至清代形成“精益求精”。还有原文与释文加合锤炼而成的，例如《周易·屯》有“君子以经纶”，唐·孔颖达疏：“言君子法此屯象有为之时，以经纶天下。”《荀子·儒效》有“则扬扬如也”，唐·杨倞注：“扬扬，得意之貌。”这就形成了“经纶天下”“洋洋得意”。

也有的注疏材料解释原文的含义时，为成语的形成提供了意义上的引导，后人锤炼概括成一条言简意赅的成语，例如《周易·泰》有“拔茅茹”，三国魏·王弼注：“茅之为物，拔其根而相牵引者也。茹，相牵引之貌也。”后概括为“拔草连茹”。

出自注疏材料的常用成语也不少，再如“必由之路”“出神入化”“大相径庭”“对症下药”“颠沛流离”“恶贯满盈”“九死一生”“如蚁慕膻”“通力合作”“有则改之，无则加勉”“以其人之道，还治其人之身”等。

这些成语的源头虽说与古籍有关，但它们的产生和形成，古代注家的作用是应肯定的。

（原载《中学语文》2012 年第 7、8 期合刊）

皮袋·酒瓶·成语

“旧瓶装新酒”是一条外来成语，语出《新约全书·马太福音》。马太是耶稣十二使徒之一，传说《马太福音》是他编撰的福音书，是《新约全书（圣经）》的第一卷，共二十八章，大约成书于公元一世纪末到二世纪初。成语词典上对这条成语的引文，见于《马太福音》第九章：“没有人把新酒装在旧皮袋里，若是这样，皮袋就裂开，酒漏出来，连皮袋也坏了。”书中给这段文字的眉批是：“新旧难合的比喻。”

书中为什么把装酒的瓶子译为“皮袋”呢？查原文，“bottle”一词在一般的英文词典上的解释是指用玻璃等制成的瓶子，这是常用义。但语源词典又告诉我们，原义指用皮革（如羊皮）制成的类似皮袋的软容器，用来盛酒、油等。大约在公元前一世纪叙利亚人发明了吹玻璃的技术，开始制作粗糙的玻璃器皿，这种硬容器那时尚未传入国外。在相当长的时间内欧洲许多国家还在用皮革软容器。这条成语是在二十世纪初进入汉语的，即按现代人的理解和中国的习惯，把“皮袋”说成“瓶”，这就由软容器变成硬容器了。

《马太福音》中的这段话，原意是说已装过酒的旧皮袋再装进新酒就会使皮袋过度张大而破裂，这在书中是个比喻。直译其意是“旧皮袋装不得新酒”，原用来指旧形式限制不了新原理，新原理须用新形式来表现；或者用来指把新的方法、原则应用于承受不了压力的过于陈旧的事物或守旧的人。引进汉语后，装酒的容器改变了，语义也改变了，成为内容和形式的关系，把“旧皮袋不得装新酒”反其义而用之，变成“旧瓶装新酒”，比喻用旧的形式表达新的内容，并在语言形式上进一步发展成四字格成语，出现了“旧瓶新酒”“新酒旧瓶”，茅盾、柳亚子、赵朴初等都有用例。这条从外国“进口”的成语，经过改装，从内容到形式都发生了变化，它已汉语化了，在汉民族中“生根”了。

在古代从佛经中借过来的成语不少，如“一尘不染”“不可思议”“昙花一现”“聚沙成塔”“五体投地”“现身说法”等，经过历史的锤炼，已成为汉语词汇中不可缺少的一部分。这也是从古代到近现代中外文化交流的成果。

（原载《学语文报》1990 年第 160 期）

谜语发展中的成语

一般认为，谜语孕育于先秦，成熟于东汉。孕育它的母体涉及先秦诗歌、楚辞、诸子散文、史书等多方面。这里只谈谜语发展过程中有关成语的问题。战国时，有一个特殊的知识阶层称作“士”，他们常用隐喻故事劝谏君王，如《战国策·楚策》中一位有智谋者江乙用“狐假虎威”的故事来讽谏楚宣王。《战国策·燕策》中苏代用“鹬蚌相争，渔翁得利”的故事游说赵王。这类故事常常是隐曲地表示要说的意思，让国君去领悟。故事里把要说的意思寓于另一事物之中，将其隐射出来，让对方悟而显其意，这不正是谜语的特征吗？正如南朝齐·刘勰《文心雕龙·谐隐》：“遁辞以隐意，谲譬以指事也。”这些寓言故事，很多都成了今天使用的成语。

一个谜语必须具备四个要素：谜面、谜底、谜目（指明猜谜的范围）和谜格（猜谜的方法）。到东汉，已完成了谜语的这四要素，标志着谜语的成熟。兹举一例：南朝宋·刘义庆《世说新语·捷悟》：“魏武尝过曹娥碑下，杨修从。碑背上题作‘黄绢幼妇外孙齑（jī）臼’八字。魏武谓修曰：‘解不？’答曰：‘解。’魏武曰：‘卿未可言，待我思之。’行三十里，魏武乃曰：‘吾已得。’令修别记所知。修曰：‘黄绢’，色丝也，于字为‘绝’；幼妇，少女也，于字为‘妙’；外孙，女子也，于字为‘好’；齑臼，受辛也，于字为‘辤’也。所谓‘绝妙好辞’也。”（“辤”是“辞”的异体字）从上文可见，谜面即碑文，谜底即“绝妙好辞”，谜目是“打四字”或“打一成语”，谜格是意会法加离合法。这一记载，显示了完整的谜语内容。可见早在 1800 年前我国已有了成熟的谜语。

汉魏以后，在一些文人学士中，字谜开始活跃起来。相传唐代李白写过一首字谜诗。宋代出现了王安石等制谜大家，还出现了灯谜和谜社组织。宋时还有一种“拆白道字”的字谜游戏，元代把它列为考查才女仕女聪明才智的技艺之一。“拆白道字”还融入了杂剧中。其后，它形成了一条成语，表示用拆字法说话表意。

到明清时，谜语渗透到社会生活的多个方面，《红楼梦》第二十八回就有谜语入酒令的生动描写。它要求“酒面要唱一个新鲜曲子，酒底要席上生风一样东西——或古诗、旧对、《四书》《五经》成语。”这里的“成语”指“现成话”。酒底（谜底）中有真成语，如“逃之夭夭”，也有诗词锦句和名言。直到二十世纪五六十年代，我们对成语才有一个比较明确的认识，才有了真正意义上的成语。成语谜语指谜底为成语的谜语。广义的成语谜语指谜面、谜底或谜面谜底皆为成语的谜语。成语谜语的形成，跟谜语的发展和成语的发展有着不可分割的关系。

（原载《中学语文》2012 年第 7、8 期合刊）

成语的运用

成语运用的句法环境

句法，指词组的构成、句子的结构、句子成分和句子类型等内容，是语法学的组成部分之一。句子结构、句子成分及其充当者、句型以及结构性虚词、关联词语等组成一个句法结构，或一种句型。一个词语进入这种句法结构或句型，在其中充当某一句子成分，这种句法结构或句型就是这个词语的句法环境。该词语的用法及意义表达受到这个句子的管束控制。例如“肝脑涂地”入句后用法情况就不相同：

①厨人进斟羹，因反斗而击之，代王肝脑涂地。

②纵然臣肝脑涂地，为国尽忠，亦所愿也。

例①中“肝脑涂地”在复句的第三个分句中，充当谓语，是对代王惨死的现实情状的描写。例②“肝脑涂地”在“纵然……亦……”的句式中，并非是实现了的事实，而是作为一种假设的情况，以表示竭尽忠诚，不惜牺牲生命。在不同的句法环境中，其成语的含义是不同的，体现了两个不同的义项。

有时，一条成语仅一个义项，如“垂头丧气”的意思是：“形容情绪低落、失望懊丧的神情。”（《现代汉语词典》）这一解释是由成语描写的“低着头，神情沮丧”概括出来的。它常用作谓语、状语，描写这种神情，常表示因受挫折失败、失望而消沉，萎靡懊丧。也用作补语，表示结果与情态，是有气无力、无精打采、情绪低落的意思。它很少作定语，偶见用作主语，指“垂头丧气”这事儿或这情况，具有部分名词性特征，有人称作“名物化”，但它仍然是一条动词性成语。依上所述顺序分别各举一例：

③落马者呢，垂头丧气之余，谁还会记下这失败的记录？

④他早就留意到高忠垂头丧气地立在屋角。

⑤“首长，我还是给你接通电话，你自己跟所长说好。”声调变了，变得垂头丧气。

⑥垂头丧气的小王，带着沉重的步子，缓慢地移向自己的房间……

⑦哭是容易的，垂头丧气也是容易的，但是要克服困难呢？那就要有坚强的意志！

有的成语，既是动词性的，也是名词性的，倪宝元、姚鹏慈《成语九章》称为双形结构成语，即一条成语有两种语法结构类型。这两种语法类型只有入句后，在句法环境的控制下，才能确定其结构类型。如“甜言蜜语”可以是名词性的，指虚伪、哄骗人而且动听的话，也可以是动词性的，指说这些虚伪的哄骗人的好听的话，入句后才能够断定这条成语属于哪种类型：

⑧这些甜言蜜语，他一个字也不相信。

⑨这个人不会甜言蜜语，只会用他那种透亮的心性得到别人的信任。

成语常用于复句的分句之中，有的径直充当分句。有的成语经常用于某种句法环境，这也和它们的语义有关。这种语法环境是值得我们在运用成语时注意的。如“肝脑涂地”“粉身碎骨”“赴汤蹈火”“刀山剑林”之类，常作为一种虚拟的事实，表示把事情推向极端，以反衬说话人极度的忠诚与誓死的决心。这便出现在“即使/纵然/就是……也……”这一虚拟性让步句式中，这一句式的语法意义是，先承认某种虚拟的情况，作一个“让步”，后转折，反过来指出某事的成立不受其影响。以上成语进入这一句式，其语法环境也使它（如例①中的“肝脑涂地”）由实义变为虚拟的事实（如例②），形成新的用法，产生新的意义。有的一开始就用比喻或夸张性直陈的方法以虚拟事实出现（如“赴汤蹈火”），但不一定一开始就进入了这种格式。这类成语人们习惯用于这一句式，有时不用关联词语，而用意合法。如：

⑩为国家出些绵薄之力，肝脑涂地，在所不辞。

再如“天涯海角、狂风暴雨”之类用于无条件句“无论……都……”句式中。反过来，句式也制约成语的表达。如：

⑪无论在天涯海角，让我们陷阵冲锋！

⑫不管是狂风暴雨，不管是惊涛骇浪，你们一定要把战斗的旗帜，指向共产主义啊！

以上谈了成语充当句子成分和复句的分句，是要说明句法环境对成语运用的管控作用，注意运用成语要和句法环境一致。若不一致，就会导致语义和环境的不协调，就会出现语病。

［此文与卢嵌合写］

（原载《中学语文》2006 年第 5 期）

成语的归结与释放

本文讲的是成语对句子里表述内容的归结和句子中表述的内容对成语语义的释放。

先说归结。在句子中，先对人或事物进行陈述、描写，再用一条或两条成语给以概括，这就是成语对句子所表达出来的意义的归总。例如：

①海滩上有美丽的贝壳，大的，小的，颜色不一，形状多样，真是千奇百怪，无所不有。（《富饶的西沙群岛》）

②每次吹竽，他也鼓着腮帮捂着竽眼儿，装腔作势，混在队伍里充数。（《滥竽充数》）

③森林爷爷和他的千万个子孙排得密密层层，好像铜墙铁壁。（《森林爷爷》）

例①用“千奇百怪，无所不有”来概括前面所表述的内容，成语前用上“真是”，是判断性归结。例②“他也鼓着腮帮捂着竽眼儿”就是在“装腔作势”，先描写这种样子，后用成语“点睛”，这是描写性归结。例③是用一个比喻句子，把成语作为喻体，来对描写的人或事物进行归结，这是比喻性归结。成语的归结大体有这三种，课文中第一种形式出现较多。

再说释放。在句子中，先讲出一条成语，再通过陈述或描写人的言行、事物的性状，用这些具体的表述来说明这条成语的含义，这就是成语语义的释放。例如：

④我的眼睛真是应接不暇，看清楚这只，又错过了那只，看见了那只，另一只又飞起来了。（《鸟的天堂》）

⑤内洞一团漆黑，什么都看不见。（《记金华的双龙洞》）

⑥周瑜自不量力，硬拿鸡蛋去跟石头碰，哪有不失败的。（《赤壁之战》）

例④“应接不暇”后面的话是对它的含义用具体事实来解说。如果把“真是应接不暇”移到句末就跟例①的情况一样了。例⑤后面的话是对它前面“一团漆黑”的含义用描写的方式释放出来的。例⑥用了一个比喻“硬拿鸡蛋去跟石头碰”来解释“自不量力”的含义。句子中的表述对成语语义的释放，都是作者结合当时表达的需要来解说的，自然不同于词典中的释义。

成语的归结与释放有三点值得我们注意：

第一，归结，是对所表述的具体情况和事实的概括说明；释放，是对意义概括的成语用事实和具体情况给予解说。不论是归结还是释放，都是具体和概括的关系，是解释和被解释的关系。

第二，句子中的表述部分和成语部分，两者所表达的意义是基本一致的，可以看作同义重复，对整个语义起到强调作用。成语之前用上“真是”“简直”等词语，加强了成语的强调作用。

第三，成语言简意赅，含义深刻，常常表达出了更为丰富的内容，有时起到画龙点睛的作用。如例①的“千奇百怪，无所不有”指明了总括一切，前面的表述有举例的性质。又如例②“装腔作势”点出了故意做作。例③“铜墙铁壁”含有牢固、不可摧毁的意思。

（原载《荆楚语言学刊》1988 年第 2 期）

成语连用之加合型语义分析

两条四言成语连用（中间没有其他语言成分）在《毛泽东选集》中使用频率较高，这里以毛泽东著作为例，其语义类有加合型、解证型、连贯型、递进型、因果型、目的型、转折型和追补型。本文从语用的角度出发，讨论毛著中两条四言成语连用的加合型语义关系。

1. 单用

单用指连用的两条成语各自表示一个单独的列举项，它们之间不发生语义上的联系。例如：

①一切帝国主义、军阀、贪官污吏、土豪劣绅，都将被他们葬入坟墓。（卷一，第 13 页）[①]

②而大公无私，积极努力，克己奉公，埋头苦干的精神，才是可尊敬的。（卷二，第 522 页）

例①中的成语是名词性成语，例②中的成语是动词性成语，都是单向并排列举，它们往往处在一长串同类并列的词语中，共同修饰中心语或被一词语总括。

① 卷一，指新版《毛泽东选集》第一卷，卷一至卷四同，成语下的黑点为笔者所加。

2. 分用

分用指连用的两条成语，它们分别从不同的方面、不同角度来说明人或事物。例如：

③阳奉阴违，口是心非、当面说的好听，背后又在捣鬼，这就是两面派行为的表现。(卷二，第 532 页)

④这些财富，都是蒋介石等利用其独裁权力横征暴敛、假公济私而来的。(卷四，第 1237 页)

例③这两条成语分别从“行”和“言”两个方面来说明表里不一、阴险狡诈的两面派行为。例④，“横征暴敛”是一种公开的搜刮方式；“假公济私”是假借为公的名义进行搜刮，它们分别表明了不同的搜刮财富的方式。

3. 合用

合用指连用的两条成语，合起来表达一个完整的意思。它们往往是成对并用。例如：

⑤有些地方真个道不拾遗，夜不闭户。(卷一，第 22 页)

例⑤中的两条成语产生在不同时代，却经常合用，共同表示社会风尚和道德良好。

4. 联用

联用指连用的两条成语，二者出现了系列性语义联系，含有从 A 到 B 都怎么样的意思。例如：

⑥不是无的放矢，不看对象；也不是自以为是、夸夸其谈；而是要照着列宁那样地去做。(卷三，第 842 页)

⑦……不然，仍旧脱离不了教条主义和党八股，这叫做眼高手低，志大才疏，没有结果的。(卷三，第 841 页)

例⑥，“自以为是”强调态度主观，不虚心；“夸夸其谈”着眼于浮夸而不符合实际。这两条成语连用，含有从态度到行为都不切合实际的意思。

例⑦“眼高手低”中的“眼高”显露于外，与“手低”对照；“志大才疏”中的“志大”隐含于里，与“才疏”对照，这两条成语连用，含有从外到里都是虚而空的“高”与“大”。

5. 偏用

偏用指连用的两条成语，其语义着重点偏向某一条，另一条语义则相对减弱。例如：

⑧扩大红军，不走由扩大地方赤卫队、地方红军到扩大主力红军的

路线，而要走“招兵买马”“招降纳叛”的路线。（卷一，第94页）

⑨如果我们优柔寡断，姑息养奸，则将遣祸人民，脱离群众。（卷五，第42页）

例⑧中两条成语共同表示这样一条路线，语义着重点在后一条成语，并且后一条成语的贬义还在向前一条渗透，以至于前一条被认为“有时也用于贬义”（李一华、吕德申《汉语成语词典》）。

例⑨中前条成语是从决断上讲的，后条成语是从包容上讲的；后者是这句表达的语义重点，前者带有引发作用，这里讲的“偏用”是就两条成语在句子中的语义表达而言的，不涉及语法结构。

由上可见，两条四言成语连用，仅加合型语义关系就复杂多样，其次，如果我们把这五种用法联系起来看，它们的含义逐步地相互产生影响而发生变化，由“实在”向着“泛”与“虚”的这一趋势发展。再者，联想到成语语义发展的线索，成语连用是否可以看成在一定语境的影响下，单条成语从原本义（包括字面义）向特定含义发展的方式之一？此外，有些同义成语连用，并不感到冗余累赘，与同义词的连用不同，是何道理？这些值得进一步探讨。

（原载《语言学通讯》1992年第3、4期合刊）

同义成语简析（四组）

粉身碎骨　碎尸万段

同：这两条成语都有惩罚极重的意思。例：①要是上头知道了，我们这些人要粉身碎骨了。（《红楼梦》第九十四回）②我若不踏平燕山，生擒罗艺、秦琼，碎尸万段，也不显俺的厉害。（《说唐》第九回）

异：【粉身碎骨】身体粉碎而死：有自动的，也有他动的。常用来指为了某种目的而不惜牺牲生命。例：①这两句慰勉的话使卢象升深深感动，觉得即令自己粉身碎骨，也没法报答皇上的“知遇之恩”。（《李自成》第一卷第二章）②博古！你是为修改宪草而粉身碎骨的。（《“四八”烈士永垂不朽》）又比喻彻底毁灭的下场。③如果战争狂人胆敢轻举妄动，发动战争，结果必然会被压在大山底下，弄得粉身碎骨。（《东风第一枝》）

【碎尸万段】着重表示对敌对者仇恨极深，非这样处置不可。常用于贬义。例：①我早晚杀到京师，把你那欺君贼高俅碎尸万段，方是愿足。（《水浒传》第五十二回）②拿住二贼碎尸万段，方泄我恨！（《说岳全传》第四十三回）③我在找寻如姬。……我要把她拿来碎尸万段！（《虎符》第四幕）

豁然开朗　恍然大悟

同：这两条成语都表示一下子明白、醒悟过来。例：①宝玉豁然开朗，笑道："很是，很是。你的性灵，比我竟强远了。"（《红楼梦》第九十一回）②胡杏装出懂事的样子在深思着，想了一会儿，就恍然大悟地说："是了。是了。我知道了。"（欧阳山《三家巷》）

异：【豁然开朗】原形容由狭隘幽暗一下变为开阔明亮。豁然，开通、敞亮的样子。例：①初极狭，才通人，复行数十步，豁然开朗。（《桃花源记》）②蛮人入穴，见其旁有梯，因上梯。豁然开朗，桑果蔚然，行人翱翔。（《初学记·卷八·江南道十·鹿穴》）③它们高高地遮住了我们的视线，迷住了我们的方向。柳暗花明地常常觉得前面是绝境了，又豁然开朗地展开一条路来。（《我们的太平洋》）引申为由疑惑变为通晓、领悟。④看到三阳街的河水清涟，鲁肃山的杂草缤纷，他心里豁然开朗。（《六十年的变迁》第八章第二节）有时含有爽朗、畅快起来的意思。

【恍然大悟】表示因自己思考或客观事物的触动、刺激，而使得猛然醒悟。恍然，突然醒悟的样子。悟，心里明白。例：①那些乐官恍然大悟，愧悔交集，一个个东奔西走，把那权臣势家闹烘烘的戏场，顷刻冰冷。（《桃花扇》卷一）②经过他的检查和忠告之后，我恍然大悟。（《口中剿匪记》）③他煞费苦心地猜了一阵，还是没个结论，直等他看到贴在墙上的一张纸条，才恍然大悟。（《关大妈》）④一想到这里，我恍然大悟。（《山鹰》）

熙熙攘攘　熙来攘往

同：这两条成语都表示来往的人很多，十分热闹。例①你看西湖游人如织，熙熙攘攘，好一派繁华气象。（《第一届全国戏曲观摩演出大会·〈白蛇传〉（越剧）第一场》）②只见这弄堂里面，熙来攘往。（《官场现形记》第八回）

异：【熙熙攘攘】原形容和乐纷忙的样子，例：①熙熙攘攘，都为利来。蚩蚩蠢蠢，皆纳祸去。（《醒世恒言·十五贯戏言成功祸》）在表示来往的人很多，十分热闹时，侧重于场面的描写。②街道周通，熙熙攘攘，好不热闹。（《歧路灯》第四十四回）③爆竹灯火，熙熙攘攘，予旅人以深刻之刺激。(《中国的西北角·祁连山北的旅行(七)》)还表示复苏、繁荣起来的意思。④在曹丞相的治理之下,“千里无鸡鸣”的荒凉世界,又熙熙攘攘起来了,百姓逐渐地在过着安居乐业的生活。(《蔡文姬》第三幕)

【熙来攘往】形容来往的人很多,十分热闹,侧重于表示人们的来往行为。例:①顺庆是嘉陵江与涪水之间的一个大县……人烟之稠密,真是熙来攘往,肩摩踵接。(《我的生活》第二十章)②熙来攘往的人口,如网形放开的水渠,并不下于淮水流域的风光。(《中国的西北角·祁连山南的旅行(十三)》)

原原本本　一五一十

同:这两条成语都表示全部情况或全部过程。例:①有一天县里接了一个呈子,是告一个盐商的,说那位盐商从前当过长毛。某年陷某处,某年掠某处,都叙得原原本本。(《二十年目睹之怪现状》第五十三回)②翟买办……邀王冕过来,一五一十向他说了。(《儒林外史》第一回)

异:【原原本本】原指探清事物的本源。例:①绰最与州邢二将有些心病,原原本本,未免迁怒到栾盈身上。(《东周列国志》第六十四回)②每发论则原原本本,洞见前资精蕴。《广西巡抚右副都御史郝公墓志铭》)在表示全部情况和全过程时,强调事物的根本和原来的样子。例:①差官便抢上一步,把这事情原原本本详陈一遍。(《文明小史》第十二回)②虽只限于记述,没有分析和批判,却是一本原原本本、老老实实的真实史料。(《〈文学社武昌首义纪实〉序》)“原原木本”的“原”又写作“元”“源”。③元元本本,殚见洽闻。(《文选·班固〈西都赋〉》)④陈文英带着浑身劲儿,一直冲上三楼,把刚才的争论,一五一十,源源本本地告诉周炳。(《苦斗》)

【一五一十】点数数目,常以五为单位往下数,比喻从头到尾的全部情况和全部过程,强调从头说起,一点不漏。例:①平儿道:“老老别说闲话。你既是姑娘的干妈,也该知道的。”便一五一十的告诉了。(《红楼梦》第一百一十九回)②张太太只好把她认为应当由张先生提出来的办法一五一十自己说了出来,而且还附着数目字。(《委屈》)③弥婶娘的眉毛一蹙,焦灼地把福三爷对她的传说一五一十地传告给他了。(《活摇活动》)

(原载《语文教学与研究》1986年第6期)

关注同义成语的运用

——从 2005 年高考语文湖北卷成语考题谈起

2005 年高考语文湖北卷第 3 题的同义词语填空，由 2004 年的两组双音同义词选填变成一组，另一组换成同义成语选用填空。原题抄录如下：

在中国人民抗击日本侵略者的斗争中，无数英雄儿女献出了生命，但中国人民____，不屈不挠，取得了抗日战争的伟大胜利。（前仆后继/前赴后继）

这是明显地列出一组同义成语让考生选用一条填入空内，我们称作“显性同义成语选用考题”。

第 4 题，选取句中加点的词语（实际上全是成语）使用恰当的一项。四项中，C 项是正确的，使用成语不恰当的其他三项抄录如下：

A. 小李新买的房子装修得十分豪华，钢丝铁窗，大理石地面，漂亮的吊灯，真是琳琅满目。

B. 有缺点错误就要及时改正，否则就会养虎遗患，铸成大错。

D. 有志气的青年在困难面前一定十分沉着，想办法加以克服，而不会诚惶诚恐，被困难吓倒。

我们发现，这三条成语使用不当，主要是同义成语选用方面的问题，我们查阅了同义成语词典之类的工具书，上面提供了三组同义成语：“琳琅满目——美不胜收；养虎遗患——养痈遗患；诚惶诚恐——惊惶失措”。若将句子中的成语换用它的同义成语，也就恰当了。同义成语在句子中没有列出，只作为一个隐性的参照点，让考生暗中对比分析，以断定恰当与否，我们把这一考题称作“隐性同义成语选用考题”。2004 年考查成语运用，主要是考查对成语自身的结构和意义的理解，没有像今年这样明显地暗中考查同义成语的选用识别。当然，若认为是考查对成语本身意义的理解也无不可。可是，如果你知道这一组一组的同义成语，心中有了一个比较的参照点，做起来会更快更准。不知这是不是命题意图。我们认为，学习同义成语，关注同义成语的运用，不能不引起我们的重视。

考查成语运用，一般说来是考查句子中的成语其意义结构是否正确运用，与成语所在句子中的语境有密切关系。但它不同于考查病句的识别。一般说来，“病句”是考查语法方面的问题，诸如结构残缺、成分多余、搭配不当、句式杂糅等。应对成语运用题的考查，关键是弄清常用成语的含义，这是对一条成语的单项学习。若拿来一组同义成语，多项地比较学习，这是深化学习成语的一种方法，是学习成语的重要方面。平时学习同义成语，要求在对它们分别弄清其意义的基础上，“求大同、辨小异”。就“大同”而言，它们在句子中有时可以换用，这是辨识中的迷惑处。就“小异”而言，辨识其细微的差异性，才能判定句子中的成语是否选词恰当。在平时学习同义成语的基础上，结合上述今年的成语运用考查题，具体分析，看看如何应对这样的考题。

一、显性同义成语运用考题。在这类题型中，命题人提出一组（通常是两条）同义成语让考生选出最恰当的一条填入空中。怎样选择最恰当的一条呢？关键是要从“内部语义”（成语的字面义与特定含义）和“外部语义”（语境义）同时分析，双管齐下，从这两个方面锁定一条最恰当的成语。

上述第3考题中列出的同义成语是“前仆后继——前赴后继”，它们的字面义分别是“前面的人倒下，后面的继续跟上去”和“前面的人上去，后面的人就跟上去”。它们的特定含义即运用时的实际意义，前者是“形容英勇奋斗，不怕牺牲”；后者是“形容踊跃前进，连续不断”。再来对它们“求同辨异”。同：都可表示为正义事业勇往直前，继续不断。异：两条成语一对照，明显不同的是“仆”“赴”二字。“仆”：倒下，表示牺牲。“赴”：奔向某处去，表现踊跃前进的情状。两个字的不同，显示出两条成语语义的差异。

再看外部的语境义，即成语的上下文，句中有“无数英雄儿女献出了生命”的叙述，这就确定了填入“前仆后继”是最恰当的。即使没有“献出了生命”的明显表述，所说的是八年抗战的伟大胜利，根据我们的历史知识，也应填入“前仆后继”。

二、隐性同义成语运用考题。在上述第4考题中，命题人用了三个句子分别设置了三条使用不当的成语，要考生识别。这三条成语是三组同义成语中的一条，正是由于同义成语的差异性，显示出句中使用的一条不当。现将三组同义成语作一个简要辨析，使用不当者不言自明。

（一）“琳琅满目——美不胜收”它们都可表示美好的东西在眼前很多。差别是：“琳琅满目”是比喻性成语，以美玉琳琅比喻工艺品、字画、书籍等精美珍贵的物品，具有对象的定指性。“美不胜收”是直陈性成语，陈说美好的东西太多，一时看不过来，多得接受不完，具有对象的泛指性。经分析，就可知道句中使用的成语为什么不恰当了。

（二）“养虎遗患——养痈遗患”它们都可用来比喻对坏人坏事宽容给自

己留下祸患。差别是：前一条，“养虎”，比喻纵容敌人坏人。后一条，“养痈”（痈：一种毒疮），比喻姑息坏人坏事、错误行为、坏毛病。前者语意很重，后者语意较重。后者使用的对象多为坏事、坏毛病、错误等。可见句中“养虎遗患”是“大词小用”，且把“敌人”和“缺点错误”混为一谈。

（三）“诚惶诚恐——惊惶失措”它们都有惊慌、害怕的意思。差别是“诚惶诚恐”原是君主时代臣下给君主奏章中的套语。奏章是臣下呈递给皇上的意见书。臣子对皇上发表书面意见时，自然表现出“诚惶诚恐”——过分小心谨慎以至于惶恐不安，担心会出差错，既怕失敬，又怕失责，心情很复杂，不是单纯的遇事惶恐不安。这种惶恐不安一般在事发之前作为一种担忧出现在心中。“惊惶失措”描述遇事惊慌害怕，不知如何是好，是面对已出现的问题惊惧、惶恐、不知如何应对。两条成语的意蕴差别较大，相比之下，这里“诚惶诚恐”运用不当十分明显。

有人说，我不管所谓隐匿的同义成语，就把考题中的成语字面义、特定含义、语源义、色彩义以及历史文化蕴含，还有运用的对象范围、特定语境等等，全都弄清楚，自然也可做对考题。但是，我们猜测，这三个成语都有它们隐匿的同义成语，是命题暗设，还是偶然巧合？联系 2004 年的考题，揣摩这些考题似有考查同义成语运用的倾向；再联系思维教学来看，它要求由单项思维到多项思维，由单一思维到多元分析思维，由显性思维到隐性思维的揭示与训练，如此等等的思维方式都贯穿在我们平常的语文教学中。从整个语文试题看，复式性思维或者简言之思维的复杂性，较之往年有着明显突出的倾向。由此，我们以为，用多种形式多层面考查同义成语，似乎并非偶合——虽然只是分析结论。由此可知，学习同义成语及其运用，无疑是值得我们关注的。

［此文与邹贞合写］

（原载《中学语文》2005 年第 12 期）

成语语用换字

——成语的另指用法

成语换字，通常是四字成语换一个字，成为另一条成语。成语换字有两大类型：语汇换字和语用换字。语汇换字指原成语换一个同义字使之成为原成语的同义成语，仍为社会成员普遍认可并使用，词典中称“也作/亦作”

条。如“德隆望重”也作“德高望重”（《小尔雅·广诂》：“隆，高也。”）再如“揠苗助长”也作“拔苗助长”（《现代汉语词典·Y部》：“揠：拔。”）语用换字则是根据个人临时表达的需要，将一条原成语抽换一个字，改变原成语所指内容，用来另指特定情境和特定对象。“换字成语”对原成语往往有意义上的联想和映衬作用。这便是成语语用换字的另指用法。本文试图进一步讨论四字格成语的语用换字问题。非四字格成语语用换字和四字格成语语用换字基本相同。

一个字有形、音、义三个方面，形、音为语表形式，义为语里内容，从语表形式来看，成语所换字与被换字之间的关系，可分为三小类：一、同形换字；二、谐音换字；三、异形音换字。

一、同形换字，即换同形字。指所换字与被换字的字形相同，其读音一般也相同，只是字义不同，形成一条与原成语含义迥异的“同形成语”，二者之间虽有某些联系，但其“同形成语”却是另有所指、另有所用。例如：

①尴尬事三：名副其实的“张冠李戴”。那年我使馆李大使奉调回国，该国副总统M君拟举行盛大宴会为大使饯行。恰巧，同期离任的还有朝鲜驻该国大使张某某。M君为节省时间，决定同时为两位大使饯行。宴会在副总统豪华的官邸举行……然而，第二天该国外交部新闻司向媒体发布这次宴会消息时，把中国的李某大使变成了张某大使。把朝鲜的张某大使换成了李某大使，正好来了个“张冠李戴”。（徐明远《外交也遇尴尬事》，《环球》2016年第1期）

“张三李四”词典上的解释为“泛指某人或某些人”，例①中的“张三李四”则是特指具体的张大使、李大使。联想原成语语义，很有风趣。

四字成语中更多的是抽换一个字。举一例：

②书虽薄，勘误表却得天独“厚”，学员看一眼，就翻一翻书后的表，勘误勘误。（喻一安《夜大纸贵》）

“得天独厚”原指得到上天给予的环境、条件特别优厚。例②中的“得天独厚”的“厚”指勘误原表厚，“天”指天时、形势，即当时业余学习的热潮。抽换一字改变了成语原意，而成语原意却可起到联想与映衬的作用，产生幽默诙谐的表达效果。

这种“同形换字”，在相声小品中可以见到，在广告中用得较多，有利于促销。例如：

××举办“无与伦比”演唱会，雅马哈电机广告“雅马哈祝您‘马’到成功”，电磁杯广告“有口皆‘杯’”，筒装挂面广告“一面之交，终身难忘”等。

二、谐音换字，即换谐音字。所换字与被换字读音相同或相近，字义不同。换字后，与原成语可有某些联系，但与原成语含义迥异，成为一条原成语的“同音近音成语”，使之另有所指，另有所用。例如：

③有“无动于衷”这个词，于是就有了《无动于“钟”》这幅画。（白善诚《漫画的表现手法》）

④至尊贡芽　硒世之宝——来自“世界硒都”恩施原生态高山稀有微量元素富硒营养茶（《长江日报》2008 年 12 月 10 日）

例③中成语谐音换字成为漫画表现手法的一个组成部分，两条成语互相映衬，使漫画更为幽默风趣且内容新颖、深刻。例④中成语“稀世之宝”和“硒世之宝”互相联系，在原成语的联想映衬之下“硒”产生谐音双关的表达效果。

传媒和商品广告设计者也喜用成语谐音换字，以吸引大众。例如：

汉来广场九周年庆的广告“‘灯’峰造极·‘惠’动全城——买灯饰到汉来”（《长江日报》2009 年 9 月 22 日），武汉首届公务员家电采购节广告“武汉国美电器五一力度提前致献——论‘公’行赏”（《长江周刊》2008 年 4 月 22 日），荞麦面广告“粮缘天赐　贵在品质”，润肤露广告“叫你体无‘顽’肤”等。

三、异形音换字。即换不同形音的字，所换字与被换字形、音、义皆不同，换字后与原成语虽有某些联系，但其意义迥异，“换字成语”另有所指，另有所用。下面举一个周有光先生的例子，周先生今年（2016 年）111 岁了，下面讲的是夫妻日常生活的一件小事：

⑤张允和在世时，我们上下午都喝茶……我喜欢喝咖啡，她喜欢喝好的清茶，“举杯齐眉”。我们的理论是，夫妇生活不仅要有爱，还要有敬。古代夫妇“举案齐眉”，我们今天没有案了，就“举杯齐眉”。喝咖啡时大家举杯，这个小动作多少年，是一个小事情，很有用处，增加家庭生活的趣味，增加家庭生活的稳定。这是古代传下来的，很有道理，朋友来了，我们也宣传这个道理。（周有光《我的长寿之道》，《新华每日电讯》2016 年 1 月 13 日，摘自《文摘报》2016 年 1 月 19 日）

⑥宝宝“突飞猛长”有秘诀［标题］（《长江周刊》2008 年 4 月 14 日）

例⑤换“案”为“杯”，下文讲“举杯”一事。周先生活用“举案齐眉”这条成语，吸收了表达传统文化的优秀部分，强调家庭和睦稳定。抽换一字，从成语的思想内容上加以创新，讲得很风趣。例⑥中的报道，用的是原成语“突飞猛进”：“家长应该抓住这一大好时机，让孩子的身高在春季‘突飞猛进’。”标题换“进”为“长”，以突出文章的内容，吸引读者的眼球。

这种换异形音字，多见于文艺作品，运用的例子多于“同形换字”和“谐音换字”，这大约是对换字的形音不予限制的原因。下面举 10 个例子，为省篇幅，只出现“换字成语”，将所换字后用方括写出被换原成语的字，再标示其出处：

不负她[众]望（谌容《献上一束夜来香》）

后[先]见之明（林语堂《苏东坡传》第一章）

局促不舒[安]（叶圣陶《潘先生在难中》）

目不暇观[给]（程树榛《往事如烟话书斋》）

凝[全]神贯注（欧阳山《万年春》）

入石[木]三分（贾平凹《清涧的石板》）

杀[死]有余辜（柯灵《抗战中的丰子恺先生》）

望“词”[洋]兴叹（陈原《语言与社会生活》）

纹丝不乱[动]（康濯《腊梅花·亲家》）

一触即炸[发]（冯德英《苦菜花》）

以上谈了成语语用换字的三个小类，下面从它们的运用特点、意义关系、语法性质等方面作个简短的小结。

这三小类的运用特点表现在三个方面：第一，创造性。表现在成语换字的内容新颖奇巧，如“举杯齐眉”，一个“杯”字画龙点睛，形式上醒目，又往往风趣幽默。第二，针对性。所换之字，为我所用，针对鲜明。选用原成语亦具有针对性，使之起到联想、映衬、双关等作用，如“硒世之宝”，“硒”是稀有微量元素，富硒茶又是“稀世之宝”。第三，临时性。应用者对原成语临时抽换一字，以满足个人表达的需要，不是社会成员固有的群体性行为，体现个人行为的临时性特征。“换字成语”依存于语境，一旦离开了这一语境，人们就不知所云或意义难以确定，如“无动于钟”等。个人主观制作的“换字成语”，其运用一般说来仅此一次，体现了运用的临时性。这“三性”共同表现出一个基本特征是“换字成语”和原成语表达的是不相同的两码事，虽然在形式和意义上有某些关联。

成语语用换字中的所换字与被换字的意义关系大体有四种情况：①意义较近。如“死/杀有余辜”。②意义相关。如“川/涌流不息”。③意义类同。如“入木/石三分”。④意义相反。如“先/后见之明”。总之，二者都是意义迥异，只是“异”的差别程度有所不同。意义迥异是成语语用换字的语义特征。

另外，有个别例子为了强调或对衬，换用一个同义字或近义字。我们姑且把它当作词典中的“也作条”看待。这种“个案”不影响我们对成语语用换字基本特征的认识。如把“百里挑一”说成“万里挑一”（刘烊《李莲英与西太后》第六章），以强调数量特多。类似地，几年前出版的成语词典只见收录“千里迢迢”，近年出版的成语词典也有收录“万里迢迢”的（收录词典是有条件的）。再如为对称而换同义字的：“我二儿杨广是德才并备，文武双全。”（陈荫荣《兴唐传·闹花灯》第一回）其中换“兼”为“并”，用来与“双”对称。这是极个别用例。这样的“意义相同”算作一类，也可以划入“意义关系”的第五类，不过是特殊情况，我们把它看作“准也作条”，而“异义”则是“一般”情况，二者的性质是不相同的。

语法性质，指成语中所换字与被换字的“词性”关系，有相同和不同两类。相同的如“案—杯”，二者都是名词性的，“发—炸”，二者都是动词性的。不同的，如“众—她”，前者是名词性的，后者是代词性的。所换字的词性，很大程度上取决于原成语的语法结构。

这里讨论的“成语语用换字”是从运用成语时采取的手段而言的，换字变义，以解决临时表达的需要。若从不同角度去分析说明，这种语言现象也可称作“成语借用”（之一种）、“仿语”（仿拟之一种）或“套用”“套语”“翻造”等。

（原载《中国语言生活》2016年第5期）

谈成语借用

成语借用，指借成语的语形，完全改变其意义，供使用者临时运用的一种表达方式。它有“原形使用”和“变形使用”两类。

第一类，原形使用，即取来一条成语，借其原形，全改其义，为“我”所用。例如：

①“天之骄子”缘何频频“罢飞”（《文摘报》2008年4月10日）

②登录联通网上营业厅 www.10010.com，查询交费一网打尽。（联通手机短信）

例①中“天之骄子”是汉朝时匈奴人的自称，指边疆地区的少数民族或他们的君主，后泛指在政治、军事、经济、科技等领域能力非凡，有卓越贡献、影响大的突出人物。上例中借用“天之骄子”来指在天上驾机飞翔的飞行员。作者对该成语加上引号，以标明改义借用。例②中“一网打尽”，原本比喻全部抓获或消灭。这里借用来表示在网上可以全部查看清楚。这是网络出现后产生的新义，又由此引申为“一切尽收眼底”，如春节前报上推荐的各种特色年货及联系购买方式，用的是“特色年货‘一网打尽’”（《长江日报》2009 年 1 月 23 号）。再如“潮男潮女，一网打尽”（《长江周刊》2008 年 7 月 10 日），借用后产生了新义。

第二类，变形使用，即取来一条成语，部分改变其原形，全改其义，为“我”所用。改变成语原形主要有抽换和变序两种方式：

③“中里巴人”的保健之法（《文摘报》2008 年 4 月）

④全明星赛“西风压倒东风”（《长江日报》2009 年 2 月 17 日）

例③中“中里巴人”是抽换“下里巴人”而成。“中里巴人”是文章作者的笔名。中里巴人这个名字源于下里巴人，取“中里巴人”这个笔名，寓意着将中医精髓更通俗化地传播给百姓。例④将“东风压倒西风”变序使用，其中“西风”“东风”分别指西部明星队和东部明星队。这和成语“东风压倒西风”比喻进步势力压倒反动势力的含义是两码事。

成语借用是成语活用的一种类型。借用成语原形常是用其字面义而排斥实际应用的特定含义。成语借用中的抽换和变序（语素易位）都要改变成语的原意，以符合作者临时表达的需要。

另外，成语借用中的抽换和变序是以语义全改变为前提的，单纯的抽换可以使该成语义全变，也可以是部分改变，和成语借用有交叉。而变序成语语义一般是基本不变，语法语义有所改变。如“叶公好龙→好龙叶公”。与成语借用中的变序仅在形式变化上有相同的地方。值得注意的是，借用的成语一旦久假不归，其新义定型化，并固定在这条成语上，为社会成员所公认，这便形成一个新的意思，或者成为一条独立的新成语。

（原载《中国语言生活》2011 年第 4 期）

典故活用说逐鹿

“逐鹿”“中原逐鹿”“鹿死谁手”是三条相关联的典故，后两条已成为典故性成语。先秦时以“捕鹿”比喻争夺统治天下的权力。汉代说“逐鹿”，

《史记·淮阴侯列传》："秦失其鹿，天下共逐之。"南朝裴骃注："以鹿喻帝位也。"东汉班彪《王命论》："游说之士，至比天下逐鹿。"后人运用"逐鹿"引出"中原逐鹿"和"鹿死谁手"。北魏崔鸿《十六国春秋·后赵录》："脱遇光武者，当并驱于中原，未知鹿死谁手。""中原逐鹿"也作"逐鹿中原"，比喻群雄角逐于中原，以争夺天下的统治权。"鹿死谁手"，意思是以鹿为追逐争夺的对象，表示天下统治权落在谁的手里，尚不可知。三条典故中，四字连语的"中原逐鹿"出现较晚，始见于唐代，距今也有一千多年的历史。

2008 年 10 月至 12 月，因食用三鹿集团生产的含三聚氰胺的婴儿乳粉，大量婴儿患病，此事曝光后，这三条典故，频见于媒体：

①三元"逐鹿"看下周　完达山介入（《华夏时报》2008 年 10 月 11 日—10 月 17 日，第 25 版）

②三鹿，究竟"鹿死谁手"？（《长江日报》2009 年 1 月 1 日，第 8 版）

例①"逐鹿"中的"鹿"指的三鹿集团，报道说"在三元逐'鹿'的同时，又出现了完达山等幸免乳企参与竞购的身影"。"三元逐鹿"是套用"中原逐鹿"，这里的处所"中原"抽换为乳业集团"三元"，"逐鹿"已对原典故换义了，指乳业间角逐以争获收购三鹿集团。例②的标题上出现"三鹿"和成语"鹿死谁手"，这两个"鹿"意思完全不同，通过字面粘连，采用"巧移"（也称巧换、换义）的修辞手法，即利用词语的多义性，在一定的上下文里，将原来用于表示甲义的词语巧妙地移用过来表示乙义，并使这两种意义建立某种联系，引起人们的联想，达到形象生动而深刻的表达效果。这两个新闻标题就是这样活用关于逐鹿的典故而显得生动、鲜活，使人们在联想原典故意义时获得了对报道内容理解的深度与广度。

（原载《学语文报》2009 年第 1265 期）

成语识字教学应注意的问题

我们在教学中常常会遇到一些成语。现对成语识字教学谈点应该注意的问题。

若把成语看作固定词组，其构成成分可称为"词"。若依成语的作用在句中相当于一个“词”，则构成成语的成分可称作“语素”。在这篇文章里，我们按传统说法，姑且把构成成语的成分称作“字”。在教学成语识字时，我们应联系成语的整体意义来说明其中的含义。

一般说来，一个字由形、音、义三部分构成。在教学成语识字时，字义的解释要与成语的整个语境相一致，须排除他义对成语整体意义的影响。如“千方百计”的“方”，在《新华字典》（1998 年版）中有 7 个义项，第 4 个义项为“方法、法子”，例词有“千方百计”。所以，讲授时应关联“方法”而非“方向”。这是其一，“义—境”一致原则。

其二，“音—义”一致原则。这就是说，成语识字连及字音时，应注意字音与成语整体意义相协调，排除他音的干扰。比如：“一曝十寒”的“曝”，读 pù，当“晒”讲，若联系“暴（bào）风骤雨”解释为“突然而且猛烈”就不对了。这是“音—义”一致的问题，遇到成语中的多音多义字时要尤其注意。

其三，“形—义”一致原则。成语识字连及字形时，要以形辨义，并结合读音作区别，使对字形和字义的理解相协调，尽量排除形近字的干扰。比如：讲解“爱屋及乌”时说“乌”就是一种“鸟”，如果不着意对“乌”和“鸟”作区别，就很容易让学生造成误解。

在“义—境”“音—义”“形—义”三原则中，“境”指语境，即成语的整体意义，它统率成语中每个字的音、形、义。成语识字教学务必要使其中的“字义”“字形”“字音”与成语的整体意义（“境”）一致起来，以使学生在学习成语时能正确理解其语意。

［此文与邹贞合写］

（原载《小学语文教学》2005 年第 11 期）

“蓝颜”、“托老所”和“关门红”

“仿词”在当今报刊上是常见的语言现象，其中有的仿词通过这一修辞方式已成为新词，有的有向新词发展的趋势，有的只是临时套用，是仿词辞格的运用。

“蓝颜”近年在报刊上常可见到，它是套用原词仿拟而成的。

“红颜”始见于汉代，至今还在使用，如“红颜杀手”（《楚天金报》2008 年 3 月 10 日），“蓝颜”，是套用其词仿拟而成。如果说“红颜”指美貌的女子，“蓝颜”则指长得帅且有风度的男子，例如：

①群光广场，“蓝颜”购物达人带你一起，“挑”时尚。（《长江日报》2008 年 3 月 7 日）

“蓝颜”这里指群光广场里有气质的男导购员，即“购物达人”。“蓝颜”和“红颜”有时相对使用，例如：

②蓝颜或红颜不可能纯度百分百。（《楚天金报》2008 年 2 月 17 日）

有成语“红颜知己”仿拟成的“蓝颜知己”，而今已成为一条时尚的新成语，不仅报刊上多见运用，还有专门讨论和解释这条新成语的文章。

“托老所”是仿拟“托儿所”而成的。

③江城出现首家“日间托老所”。（《长江日报》2008 年 3 月 7 日）

“托儿所”是照管教养婴幼儿的处所，“托老所”则是照料、管理老人生活起居、休闲娱乐的处所。报刊上还有“托老事业”的说法。看来“托老”和“托老所”似有发展成新词语的趋势。

“开门红”是一个惯用语，比喻一年开始或一项工作开始就获得显著成绩。仿拟“开门红”而成的“关门红”，则表示“关门”和“开门”一样顺利、成功。例如：

④收官战悬念迭起　欲何往且看蓝筹期盼两市今日“关门红”（《武汉晚报》2008 年 12 月 31 日）

“关门红”现在只是一种临时的修辞用法，目前还没有形成一个新的惯用语的迹象，是“仿词”格的运用。

我们不难发现，以上“仿词”有一个共同的特点，即仿拟词和原词的意义是相反相对的，又称“反义仿拟”，简称“反仿”。

（原载《学语文报》2009 年第 1291 期）

《汉语成语大词典》简介

《汉语成语大词典》是在朱祖延教授主持下，由武汉师范学院语言研究室的三十多位同志集体编写的。

《汉语成语大词典》收成语一万七千多条，其中包括少数古今常用的熟语。正文约二百万字。这部成语词典古今兼收、源流并重。它把一串同源的、同义的成语组织在一个具有代表性的主条之下，比主条早的，即成语的早期形式，称为“原作”，还没有形成成语的语源，称为“语本”。主条下的

“也作”条，都是它的同义或近义成语，按词序、结构、字面等变化情况排列，并兼顾时代先后。从这一点看，它又可以当作一部同义成语词典使用。例如：

【暴风骤雨】暴、骤：急遽、迅猛。急遽而猛烈的大风雨。语本《老子》第二十三章“飘风不终期，骤雨不终日”（飘风：暴起的旋风）。《西游记》第六十九回：“有雌雄二鸟，原在一处同飞。忽被暴风骤雨惊散。”多用以形容来势迅猛、声势浩大。原作“飘风暴雨”，《列子·说符》：“飘风暴雨不终期，日中不须臾。”汉·刘向《说苑·谈丛》：“江河之溢，不过三日。飘风暴雨，须臾而毕。”也作“飘风暴雨”“疾风暴雨”“急风暴雨”“疾风横雨”“狂风骤雨”“狂风暴雨”“暴雨狂风”“风狂雨横”“雨横风狂”。

和主条的含义相近，而字面、结构不同，或者字面、结构相近，而含义不同的，编者管它叫“又有”条，如“打草惊蛇”，又有“惊蛇入草”等。和主条含义相反的，称“另有”条，如“白璧微瑕”，另有“白璧无瑕”等条。

这部成语词典材料丰富，例证充实。所用的例句，都是经过精选的，有的是从二十多个同样用例中选取一个或者两个。用例注重思想内容，讲究不同用法、色彩和语境，尤其重视历史发展中的各种状况。主条用例一般按上古、中古、近现代三个时期选用三例。“也作”条一般选用一至二例。极个别没有用例的词条，都是当今最常用的公认的成语。考溯成语词源，也是编者注意做的工作。有些过去词书上未见过的材料，也简要附录，以作备考。

在释义方面，编者从大量的新材料中概括义项，并经反复推敲，仔细斟酌，以求释文之确切。有不少的成语，根据所占有的材料概括出一些新的义项。例如：

【八面玲珑】玲珑：敞亮通明的样子，又形容人灵活敏捷。原指窗户宽敞明亮，又形容建筑、雕刻等精致灵巧。后多用于形容人处世圆滑，各方面都能巧妙应付，也形容文词漂亮而意思含糊，方方面面都应付得很周到。在释义方面，编者还注意解释其特定的含义，不单是只从字面上解释。

《汉语成语大辞典》力求多收成语而又严格把关，几经讨论，使之不滥；力求释义准确，义项完备而又防止以偏概全，随文释义；力求体例新颖，词条组织合理，安排得当，使人们看得出成语发展的源和流。同时，还有难字注音，错读正误，例证难词解释，以便于一般人使用。

［原题为《介绍即将出版的〈汉语成语大词典〉》，现改为《〈汉语成语大词典〉简介》］

（原载《书刊导报》1985年第42期）

成语正误辨析

关于成语的形义辨析与音义辨析

成语用字的形、音、义干扰是成语误用的主要原因之一，因此有必要从形和义、音和义上对成语作些辨析。

形义辨析一。形近成语，可结合语源、语义、感情色彩及结构进行辨析。如“东郭先生”“南郭先生”“北郭先生”，仅一字之差，但其语源、语义均不相同。“东郭先生”源于明代马中锡《中山狼传》，指迂腐懦弱、不分善恶、乱施仁慈的人。“南郭先生”源于《韩非子·内储说上》，即那位滥竽充数的先生。“北郭先生”出自汉代韩婴《韩诗外传》卷九：北郭先生却楚王之聘不仕。故指隐居不仕之人。再如“每下愈况”和“每况愈下”是同源成语，源于《庄子·知北游》：“正获之问于监市履狶也，每下愈况。”言验猪之肥瘦，每践其股脚，其状愈显。后指愈从下看，事物的真相看得愈清楚。大约到了宋代，演变成了“每况愈下”，意为和原来相比，情况越来越差。两成语仅二字换位，语义相差甚远。

形义辨析二。有些成语因其中有的字与某字形近而误写，造成对该成语的误解。如“旁征博引”，常有人把其中的“征”写成“证”，“旁证”就成了从侧面证明。其次，“旁证”是广泛收集的意思。这类成语还有“向隅而泣”（误：向偶而泣），“有恃无恐”（误：有持无恐）等。

音义辨析一。成语中有多音字，只有读对了这个多音字，才能弄懂这条成语的含义。如“方兴未艾”“自怨自艾”：“艾”，前者读 ài，取其停止义。后者读 yì，本义为割草，引申为惩治、改正。自怨自艾，本意为悔恨自己的错误，自己改正这些错误。现在这条成语只指自我悔恨。再如“一日之长”，既可读 zhǎng，也可读 cháng，读 zhǎng 时是一条成语，语出《论语·先进》：“以吾一日长乎尔，毋吾以也。”这条成语的意思是年龄比别人稍大或资历也比别人稍深。读 cháng 时又是一条成语，语出《世说新语·品藻》：“论王霸之余策，览倚伏之要害，吾似有一日之长。”这条成语的意思是才干比别人稍强。

音义辨析二。因同音字混淆而使成语似是而非。如“一筹莫展”，指一点计策也施展不出来。可常有人写成“一愁莫展”，以为是满脸愁容不能舒展，其实这是一条写错了的成语。这类成语还有“计日程功”（误：计日成功），“唉声叹气”（误：哀声叹气）等。

同学们在学习中可对相关成语进行分类收集，可以从这四个方面对它们进行辨析训练。

[此文和以下两文与邹贞合写]

（原载《学语文报》2004 年第 871 期）

避免望文生义：判断成语运用恰当必过的一关

望文生义，也叫“望文生训”，是成语运用常犯的错误之一，所以高考题常涉及这个问题。避免望文生义也就成为判断成语运用恰当必过的一关。望文生义一般有以下四种原因。

1. 不知语源，直解字面

不少成语都能见其语源，而且它们的意义基本还是它们的语源义。如“灭此朝食”，语出《左传·成公二年》，齐与鲁、卫战，晋应鲁、卫之求出兵援救，齐侯轻视晋军，说：“余姑翦灭此而后朝食。”意思是说“我姑且消灭了晋军再吃早饭”。此成语本义表示急切地要投入战斗并消灭敌人。当然今天也可以引申为要急切地干完某事。但有这样一个用例：

> 李平起床一看天大亮了：“呀！要迟到了！”只得灭此朝食，赶去上班。

显然，此例是因不知语源，直解字面而把它用错了。

2. 不懂古义，以今律古

成语或成语中某一词语所用的是古义（古义，也可能是语源义，也可能是后来的引申义，但仍属古义），而按今义来理解并运用这一成语。如：

> 这些具体而微的小事你可少管，要放手。

“具体而微”，其古义是“内容大体具备而形状或规模较小”的意思，尤其是其中的“具体”与现代汉语的“具体”一词意义完全不同。显然，作者没注意这些，所以把这个成语用错了。

3. 不明色彩，直用语义

不少成语都有褒贬色彩，如果不注意这一点，直接用其语义（概念义），就会用错。如“罄竹难书”，单从字面义来看，是用尽了竹简也难以写完。但不能忽视其贬义色彩，常指罪恶多得难以陈述完。而有位同学在作文中这样写道：

父母之恩，罄竹难书。

产生这一错误，就是没有明了这一成语的感情色彩，直用其概念义的原因。

4. 不管对象，忽视范围

有部分成语的运用有其特定的对象或范围，如未注意这一点就会出错。如“挥汗成雨”的意思是，大家把流下的汗水挥洒出去，就像下雨一样（语出《晏子春秋·内篇杂下》）运用的对象为群体，不用于单个人流汗多；“妙手回春”是称赞医术高明，只用于医疗方面。但下面两例没有注意这一点，而把它们用错了：

①王老大抡大锤，挥汗成雨，湿透了衣衫。

②王师傅一下就把空调修好了，真是妙手回春！

（原载《学语文报》2005年第885期）

切勿以今律古

“以今律古”指对一个词用今天的意思去理解和解释古代的意思，如将成语“痛哭流涕”（始见于《汉书》），理解成“哭得很厉害，一把鼻涕一把泪的”。这是把“涕”误解成“鼻涕”了。“涕”本指眼泪，《诗经·陈风·泽陂》：“梦寐无为，涕泗滂沱。”汉代毛亨注：“自目为涕，自鼻为泗。”汉代以后，“涕”的词义发生变化，转指鼻涕了，其眼泪义则保留在“涕泗滂沱”等成语中。因此，用转移后的词义去理解转移前的词这是不对的。

又如，成语“一定不易”，源于汉代《淮南子》，指已经确定，不可改变。其“一定”词义扩大，产生“必定、坚决”或“特定的”“确定的”等意思，并成为今天的常用义。我们常说“一定要好好学习”“我们一定会成功”，其中的“一定”是“坚决”或“必定”的意思。若依此将“一定不易”理解为“必定是不容易的”或“坚决不改变”就不对了。

再如，“臭味相投”，比喻思想、作风、志趣、性格等十分投合，好、坏两方面都能用。“臭味”指多种气味，包括香味在内。这种含义从上古一直沿袭到明代，到了清代“臭味”的词义开始缩小，由指所有气味变成只指臭（chòu）味了。所以，这时出现了一条新成语“气味相投”，以区别“臭（chòu）味相投”。今天，我们从《现代汉语词典》上只能见到词义缩小后含贬义的成语“臭（chòu）味相投”了，但若依今义去理解古代的成语“臭（xiù）味相投”就会出现偏差。

中学语文文言文的分量现在增加了许多，因而在学习古文时，正确理解古代词义，把握古今词义的联系及区别就显得更为重要了。成语的学习和运用尤其不能忽视这个问题。

（原载《学语文报》2002 年第 647 期）

“惹是生非”和“惹事生非”哪一条对

我曾对刚入学的大一新生做过一个语文测验，其中有一道题是，找出有错别字的成语，并给以改正，里面没有错别字的成语不去管它。其中设有“惹事生非”一条。全班 57 人，53 人认为“惹事生非”有错别字，应改为“惹是生非”，有 4 人认为是对的。课后，学生发生争论。有学生问我：“‘惹是生非’和‘惹事生非’哪一个对?”我回答：“两条都对。”

许多年过去了，今天又有人提出“惹是生非”和“惹事生非”哪一条对。看来，应该谈谈这个问题了。

“惹事生非”不仅不错，还有点资历呢。明代冯梦龙《古今小说》卷三十有“如今再说一个富家，安分守己，并不惹事生非”。“惹事”：指引来麻烦、祸害。“非”：指非祸，意外的祸害。“生非”：引起祸害。“惹事”和“生非”同义重复，构成一条结构对举的成语。语义和结构都具有合理性，且使用至今，是可以存在的。“惹是生非”出现在五四运动以后，这是将“是非”（即口舌：指因说话引起的纠纷、麻烦、祸事）一词，强拆开来，构成“……是……非”的格式，与“惹”和“生”组合成一条对举式成语“惹是生非”。“惹事生非”和“惹是生非”都是对举式成语，只是内部语义关系有所不同。而“惹是生非”一旦出现，就显示出强大的生命力，在现代汉语中其使用频率远远超过了“惹事生非”。原因何在？简析如下：

“是”“非”是一对最常见的反义词，表示正确和错误，对举构成的成语如“今是昨非”“口是心非”“似是而非”“习非成是”。“是非”又结合成一个双音词，有二义：一是表示事理上的正确与错误，如“明辨是非”。它也被拆开构成对举式成语，如“说是论非”“说是谈非”“说是道非”。二是当口舌讲，如“搬弄是非”。此义的“是非”二字结合很紧。由于“是”“非”是一种强势格式，使用广泛，影响力大。这一“是非”被拆离进入格式后，形成“惹是生非”，迅速为社会成员所接受，使用频率越来越高，成为一种趋势。它的近义成语还有“惹是招非”“招是惹非”“招是揽非”“惹是寻非”。而与“惹事生非”中的“事”与“非”相对的条目很少（再如“惹事招非”“招事惹非”），它们也不能成为一对反义词，也还没有形成“……事……非”的格式。对此，社会成员的语感和认同度远小于“是”“非”及其构成的格式“……是……非”。表口舌义的“是非”被拆离进入强势格式形成“惹是生非”，人们很快就习以为常了，成为一种“语言定势”，并以此作为标准去衡量或排斥与之不相一致的同类语言现象。这大概就是判“惹事生非”为错的原因。归纳起来即语言原因（语义、结构、运用等）和心理原因（强势认同感与高频心理刺激等）。

最近，我们对几个汉语语料库作了调查，以具体了解“惹事生非”和“惹是生非”这两条成语的使用状况，包括运用的分布、数量及其比例。列表如下：

成语“惹事生非”和“惹是生非”的条目运用分布

条目 / 条目数 / 语料来源	“惹事生非”	“惹是生非”	共计条目数
1. 北京大学现代汉语语料库	55	81	136
2. 华中师范大学当代小说语料库	7	14	21
3. 教育部语料库在线（现代汉语语料）	5	6	11
4. 北京语言大学汉语检索通（综合性语料）	0	84	84
5. 人民网（2006.1—2013.7 新闻性语料）	71	219	290
条目数总和	138	404	542
所占比例	25.5%	74.5%	100%

注：2013 年 7 月 13 日网上查询记录。

调查结果表明，两条成语都有人用，同时并存，只是数量上的差别。其中使用“惹是生非”的占 74.5%，使用“惹事生非”的占 25.5%。

最后谈一下从词典对这两条成语的处理看编著者的倾向性意见。就成语词典而言，一般都是以“惹是生非”为主条，“惹事是非”为副条（也作条，尽管它的历史比较悠久），同样，“惹事招非”产生于元代，而之后产生的“惹是招非”词典作为主条列出。这是从语言的历史发展和现代人的语言运用来处理的（虽然它们在现代还处于共用期）。

《现代汉语词典》收录了条目“惹事”“惹是非”“惹是生非”，没有收录“惹事生非”，但在 1996 年的修订本（第 3 版）上，“惹事”条下列有例词“惹事生非”，而 2002 年的修增补本（第 4 版）将例词“惹事生非”删去了。值得注意的是，商务印书馆 2013 年出版的大型成语词典《新华成语大词典》收成语 26000 余条，却没有收录“惹事是非”，这也表明编著者对这两条成语使用现状的思考，似乎还有规范化方面的考量。至于大型成语词典对条目收录的处理与安排方式，那是另一个问题。

从现在的语言运用上看，“惹是生非”是强势成语，“惹事生非”则与之相反，但二者仍然并存，不存在哪条错哪条对的问题。但是，我们提倡使用“惹是生非”。在没有特殊需要的情况下，最好不用“惹事生非”。至于你想用哪一条，你有选择的自由。

（原载《中国语言生活》2014 年第 2 期）

语本、典出和柳词成语（一）

海纳百川《典出柳词的成语》（载《学语文报》2013 年 10 月 10 日总第 1741 期，以下简称“海文”）列出了 13 条典出柳词的成语。经查实，有“惨绿愁红”“千愁万绪”“文期酒会”三条典出柳词，另 10 条尚可讨论。按海文标示的“语本”“出自/来自”以及未标此类字样直接表述典出柳词的成语这 3 类，笔者想就这些成语是否典出柳词，与海文作者商榷。

其一，对“语本”和“典出”的理解。海文作者似认为“语本”和“典出”是两码事。“山河带砺”，海文说：“语本‘使河如带，泰山若砺’，由柳永缩写而来。”似乎经柳永缩写就典出柳词，就成了柳永的典故了。我的理解是“语本”和“典出”是同指一事物，只是从不同角度去命名指称。比如同一条典故性成语的语源，从“语”出发，《汉语成语大词典》（《中华书局》2003 年版）标示的是“语本”；《常用典故词典》（上海辞书出版社 1985 年版）则从“典”出发标示的是“典源”。不管对一个典故如何变化使用，如海文说的由柳永缩写成的“山河带砺”，我认为，仍然是典出西汉的《史记·高祖功臣侯者年表》“使河如带，泰山若厉（砺）”。其实，“山河带砺”

也不是由柳永缩写而成，它有一个发展过程。到东汉，《汉书·高惠高后文功臣表》作“使黄河如带，泰山若砺”。这便形成了一条8字成语“黄河如带，泰山若砺”，《汉语成语大词典》已收录，并有用例。南北朝时，有人取其8字中的第2、4、6、8字，缩写成了“河带山砺”。如北朝·北周宇文逌《庾信集序》：“河带山砺，始厥于后。”东汉末应劭作《汉书》集解有言曰：“河当何时如衣带，山当何时如厉石，言如带厉，国仍绝耳。”南北朝至唐，注释家们为《史记》《汉书》作注疏多转引应劭的话，便使“带砺”连用了，而“河”和“山”连用已成为古人作诗文的习惯。这样，唐人便把“河带山砺”调整成“河山带砺”或“带砺山河”。如唐·陆挚《赐李纳田悦王武俟铁卷文》：“为国勋臣，河山带砺，传祚无绝。”唐·张说《唐故凉州长史元君石柱铭序》：“带砺山河，建侯之国。”宋人继承了唐人的用法又产生了新的变式（词典上称“也作”条），如“山河带砺”（宋·柳永《千秋岁》/宋·楼钥《代魏丞相为钱参政寿》），“带砺河山”（宋·俞德邻《赠静斋赵使君淮》），“砺山带河”（《宋史·赵鼎传》），“砺带山河”（清·江开《长亭怨·由函谷至潼关作》）等，皆典出《史记》。“熏风解愠”，海文说是“柳永在《永遇乐》中把语本加以浓缩后”形成的，其实，唐代已有这种浓缩形式。唐·李德裕《代卢钧与昭义大将书》：“扬熏风解愠之德，安辑疲人。”“揽辔澄清”亦非柳永由语本所写而成，唐代已不止一人用过，举一例：唐·韦建《黔州刺史薛舒神道碑》：“驻车决遗，揽辔澄清。”

（原载《学语文报》2014年第1797期）

语本、典出和柳词成语（二）

其二，海文标明“出自/来自”柳词的有4条。“新愁旧恨”标示“来自柳永的《内家娇》”。唐诗中不止一首用此成语，举一例：唐·韩偓《三月》：“新愁旧恨真无奈。”“黯然销魂”，海文说“出自柳永的《倾怀》”，早见于南朝梁·江淹《别赋》：“黯然销魂者，唯别而已矣。”“浅斟低唱”，海文说“出自柳永的《鹤冲天》”。否，见于宋·陶穀《清异录·偎红依翠大师》：“李煜乘醉大书右壁曰：‘浅斟低唱，偎红依翠大师、鸳鸯寺主。’”陶穀是唐五代人，历仕后晋、后汉，至后周为翰林学士。入宋，陶穀把记录五代事类的《清异录》献给宋太祖，得赵匡胤赏识。陶穀卒于开宝（968—976）年间。柳永生卒年不详，今人考证，约生于公元983年或987年，可见在柳永出生之前已经有了“浅斟低唱”。值得讨论的是柳永词中的“浪萍风梗”，这类成语有“萍踪梗迹”“梗踪萍迹”“浪迹萍踪”“飘蓬断梗”等，《汉语成语大词典》、《成语源流大辞典》（江苏教育出版社 2003 年版）、《中国成语大辞典》（上海辞书出版社 2008 年版）等都把上述成语，包括柳永用的“浪萍风梗”作为“萍踪浪迹”的也作条，主条“萍踪浪迹”有人考证其语源在唐诗中。此条情况较为复杂，“浪萍风梗”的出处有待进一步考察。

其三，“语本”“出自”均无标示，由作者直接讲述该条成语典出柳永词某篇，共 3 条。“曼衍鱼龙”现查出典出《汉书·西域传赞》：“设酒池肉林以飨四夷之客，作……曼衍鱼龙、角抵之戏以观视之。”“壶浆盈路”当典出《孟子·梁惠王下》：“箪食壶浆，以迎王师。”非出柳词。此典的主体是“箪食壶浆”，也可单用“箪食”“壶浆”，还可省作“箪壶”“食浆”（《成语源流大辞典》）。“壶浆”常与道路组合使用。如“壶浆路左以迎明公”（《魏书·郦范传》，“壶浆塞道”（《周书·于翼传》），“壶浆盈路”（宋·柳永《临江仙》），“壶浆满路”（宋·陆游《书事》）等。此典及其变式已用了两千多年，皆称典出《孟子》。“海约山盟”，海文说是“海誓山盟”的也作条，承认它是主条的变式，其典原当在主条，估计在秦汉典籍中可找到。在宋代，使用“海约山盟”，除了柳永外，还有欧阳修、蔡伸等人。

如果海文把题目换成“柳永词中的成语”或“柳词成语拾零”，再做点词句调整，改正个别错字，文章就没问题了。

以上仅是个人的一点意见，仅供参考，不足之处请批评。

（原载《学语文报》2014 年第 1799 期）

也谈“不假思索”和“不加思索”

《是“不假思索”还是“不加思索”?》（载《中学语文》2013 年第 10 期上旬刊，以下简称“刘文”）说：“查阅《辞源》《辞海》《汉语大词典》等大型工具书，皆不见‘不加思索’的身影。”又说：“‘不假思索’作为一个成语，有其源渊；而‘不加思索’之所以不见各大词典，因为它不是一个词语，至多是一个短语。看来成语库中只有‘不假思索’，‘不加思索’则是人们‘不加思索’的必然产物。”这里主要讨论两个问题：第一，刘文认为成语库中没有“不加思索”，我的回答是肯定的：有。第二，刘文认为使用“不加思索”是误解误用，我的回答是：“不加思索”使用正确。这仅是个人意见，提出商榷而已。

第一，刘文引用的大型工具书，标示书名的有三部，我查询了《辞源》《辞海》，均未收录“不假思索”和“不加思索”，为何刘文只言不见“不加思索”的身影？《汉语大词典》确有“不假思索”，不见“不加思索”，但《汉大成语大词典》（汉语大词典出版社 1996 年版）的“出版说明”指出：“本词典就是在《汉语大词典》成语及有关条目的基础上进行甄别、正误、删繁、改写、增补而成的。”又说：“本词典保持了《汉语大词典》‘古今兼收，源流并重’的原则，共收古今成语近 2.5 万条，凡 300 余万字。所收都是严格意义上的成语。”词典“出版说明”还说明了“汉大”是“汉语大词典”的简称。书名冠以“汉大”，以区别其他的成语词典。这本《汉大成语大词典》收有“不加思索”，并指出“同‘不假思索’”，引例出自《三侠五义》和《二十年目睹之怪现状》。有的成语大词典引例为《醒世姻缘传》和《官场现形记》，引例更早一点的，大约为清代中叶的作品《醒世姻缘传》。可见“不加思索”清代已使用了。《新华成语大词典》（商务印书馆 2013 年版）同时收录了这两条成语，释文抄录如下：

[不加思索] 加：加以。不加以思考。形容说话办事迅速、果断。

[不假思索] 假：凭借，依靠。用不着思考。形容说话办事迅速、果断。

这两条成语虽有一字不同，但整体含义完全一样，从整体上讲，可以说“不加思索”同“不假思索”。同时收录这两条成语的还有《汉语成语大词典》（河南人民出版社 1985 年版；修订本，中华书局 2002 年版），《中国成语大词典》（上海辞书出版社 1987 年版；新版，2007 年版），《汉语成语辞海》（武汉出版社 1999 年版），《成语源流大词典》（江苏教育出版社 2003 年版），《汉语成语词典》（四川辞书出版社 1985 年版），《通用异体成语词典》（中国书籍出版社 2003 年版），就举这些，足以说明成语词库中有“不加思索”这条成语。

第二，我已肯定所见到的用例中“不加思索”不是误用。先看几个现当代作家作品中的用例：

①中年车夫却跟我们不同。他们不加思索，就对小孩发表他的道德见解。（巴金《一个车夫》）

②祁老人不加思索就高声喊起来：“站住！你来看，来看看！”（老舍《四世同堂》）

③他不加思索地连连拍打着门板……（梁斌《红旗谱》）

④苏兴旺不加思索即大声回答道："……"（李英儒《野火春风斗古城》）

⑤他不加思索地改变了从来不与顾客搭话的习惯。（王蒙《风筝飘带》）

⑥他不加思索放下手中的水龙头……（周而复《上海的早晨》）

⑦黑娃不加思索地说："……"（陈忠实《白鹿原》）

再随机查询了三个语料库，看看使用这两条成语的情况，列表如下：

条目 / 条目数 / 语料来源	"不假思索"	"不加思索"	共计条目数
北京大学现代汉语语料库（综合性语料）	435	149	584
华中师范大学当代小说语料库	58	12	70
人民网（2006.1—2013.11）（新闻性语料）	10517	1177	11694
条目总和	11010	1338	12348
所占比例	89.2%	10.8%	100%

从这些语言事实看，恐怕不能说语言大师们、作家们，还有语料库中1338条例句的使用者们使用"不加思索"都是错误的，都是"不加思索"的"必然产物"。

若往上追溯到清朝，运用"不加思索"较早的见于《醒世姻缘传》，该书题西周生辑著。据杨复吉《梦阑琐笔》说该书作者为蒲松龄，可推知"不加思索"出现的时间。《三侠五义》《官场现形记》《二十年目睹之怪现状》都是文学史上的著名小说，从历史作品上看，恐怕也不能说他们使用"不加思索"是误用，今天读起来，这些文句仍然是顺畅的、准确的。这不过是我个人的感觉，说出来与刘恒友老师商榷，不对之处，请指正。

顺便提一下刘文说"因为它不是一个词语，至多是一个短语"，"词语"何义?《现代汉语词典》告诉我们，是"词和短语"，这样，文句前后便矛盾了。

此外，刘文引举宋代黄干《复黄会卿》时，写成《复黄会聊》，与《汉语大词典》上的引文错误一模一样，如果复核一下黄干的《黄勉斋文集》，就不会出这样的问题。

（原载《中学语文》2014年第4期）

成语和社会生活

中国古代的家政和家庭成语说

“家政”：家事，家务。此词最早见于汉代典籍刘熙《释名·释亲属》：“‘伯父’：伯，把也，把持家政也。”家政还含有掌管家事权柄的意思。后泛化，统指家庭各项事务的管理工作。至于“家政学”，古代还没有这个名词，但“家政学”的许多内容在古代却非常发达，成语中还有不少反映。“家政学”研究的对象是全部家庭生活和各种关系，包括物质生活、文化生活、伦理感情生活、人的培养与成长、家庭内部的种种关系、家庭的组织和管理、家庭生活的基本知识和技能、家庭与社会的种种联系等。这里就成语涉及的有关问题，分组谈谈，可以看到古代家庭的理论、组织与管理方式和家庭内部成员间的关系。

关于“齐家治国”。“齐家治国”是一条从汉代沿用到清代的著名成语。成语词典对这条成语一般有三种引源，都出于《礼记·大学》：一、“古之欲明明德于天下者，先治其国；欲治其国者，先齐其家；欲齐其家者，先修其身；欲修其身者，先正其心。”二、“修身而后齐家，齐家而后治国，治国而后平天下。”三、“所谓治国必先齐其家者，其家不可教而能教人者，无之。”把这三条语源结合起来，就能较全面地理解这条成语。在这条成语中，“齐家”和“治国”之间隐含着一个条件关系，即只有“齐家”（治理好家庭，使之符合封建伦理纲常）才能“治国”平天下。可见家庭是组织国家生活的直接对象。诸如贯彻国家的政策法令要“家喻户晓”，解决一般群众的生活问题，其要求是“家给人足”，以达到“小康人家”，违反皇帝的圣旨要遭“灭门绝户”之祸，天灾、官吏搞得人民“家破人亡”，如此等等都离不开一个“家”。封建统治者狠抓“家庭”，就必须抓家长，就必须赋予家长以绝对权威，就必须制造家庭等级序列，保护“家长作风”。在封建的伦理纲常指导下，一些家庭、家族的家礼、家规、家训、家范等家庭生活细则，一套套纷纷出笼。

成语“三纲五常”中的“三纲”指君为臣纲，父为子纲，夫为妻纲；“五常”指仁、义、礼、智、信。这条成语是汉代学者对封建伦理纲常所作的概括。这四个字连在一起使用，始见于三国魏·何晏《论语集解》转引汉代马融的话（《论语·为政》：“殷因于夏礼，所损益可知也”，何晏集解：“马融曰：‘所因，谓三纲五常也。’”）。“修身齐家治国平天下”（也是一条成语）是统治者的政治理论，“三纲五常”则是这种理论的具体化，而“父为子纲”可看作“君为臣纲”的缩影，是“齐家治国”的直接体现。

在“齐家治国”的理论指导下，官府着眼于发挥家庭的社会作用。很多家事，包括像离婚这样的大事，官府都将权力下放，由家庭自己解决，官府也可推脱许多大大小小的家庭纠纷。由此出现了“清官难断家务事”“家丑不外扬”“父为子隐”等成语。

关于家长。“家无二主”，《成语熟语词典》解释道：“旧谓一家之内，主事只需一人。”语出《礼记·坊记》。一家只有一个家长，这一个家长由谁来充任呢？《孔子家语·本命解》上“家无二尊”作了很好的注释。《篇海类编·人物类·酋部》说，“尊，长也，一曰君父之称”。可知“尊”对国而言为之“君”，对家而言为之“父”。家父如同国君，对于全家拥有财产权、人事权、婚姻权、惩戒权等。总之，集全家大权于一人，家长具有法人代表资格。“家长”是怎样确定的呢？还是通过成语来了解。成语“男女有别”“男尊女卑”，这是首先把自然属性的男人与女性，用“礼”来区分，认为男人的地位尊贵，女人卑下。这样一区分，女人就很难当家长了。古人认为女人不能当家掌权，成语“牝鸡无晨”“牝鸡之晨，惟家之索”就含有这个意思。《尚书·牧誓》：“古人有言曰：‘牝鸡无晨。’牝鸡之晨，惟家之索。”意思是说，母鸡不报晓；母鸡在早晨打鸣，这个家就要败落。前者比喻妇女不能掌权，后者比喻妇女篡权乱政。家长通常由男子来充当，男子中又按年龄辈分来确定。

家庭的职能。一般家庭既是生产单位又是生活单位。成语“男耕女织”，《汉书·食货志》解释得好：“一夫不耕，或受之饥；一女不织，或受之寒。”离开男耕女织的小生产的家庭，封建经济就要停滞。成语“开门七件事”，这七件事指“柴米油盐酱醋茶”（也是一条成语，又说“柴米油盐”），借指每天开门的生活之事。

很多成语表明家庭还有培养教育子女的职能，如“孟母择邻”“望子成龙”等。

“成家立业”“家成业就”，把“家”和“业”是等同看待的，还有强调

“家”的意味。礼仪要求“父母在，不远游”，社会引导人们去经营小家庭的“安乐窝”，享受“天伦之乐”。在外的游子把杜鹃的叫声也听成“不如归去”，从这些成语可看出汉民族家庭观念重的部分原因。

家庭的规模、生活状况、人口数量等。关于这些方面的差异，成语中均有反映。例如：住房方面有“琼楼玉宇”“高楼大厦”“筚门圭窦”“茅室土阶”；衣食方面有“衣冠济济”“锦衣玉食”“山珍海错”“衣衫褴褛”“衣不蔽体”“饥寒交迫”等。这类成语相当多。对这种差异，杜甫作了精辟的概括：“朱门酒肉臭，路有冻死骨。”这条成语把贫富悬殊，不合理的社会现实生动地揭露出来。

一般劳动人民的家庭人口，根据历史资料，通常是五口至八口。成语“三男四女”，虽为泛指子女较多，也是历史上家庭人口的反映。在“高门大族”之中，有数世同居的，人口达两三百以上，可想见子女之多，成语“儿女成行”恐怕也用不上了。北宋大中祥符年间，裘姓一家已同居十九世，被封建统治者表彰为“义门”，作为“齐家”的典范，直到明代还保持着“义门”的称号。《宋会要》记载，青阳县民方纲，家属七百口，居舍六百区，每旦鸣鼓会食。这些史实使我们看到了“高门巨族”“高门大户”等成语的一些具体内容。封建社会最大的家庭是皇室大家族。皇帝是主宰皇室大家族的家长，也是全国的最高统治者。这个大家族把国家看作属于一家王朝的天下，由一家一姓代代世袭。这就是成语“家天下”的基本含义。这类成语还有“皇亲国戚”“金枝玉叶”等。

家庭成员间的关系。在“三纲五常”的道德原则之下，家庭等级森严，礼仪规矩多如牛毛，从不同方面桎梏着每一个家庭成员，妇女的礼诫尤多。家庭成员之间的关系变成了封建等级关系。反映夫妻关系和父子关系的成语较多，是我们要重点介绍的。

在古代，妻子对丈夫必须柔顺屈从。成语“三从四德”中的“三从”指女子未嫁从父，出嫁从夫，夫死从子；“四德”指品德、辞令、仪态、女工。这条成语告诉我们，女子从生到死，一辈子都依附于男人，已成法定。成语“女子无才便是德”，这个“德”就是无条件的顺从。“嫁鸡随鸡，嫁狗随狗”等成语，正是对“女子无才便是德”的最好注释。从这些成语可以看到，封建社会那种没有爱情基础的婚姻，是以牺牲女子幸福为前提，用封建道德的力量来维持的，并力图把妻子变成丈夫的附属品，使妻子对丈夫绝对服从和忍让，以换取家庭的安定与和睦。这样一来，妇女把丈夫看得比自己还重要，只望“夫贵妻荣”。很多情况下，男女的结合是没有感情基础的，是

“集婚姻和饭碗为一体”的夫妻，成语谓之“柴米夫妻”。反映夫妻关系的成语很多，如“燕婉之欢”“于飞之乐”“鸾凤和鸣”“琴瑟和谐”“夫妻反目”“弃旧怜新”“伯劳分飞”等。还有把妻子当作私有财产任意处置的，如“杀妻求将”“卖妻鬻子”等。这些不平等、不正常的夫妻关系是封建社会的必然产物。

关于父子关系的成语，如“父慈子孝”，指父母应慈爱，儿子应孝顺。“慈”和“孝”是父母子女之间的两个道德规范，贯穿于封建家礼之中。封建礼教又特别强调孝顺，含有“孝”的意义的成语有“孝思不匮”“孝悌忠信”等。封建统治者还树立了许多“孝子”典型：有卧冰求鱼的楚僚，有割股疗亲的吴翱，有为母报仇的董黯，有终身守丧的张常洧，如此等等，不一而足。宣传孝道的成语这么多，效果又是这么好，封建统治者对此为什么如此重视呢？很明显，这是封建统治者把父母子女之间的感情，特别是子女对父母爱的正常感情，纳入封建礼教的轨道，并用“父为子纲”加以强化。对这一现象，有一条成语，从实质上回答了这个问题，这条成语就是“移孝为忠”，即将孝顺父母之心移到孝忠君主上，这就是封建统治阶级大力宣扬礼仪孝道的政治目的。表现父子关系的成语还有“父严子孝”“父析子荷”“父为子隐”“有其父必有其子”等。

表示兄弟关系的成语有“孝悌忠信”，其中的“悌”指敬爱兄长，顺从兄长，行为忠实可靠，它是封建孝道的一部分。“伯仲之间”“伯歌季舞”“兄友弟恭”“兄弟孔怀”等，表现的都是长幼有序、兄弟和睦，以保持家庭秩序的稳定。也有表示兄弟关系不和的，如“尺布斗粟”“同室操戈”等。在婆媳关系之中，公婆应高高在上，处在“太上皇”的地位，而且“七出”中有“不顺父母，去”的明文规定。有的成语表示公婆对儿子、媳妇管不了，只好装聋作哑——“不痴不聋，不作姑公”。涉及祖孙关系的成语有“孝子慈孙”“含饴弄孙”等。

就以上成语的内容和产生的历史文化背景，可以看到中国古代家庭从理论到实际的大致情况，自然只是一部分。有关这些方面的成语还有一些没有涉及，对于宗族、祭祀、丧葬、继承等许多问题也没有涉及。

我国有五千年灿烂的中华文化，我们要好好学习，批判继承，取其精华，去其糟粕，为我们今天的现实服务。对待成语中的历史文化亦应采取这种态度。就成语运用而言，上述这类成语大体有三种情况：不用、批判用、变义用。一是不用，即不用成语内容，如“三纲五常”中的“三纲”，再如“卖妻鬻子”“杀妻求将”等，都已成为历史。现在不用了，只有在特殊语境中才用到。二是批判用，包括批判和运用中批判。如“家长作风”，释义为“指封建家长那样专断，缺乏民主作风”。这是一种在释义中表明的批判性的比喻用法。另一种是运用中批判，如“举案齐眉”，今天的人们使用时，都保留了夫妻互敬、互爱、互相关怀的内容，摒弃了男尊女卑的封建意识。三是变义用，即改变成语的语义内容，以合乎今人的需要。如“齐家治国”今用时“齐家”绝不会向封建家政看齐，而是以今天的道德法律为准绳，包括国家颁布于 2016 年 3 月的《中华人民共和国反家庭暴力法》，而“治国”，随着时代的前进，形势的发展，各个历史时期都有治国的新理念、新政策。变化语义内容来使用，在成语的发展中不难找到用例。以上三种情况，对整体成语使用而言，使用频率很低，大多不属于今天普遍使用的常用成语了。

谈周代青年的婚恋生活
——以《诗经》中的成语为例

大约两千五百年前，周代青年的婚姻恋爱是比较自由的，虽受父母管束，还没有形成“父母之命，媒妁之言”的婚姻制度。这些情况，都反映在当时的民歌中。这些诗歌被收录于我国第一部诗歌总集《诗经》，相关婚恋的成语也见于《诗经》中。我们今天还用这些成语。我们将情歌中的这些成语联系情歌的内容，以类似讲成语故事的方式取舍简述，可以看到当时婚恋生活中多是经过相识、相恋、互赠信物、确定爱情关系，经过一定的手续而结合的。一般而言，周代青年有这种正常的婚恋生活。

那时的青年男女能自由约会，《诗经·邶风·静女》写一位姑娘和一位男青年约定在一座城楼见面，可到相约的时间还不见姑娘的身影，等得这个男青年心情焦虑、惶惑、犹豫，诗中说“爱而不见，搔首踟蹰”。成语“搔首踟蹰”字面义用于抓脑袋，不停地来回走动。其实这位姑娘已经早在这里躲起来了，故意和男青年逗着玩。

成语“采兰赠芍”见于《诗经·郑风·溱洧》。这是利用春天的修禊节，青年男女群体幽会。民俗：农历三月上旬巳日，在水边嬉游采兰，脚踩河边的清水，以此驱邪求吉祥，这便是修禊节。这天，溱、洧两河，春水涣涣，春意盎然，游人如织，熙熙攘攘，热闹非凡。许多青年男女趁此时幽会，以寻求意中人。结识相伴，一起游玩，双方互赠芬芳的青草和芍药，结成恩情。诗中有“士与女，方秉蕑兮”。（蕑 jian：兰草），“维士与女，伊其相谑，赠之以芍药。”“采兰赠芍”意为男女间为表示爱情而互赠礼物。

互赠信物不仅表示相互爱慕，还表示确定爱情关系。《诗经·卫风·木瓜》表明了这一点。成语“投瓜报玉”即是。诗云：“投我以木瓜，报之以琼琚（玉），匪报也，永以为好也。”

“抱布贸丝”见于《诗经·卫风·氓》，指男女秘密约会，以买丝为幌子。诗云：“氓之蚩蚩，抱布贸丝，匪来贸丝，来即我谋。”这次来是和她商议婚期的，再经过父母认可等相关手续，方可成亲。

在婚恋的过程中，都贯穿着双方的思恋。有男士思恋女子时“辗转反侧”“梦寐以求”（《诗经·周南·关雎》）。有女子思恋一个魁梧英俊的少年，以致泪流成河——“涕泗滂沱”（《诗经·陈风·泽陂》）。有男女互相思恋：“一日不见，如隔三秋”，又说“一日三秋”，原句见《诗经·王风·采葛》：“一日不见，如三秋兮。”《诗经·小雅·小明》有对妻子的怀念，诗中用“涕零如雨”来表达。此外，为简明讲述，上述诗中还有没提到的成语，如“窈窕淑女”“求之不得”“夙兴夜寐”“信誓旦旦”“言笑晏晏”。还有没涉及的诗及其成语，如“之死靡它”“人言可畏”。

周代的婚恋生活相对自由，这和那时的人口政策有关。那时为繁衍人口，规定“仲春三月，令会男女，于是时也，奔者不禁。”（《周礼·地官·媒氏》）这客观上为男女自由恋爱创造了一定的条件。

以上讲的周代青年的婚恋生活，是从诗歌中所涉成语看到的，仅仅是一部分婚恋生活，这些成语在以后的使用过程中，绝大多数使用的范围都扩大了，语义泛化了，用来指人或事物的一般情况。这是成语语义发展的特点之一。

顺便说一下，周代青年的自由婚姻虽是主流，但也有包办的。那时封建宗法制已经萌芽，虽是“奔者不禁”（奔：指女子不经媒妁，私自与男子结合），实际上已开始注重媒人了。《诗经·齐风·南山》说：“娶妻如之何？必告父母。”“娶妻如之何？匪媒不得。”到战国时代，孟子归纳为八个字：“父母之命，媒妁之言。”（《孟子·滕文公下》）到汉代，封建伦理系统化、制度化。在封建制度的迫害下，历史上出现了一幕又一幕的婚姻悲剧。

析古代婚姻一例

——覆水难收

古代离婚，有七个条件，称为“七出”，妻子只要有其中一条，丈夫就可以写一份休书，召集亲戚朋友宣布解除婚姻关系，勿须经过官方办理法律手续。这“七出”是，不顺公婆、无子、淫以乱族、嫉妒乱家、有恶疾、口多言、盗窃。

“七出”表明离婚的主动权在丈夫手中，是男子的特权。从“七出”的基本精神看，它是为家族服务的，表明离婚的主要原因并非夫妻间的感情问题。有意思的是，关于解除婚姻的成语，却没有涉及“七出”的。具有代表性的一条成语是“覆水难收”。

这条成语讲的是汉代名臣朱买臣的故事。朱买臣家贫，每天砍柴到市上去卖，得钱度日。一些小孩子见此状嘲笑戏弄他，常尾随至家，朱买臣都不在意。他妻子劝他：“你要么读书不卖柴，要么卖柴不读书，这样让小孩子笑话，真羞死我了!”朱买臣说：“我卖柴是为了生活，我读书是为了谋求富贵，二者各不相妨，让他们笑话去。”朱买臣还告诉妻子，算命先生说他50岁要做官。他妻子说：“算命先生骗你这个白面书生，到50岁柴都挑不动了，还要你做官！阎王爷等你去做判官!”（在这里，“三从四德”“夫唱妇随”之类的封建礼教似乎都没有了）。

后来，妻子提出要离婚，朱买臣苦劝妻子不要离弃，再过7年他就50岁了。妻子说：“再过7年，我这骨头不知死在哪里去了!”朱买臣见妻子决意要“离”，只好同意让她离去（这在现代法律上叫“协议离婚”）。其妻离去后，朱买臣感叹不已，题诗四句：“嫁狗随狗，嫁鸡随鸡；妻自弃我，我不弃妻。”

朱买臣到了50岁果真当了官，拜为会稽太守。于是他衣锦还乡，前呼后拥，路上看到故妻，便要人把她召上后车，同到府上。故妻叩头谢罪，要求降为婢妾服侍终身。朱买臣叫人取来水一桶，泼在阶下说：“这泼出去的水，你若能把它收回，就能为我婢妾。”泼出去的水难以收回，表示事已成定局，无法挽回了。这就是“覆水难收”。泼水阶前这段故事，在《汉书·朱买臣传》中没有，是后人说书、写小说、编剧本时加上的。

这些传说中的女子具有朦胧的反封建意识。就传说的根本思想而言，宣扬的还是“嫁鸡随鸡，嫁狗随狗”“从一而终”之类的封建礼教，自然这是时代所局限的。今天我们使用“覆水难收”这条成语，已和古代离婚没有多大关系了。它表示事成定局，难以挽回，多用于夫妻关系断绝后难以复原，有时用来劝诫人们要谨言慎行，否则后果就难以收拾。

[发表时删去了副标题]

（原载《湖北法制报》1992年4月9日）

“北门”和“北里”

成语“北门锁钥”比喻北方边境守御的重任，也指肩负守御北方边境重任的人。这时的“北”保留着方位义。“北门南衙”，这是唐代禁卫军值班守卫的地方，因以指称羽林诸将、文武重臣。通过借代之后，方位义已没有了。“北里”也是这样。“北里之欢”中的“北里”，指唐代长安城的平康里，因坐落在城北，也称北里，是妓女聚居之地。后因以“北里”指妓院所在地或妓女集聚的地方，犹指今之“红灯区”。“北”的方位义已不存在了。成语“北里之欢”的意义不言而喻。

（原载《学语文报》2010 年第 6 期）

成语和古代商业广告（二则）

宣传商品：

悬羊卖狗

“悬羊卖狗”是“悬羊头卖狗肉”（见于《五灯会元·卷四十五·卫州元丰院清满禅师》）的缩略语。原作“悬牛首卖马肉”，最早见于《晏子春秋·内篇杂下》，是作为比喻出现的：“犹悬牛首于门，而卖马肉于内也。”可见在上古社会就有这样的事情。后世多作“挂羊头卖狗肉”。从商贸角度说，“悬牛头”“挂羊头”是一种实物广告，直接展示其经营商品和经营项目。这里宣传的商品与其内容是不一致的，显示出名实不副的欺骗行为。

实物广告的发展，便出现图像广告，即以商品的图样、模型做广告。它们皆属“形象幌”，以后更多的是以旗为幌。“旗幌”属标志幌，通过旗上的颜色、装饰、图案、文字等标志，来宣传商品和服务项目。《汉语新成语词典》收有“挂幌子”，释文为：“原指商店门外打出所卖商品的标志，现常比喻为借用某种好听的名义。”这是一条和惯用语交叉的成语。《惯用语例释》收有“打幌子”一条，也作“装幌子”“作幌子”。这里，不管它前面换用什么“挂”“打”“作”等，“幌子”是不变的。这里的“幌子”主要是指“旗幌”。

《韩非子·外储说右上》有一则寓言“狗恶酒酸”，讲一个宋国人开酒店，“为酒其美，县（悬）帜甚高”，高挂酒旗以招徕顾客。“帜”，标帜，一种卖酒的广告，后世称作“酒旗”。因像帘子，又称作“酒帘”。起初用青白二色布做成，也作“青帘”。“帘”有时特指“青帘”，即“酒旗”。后来用彩色锦条制成，人们常常习惯地称为“青帘”或“青旗”。秦汉以后，封建统治者长期实行抑商政策，商业贸易只能定期定点进行，直到唐代，城市商贸才发达起来，还有外国人在长安开酒家，并有伴酒女郎，时称“胡姬”。唐诗中就有不少人写街市山庄悬挂“酒旗”“酒帘”的。如李中《江边吟》：“闪闪酒帘招醉客，深深绿树隐啼莺。”张籍《江南曲》：“长干午日沽春酒，高高酒旗悬江口。”

“望”：向高处、远处看。大约因为酒旗高悬，在远处抬头便可望见，于是把酒旗称作“酒望”“旗望”或“望”“望子”。这类称呼大约从唐代开始，当是民间说法。多用唐五代口语写成的《刘知远诸宫调》有“飘飘招飐任风吹，希望高悬涨三尺”。宋代辞书中就有用“望子”来解释“青帘”的。北宋陈彭年、邱雍等编撰《广韵·盐韵》：“帘，青帘，酒家望子。”可见“望子”是当时的俗语词。南宋洪迈《容斋随笔续笔》有“酒肆旗望”一节专述此俗。有关事实记载见于南宋孟元老《东京梦华录·中秋》，上面讲在中秋节前，商店都卖新酒，店门面装饰得十分漂亮，招来许多醉仙，市人都争着饮酒买酒，“至午未闻，家家壶酒，扯下望子”。《水浒传》第二十九回讲：“武松笑道：‘我说与你，你要打蒋门神时，出得城去，但遇着一个酒店，便请我吃三碗酒，若无三碗时，便不过望子去。这个唤作无三不过望。’”后来，“望子”也用来泛指其他店铺的招帘。“望子”，又称“幌子”。清代翟灏《通俗编·器用·望子》：“《广韵》：青帘，酒家望子。按今江以北，凡市价所悬标识，悉呼望子。讹其音，乃云幌子。”大约在清代比较普遍地说“幌子”而不见称“望子”。《红楼梦》第十七回有“此处都好就是少一个酒幌”的话。其实，称“酒旗”为“幌”，唐代就有了。唐代陆龟蒙《和袭美初冬偶作》：“小墟（指卖酒处）低幌还遮掩，酒滴灰香似去年。”而且陆龟蒙不是江北人，他长期生活在江南。“幌”本指帷幔、窗帘、帘子。“酒帘”自然被称作“酒幌”。这样看来，恐不一定是“讹其音”。从“帜”到“幌”，其间有称作“酒旗”“青帘”的，有通行“望子”的，其后又通行“幌子”直至今日。从成语看，广告似乎和欺骗联系在一起，这是社会生活对成语语义的影响。“悬羊卖狗”是表里不一的欺骗行为，“打幌子”则是假借某种名义，带有蒙蔽性质的欺骗行为。

此外，和幌子相类的有匾额，或者叫牌匾。起初店铺用布帘，后用木板牌代替，有的二者并用。横在门上的木牌叫“匾”或“匾牌”，竖着挂的叫“招”。有写店名的，也有介绍商品的。老百姓总称为“招牌”。招牌出现以后，和幌子大体上有分工：招牌主要用来标示店铺的名号，幌子主要用来介绍经营的商品。当然它们没有绝对的界限。有的商店将招牌上的字涂上金粉或用黄铜制成，以表示资金雄厚，信誉卓著。成语有“金字招牌”，比喻向人炫耀的名义或称号。

推销商品：

自相矛盾

“自相矛盾”是一条有名的典故性成语，出自《韩非子·难一》。讲的是有个卖矛和盾的人，为了招徕顾客，他夸耀他的矛说：“我这矛哪，非常锋利，不管什么盾都能刺穿。”过了一会儿又夸耀他的盾：“我这盾哪，非常坚硬，不论怎样锋利的矛都刺不穿。”当然就“自相矛盾”啰。从商贸营销的角度看，这是用叫卖的方式来推销商品。它也是一种广告——市声广告。

“行商坐贾”虽是泛指各类商人，但细分起来，还是有区别的。汉代班固《白虎通·商贸》：“行曰商，止曰贾。商之为言章也，章其远近，度其有无，通四方之物，故谓之商。贾之为言固也，固其有用之物，以待民来，以求其利者也，故谓之贾。”意思是说，“商”等于“章”，“章”是区分的意思，即区分其远近，估计其有无，走街串巷，来往于四方，以贩卖货物，此谓之“行商”。开设店铺，固定营业地址，待顾客上门，这是“坐贾”。“商人”推销商品要叫卖，使人耳闻其声，目睹其货物。“贾人”推销商品主要靠标记、图案、文字之类的“幌子”，也有辅之以叫卖的。今天商店的营业员用扩音器、电池话筒推销商品即是。市声广告的作用不可小看。

“贩夫贩妇”，《古汉语成语典故词典》解释为“旧指做生意的小商贩”。《周礼·地官·司市》：“夕市，夕时而市，贩夫贩妇为主。”太阳落山的时候，人们来到集市，进行买卖交易活动，做生意的有男有女，多是自产自销，小本生意。以后的“贩夫”多指进城叫卖的小贩。南宋孟元老《东京梦华录》记载，每天五更，就有做买卖的贩夫趁天刚亮时入京城，卖药的、卖饮食的各种贩夫都有，而且“吟叫百端”。明清笔记多有叫卖的详情记载。为了少费口舌叫卖，便用一种道具，敲打或摇晃，使其发出特殊的响声，以代替叫卖声，这是代声广告。旧时理发匠用“唤头叉”打出来的“金鸡报晓”就是其名调之一种。

“自相矛盾”“贩夫贩妇”让我们看到古代市声广告推销商品的情景，而“行商坐贾”也把市声广告作为做生意赚钱的手段之一。

（原载香港《普通话》1994年第1期）

成语中的古人环保意识

生态，是人类和生物在一定的自然环境下生存与发展的状态。人类从一开始，就与自然界打交道，畏惧自然，害怕“洪水猛兽”，认识到“水火无情”，只好“听天由命”。于是，先民们便崇拜自然，依附自然，他们认为“天高听卑”（上天神明可以体察底下世间的情况），祈求“天官赐福”“枯苗望雨”“大旱望云霓”。人们希望有一个美好的生存环境，“山清水秀”“郁郁葱葱”“四季如春”“欣欣向荣”；希望“日出而作，日入而息”，盼望“风调雨顺”“五谷丰登”。

在农业文明的社会里，人类的智慧得到发展，社会生产力有了一定程度的提高，人们开始“精耕细作”，充分有效地利用土地资源，用养结合，“因时制宜”“因地制宜”，初步形成了保护自然资源，注重生态平衡的意识。因此，人们反对“竭泽而渔”“焚林而猎”“焚薮而田”等破坏生态环境的行为。随着社会生产力的发展，出现了填湖伐林，开拓新的居所，提出“人定胜天”，企望征服自然，改造自然。不过这对自然界尚未造成质的破坏，人类与自然的关系仍然是协调的。先秦时，“天时地利人和”已成为一条成语（参见杨伯峻《孟子译注》）。《荀子·王霸》说：“农夫朴力而寡能，则上不失天时，下不失地利，中得人和而百事不废。”这里的“天时”当指“农时”，“地利”则指“地力”，“人和”则指分工合作，表明“农事”和生态环境相一致，人与自然便能和谐相处。这与孟子从战争出发讲的“天时”“地利”“人和”的含义不同。汉代大儒董仲舒在《天人三策》中提出“天人感应”，认为天能干预人事，自然界的灾异和祥瑞是天对世人的谴责和嘉奖。同时，人君的某些行为措施，人们的某些宗教仪式，也能感动上天，促使天改变原来的安排。这种“天”与“人”能交感相应，相互影响的说法，显然是唯心主义的迷信观念。但古人考虑“天”和“人”有一种相互影响的相应关系，在今天看来，仍有一定的启发意义。人类进入工业文明时代，与自然界成了掠夺与被掠夺的关系，自然界日益不堪重负，生态环境日益恶化，大自然日益严重地给人类以各种形式的“报复”“惩戒”。因而，人类必须科学地认识“天”与“人”的关系，采取种种措施保护生态环境，促进人类社会从工业文明向更高级的生态文明转变。

人类与自然本应和谐相处——就让我们用这一意蕴来咏读“天人合一”这一成语吧！

［发表时题目为《成语连珠读，增我环保意》］

（原载《学语文报》2008 年第 1241 期）

“霸王别姬”和项羽的少年教育

项羽与刘邦争战，最后兵败，自知大势已去，突围前不得不和宠妾虞姬诀别，演出了悲壮的一幕。“霸王别姬”这条成语现在用来比喻不虚心听取群众意见，终于垮台。项羽年轻时“力拔山兮”，勇气过人，为何落得如此下场？原因很多，这里仅从项羽少年时所受教育来看这个问题。

常言道：“从小看到老。”“幼苗不扶正，长大难成人。”《史记·项羽本纪》说“项氏世世为楚将”，项羽就出身于楚国贵族家庭，但在秦王朝统一中国的过程中，其贵族生活破灭，贵族特权丢失。项羽从小过着颠沛流离的生活，由叔父项梁扶养长大。项梁即楚将项燕之子，与秦王朝势不两立，时刻准备报仇雪恨。项羽从小受到项梁急切灭秦复仇的影响，并欲以武力征服天下，成就霸业。这就让少年项羽养成一种浮躁、急于求成的性格，而不能踏实认真地学习古代文化，深入思考并汲取诸子百家的思想成果。《项羽本纪》说：“项籍少时，学书不成，去，学剑，又不成。项梁怒之。籍曰：‘书，足以记名姓而已，剑，一人敌，不足学，学万人敌。’于是项梁乃教籍兵法，籍大喜；略知其意，又不肯竟学。”可见项羽读书急功近利，浅尝辄止，不能坐下来认真研究体悟，且囿于个人功力。这就使他从小缺乏政治头脑，缺乏对人对事的深刻认识，为他后来的“霸王别姬”埋下了伏笔。司马迁在《项羽本纪》结尾时说他“自矜功伐，奋其私智而不师古。谓霸王之业，欲以力征经营天下。五年卒亡其国，身死东城，尚不觉寤而不自责，过矣。乃引‘天亡我，非用兵之罪也’，岂不谬哉”，是很有道理的。

（原载《学语文报》2008 年第 1201 期）

“跬步千里”有感

“跬步”，古人说的半步。《荀子·劝学》：“不积跬步，无以至千里。”是说不积累起半步，就无法达到千里远的地方。千里之远是从半步开始积累起来。《汉语成语分类大词典》对源于《劝学篇》的这条成语解释为“比喻学习应该持之以恒，不要半途而废”。我则另有所感，“跬步千里”可表示从脚下的半步开始走稳，才能行至千里之远，其基础是非常重要的。

孔子是先秦教育家，他很重视基础教育学科的教与学，并且身体力行。孟子很注意教学的循序渐进。汉代王充及以后的教育家颜之推、韩愈、朱熹等都十分重视基础教育和儿童的早期教育，形成我国古代教育的优良传统。当然，古代教育的目的和今天不同。

在新的形势下，党和政府从国家现代化建设的需要出发，十分重视基础教育和教学改革。1999 年 6 月，李岚清同志在全国教育工作会议上的报告中提出，我们要按照时代发展的要求，遵循学生的身心特点和成长规律，大力改革课程和教材体系。特别要加快基础教育课程和教材体系的改革。同学们任重而道远，尤其是开始的半步、一步，要走稳、走正、走好。古人讲的“跬步千里”这种民族教育的优良传统，对于我们今天不是没有启发意义的。

（原载《学语文报》2002 年第 621 期）

“行成于思”谈及“思”

成语“行成于思”源于韩愈的名言“业精于勤，荒于嬉；行成于思，毁于随”。《中国成语大词典》解释说，行指做事，思指思考。事情之所以成功是由于多思考。

宋代教育家程颐说：“为学之道，必本于思。”这一观点继承了孔夫子“学而不思则罔，思而不学则殆”的思想。程颐还强调了“以思为本”，强调思维是发展人的智力和才能的根本。然而我国古代的语文教育基本上是文字型教育，直到五四时期才转变为文字——语言型教育，说明在注重语言的同时，还必须注重思维。这是当今信息时代所赋予的历史使命，已经成为我们的共识。中共中央国务院《关于深化教育改革全面推进素质教育的决定》提出“要转变教育观念，改革人才培养模式”，“激发学生独立思考和创新的意识”。我们的语文教育无疑要注重思维训练，培养创新能力，这一点已迫在眉睫。试以近三年的高考作文为例，来看看思维和创新能力的重要性。1999 年《假如记忆可以移植》侧重考查联想和想象的思维能力。2000 年《答案是丰富多彩的》则是对理解、思辨和想象能力的多层面的考查。2001 年要求考生以“诚信”为话题，写自己的经历、体验、看法和思想信念，从内容到文体彻底开放，让考生各自发挥其特长，突出考查创新思维。那么，我们现在就容易理解“行成于思”中的这个“思”——创造性思维，对于“行成”是何等重要了！

两年前，江泽民同志在第三次全国教育工作会议上特别指出，要“以培养学生的创新精神和实践能力为重点”，“保护学生的探索精神、创新思维”。后来，江主席还发出了许多有关指示，这都是从当今世界科技快速发展的形势和中华民族伟大复兴的高度来看待这个问题的。从这个高度出发，我们就更不可小看“行成于思”中的这个“思”了。

（原载《学语文报》2002年第633期）

成语中的古代文学家

有的成语，出现了古代文学家的姓名，还含有他们的轶闻传说或诗文风格等内容。例如：

江郎才尽：相传南朝文学家江淹，年轻时很有文学才华，人称江郎，到年老文思减退。钟嵘《诗品》卷中讲江淹夜梦见郭璞，郭璞要江淹还五色笔，还笔后，文思减退，写不出诗文了，故世称“江郎才尽”。

居大不易：唐代诗人白居易年轻时到长安拜见顾况，顾况把他的名字拆开说玩笑话：“长安来，居大不易。”“居大不易”指在京城或大城市生活不容易；也泛指生活下去很不容易。

郊寒岛瘦：郊、岛，指唐代诗人孟郊、贾岛。宋代苏轼讲他们诗作的意境风格是“郊寒岛瘦”，即简啬、孤峭而不开朗，引申为指与此类似的哀婉卓越的意境风格，又用以形容身体瘦弱。

韩海苏潮：韩、苏，指唐代文学家韩愈和宋代文学家苏轼。清代俞樾评价他们的文章气势磅礴，如海如潮。后人即以“韩海苏潮”或“韩潮苏海”“苏海韩潮”来形容文章气势磅礴。

由上可以看到，当文学家的某一特点或事例进入成语这个“框架”，经过抽象、概括、引申等手段，赋予了某种普遍的共同的意义，使之成为某类的代表，产生了成语的特定含义，类似的成语再如“压倒元白”“元轻白俗”“马工枚速”等。运用这类成语，要理解它们的特定含义。这类成语使用范围较窄，要注意用得恰当。

文学和社会有着紧密的联系。历朝历代的文学家用他们各具风格特点的作品，写成了反映各个时代社会生活的历史长卷。

（原载《武汉晚报》1985 年 12 月 9 日）

成语与音乐（短文二则）

“郑声”与“靡靡之音”

《论语·卫灵公》记载颜渊问孔子怎样治理国家，孔子作了一系列回答，最后的话是：“放郑声，远佞人。郑声淫，佞人殆。”意思是，舍弃郑国的乐曲，斥退小人，（因为）郑国的乐曲弥漫淫秽。淫，一说乱，意即乱如糟，指不正规的、不高雅的、低俗的人或事物。孔子喜欢古典音乐《韶》《武》，曾说：“乐则《韶》《武》。”他在齐国听了《韶》乐，“三月不知肉味”。

这些“郑声”因与孔子提倡的“雅乐”相违背，故从孔子开始，一直受到儒家的排斥。经过孔子整理的《礼记·乐记》说：“郑卫之音，乱世之音也，比于慢矣；桑间濮上之音，亡国之音也。”“桑间濮上”，指魏国境内的濮水之上，桑林之间。为何说“桑间濮上之音”是“亡国之音”呢？《史记》有这样一段记载：卫灵公有一次到晋国去，露宿濮水旁，晚上听到一阵从濮水上传来的琴声，于是招来随行的乐官师涓“听而写之”（听后把它记录下来）。到了晋国，灵公让师涓把这段音乐演奏给晋平公听。不料晋平公的乐官师旷在旁一听说，这是当年师延给商纣王谱写的靡靡之乐，武王伐纣时，师延投濮水死了，这音乐只有在濮水上才能听到，于是师涓的演奏被制止。师延所作的靡靡之乐是一支柔弱、香艳、颓废的乐曲，商纣王因沉湎于这类音乐和酒色之中而亡国，所以被称为亡国之音。既然师涓现在所奏的就是当年的亡国之音，理所当然会被晋国君臣制止。现在的问题是，师涓所奏的这段音乐是否就一定是当年的靡靡之乐呢？其实不一定，因为该曲的创作年代至晋平公时已有 500 余年了，凭当时的科技水平，一支曲子要保存 500 余年是不可想象的，何况它还是一支亡国之曲。但后世学者却以此为据，将“郑声”作为“靡靡之乐”（亡国之音）的代称。汉代郑玄就有这样一段注言：“濮水之上，地有桑间者，亡国之音，于此之水出也，昔殷纣使师延作靡靡之乐，已而自沉于濮水，后师涓过焉，夜闻而写之。为晋平公鼓之，是之谓也。”

应该说，“桑间濮上之音”，是春秋时郑、卫两国的民间通俗音乐（其间情歌较多)。《汉书·地理志》载:“卫地有桑间濮上之阻,男女亦亟聚会,声色生焉,故俗称郑卫之音。”男女聚会所唱的情歌怎么就成了亡国之音呢?显然这是因儒家的偏见而被曲解的缘故。总之“郑卫之声”与靡靡之音不能打等号。

韩娥:东周著名通俗歌手

韩娥,东周韩国人,著名的民间歌手。她为老百姓唱歌,唱出他们的喜怒哀乐。关于韩娥唱歌的传说不少,可查证的有《列子·汤问》和晋代张华的《博物志·史补》等。《列子·汤问》载:“昔韩娥东之齐,匮粮,过雍门,鬻歌假食。既去,而余音绕梁欐,三日不绝。”

鬻歌假食:卖唱以换取口粮。既去:离开(雍门)之后,成语“余音绕梁”“余音绕梁三日不绝”即出此。这一记载虽然夸张,但很形象,仿佛真的能让人听到回荡在雍门梁柱间的歌声,同时也说明了两点:一是韩娥的歌肯定唱得很动听,二是老百姓肯定很喜爱她。

(原载《学语文报》2009年第1073期)

成语中果树果实及花的文化意蕴

成语中涉及果树、果实及花的有桃、李、梨、梅子等,以桃、李的使用频率较高。一个“桃”字,可以指桃树,如“桃李不言,下自成蹊”,这是上古时的一句谚语,表明桃树、李树自古就受到人们的重视,以其果实和花吸引人们,以至于在树下走出一条路,以喻忠实、实在,就会有感召力,为人们所敬仰。再如“桃李满天下”,以桃李喻培养出来的学生,已成固定的文化意蕴。桃树、李树不怕严寒、高温、干旱、盐碱地,对环境气候适应性强,生命力旺盛。它们有花、果、仁、叶、根,其作用是多方面的。它们的生物特性为文化寓意提供了恰切的意蕴基础。这样的成语在古今广泛流传。

“哀梨蒸食”,哀梨,秣陵(今南京)哀仲家产的个大甜美的梨子。南朝宋·刘义庆《世说新语·轻诋》:“桓南郡(桓玄)每见人不快辄嗔云:‘君得哀家梨,当复不蒸食不?’”(桓玄袭父爵为南郡公,故称桓南郡,《晋书》有传)南朝梁·刘孝标注:“旧语秣陵有哀仲家梨,甚美,大如升,入口消释。言愚人不别味,得好梨蒸食也。”后以“哀梨蒸食”喻指不识货的蠢人把好东西胡乱糟蹋了。其实,蒸梨吃不能说是愚蠢人。我国种梨已有2000多年的历史,梨不仅可以生吃,民间以梨入药,就有将梨加川贝、冰糖蒸食，治咳嗽、感冒、气管炎的，还可用梨加巴豆和红糖蒸食可治噎嗝。再如西北产的冬果梨也常蒸煮熟吃。哀梨也可蒸食，不能说这样做就是愚人。但是，用“哀梨蒸食”比喻不识货而糟蹋了好东西却从唐宋以来沿袭至今。这四个字成了这一含义传承的文化符号，不可也不必要按科学事实去否定它。

“望梅止渴”是一条有名的成语。南朝宋·刘义庆《世说新语·假谲》：“魏武行役失汲道（取水的去处），军皆渴，乃令曰：‘前有大梅林，饶（多）子，甘酸可以解渴。’士卒闻之，口皆出水，乘此得及前源。”对这一现象，有学者用巴甫洛夫的“条件反射”学说来解释，当士兵们听到曹操说前面有一大片梅树林就想到梅子酸甜的味道，由于语言的刺激，形成条件反射，流出了口水，可以暂时止渴。可见曹操不仅懂得政治、军事、经济，还懂得生理和心理。尽管曹操的这一做法符合现代科学研究的成果，然而“望梅止渴”作为文化符号，表示的是借空想来宽慰自己。可见自然科学与社会文化意蕴是有所不同的。

“岁寒三友”指松、竹、梅。松、竹经冬不凋，腊梅耐寒开花。在我国的诗文中是最具中国文化特色的意象，常用来比喻坚贞不渝、高风亮节，作为美好事物万古长青的象征。竹不属果树，则另当别论。松和腊梅虽有果实，但人们着眼于“松树”和“梅花”。成语中写松树精神的有“岁寒知松柏之后凋”，语出《论语·子罕》，比喻经过艰苦恶劣环境的考验才显示出人的高尚精神和品格。该成语也说“岁寒松柏”“松柏后凋”。再如“松柏之茂”比喻久常不衰，经得起考验，语出《诗经·小雅·天保》。“松筠之节”，筠指竹子，整条成语用来比喻坚贞的节操。

上面讲的果树及其果实和花，它们的形象特征和文化意蕴，在千百年的历史发展中已经定型，历代传承，为社会成员所公认。语言，特别是语言中的成语典故，是构成中华文明的重要内容，也是中华文明的鲜明标志。

（原载《中学语文》2012年第7、8期合刊）

成语和地名

有的成语中含有地名，如“自郐以下”“布鼓雷门”“泰山鸿毛”“桑间濮上”等；还有的成语就是由地名组成的，如“白山黑水”“长江大河”等。地名在成语中的特点主要表现在三个方面。

第一，历史色彩较浓。成语中有上古地名、中古地名，也有近代地名，这些成语相沿习用到今天，我们看到它们有明显的历史色彩，体现了成语的传承性。例如：

〔吴市吹箫〕吴：古国名，今江苏大部和安徽、浙江一部分，建都于吴（今江苏苏州）。春秋时楚国的伍子胥逃至吴国，在市上吹箫乞食。后比喻沿街乞讨。语本《史记·范雎蔡泽列传》："伍子胥橐载而出昭关，夜行昼伏，至于陵水，无以糊其口，膝行蒲伏，稽首肉袒，鼓腹吹篪（一作箫），乞食于吴市。"

〔痛饮黄龙〕黄龙：古代府名，契丹所置，金改为济州，辖地在今吉林一带，为金人腹地。意思是直捣黄龙府，痛饮庆功酒。后用以表示克敌京城而举行庆功会；也形容消灭敌人之后激昂的情绪和喜悦的心情。《宋史·岳飞传》："（岳）飞大喜，语其下曰：'直抵黄龙府，与诸君痛饮尔'。"朱德《和郭沫若同志〈登尔雅台怀人〉》："内忧外患澄清日，痛饮黄龙定约君。"

〔十里洋场〕十里：表示面积大。洋场：指帝国主义在我国的某些口岸和城市所霸占的"租界"，特指从鸦片战争到新中国成立前的上海滩。朱自清《那里走》："上海……所谓'十里洋场'，常为人们所称绝。"

上例中的"吴""黄龙""十里洋场"等，现在已不做正式地名单独用了，它们被保留在成语中或在某个特定的场合下使用。这样的历代地理名称还不少，如"郑人买履""杞人忧天""渔阳鼙鼓""日近长安远"等。

许多地名从古代沿用至今，人们容易联想到某些历史事实，如"邯郸学步""洛阳纸贵"等；有的地名只用来表示一块地方，人们一般就不去联想了，但作为考释成语的源流，地名往往和某一时代的历史有关。例如：

〔白山黑水〕。白山：长白山，黑水：黑龙江。《金史·世纪》："生女直地有混同江、长白山，混同江亦号黑龙江，所谓白山黑水是也。"后指我国东北诸省。范长江《塞上行·行纪·忆西蒙》："怎么也睡不着，纵眼看满天星斗，往东一看，就是白山黑水的分野。"柳亚子《叠韵再和星曹一律》："扫净倭氛吾辈责，白山黑水莽无边。"又有①〔黑山白水〕。辽代庆州的黑山和元代始称的察汉木伦（白水）之水，均在旧热河南境。章炳麟《与马相伯、沈恩孚联合宣言》："务使东北半壁河山，不至自我沦亡，黑山白水，不止就此变易其颜色也。"

第二，这些地名在成语中往往泛指与之相关的地方或像这么一类的地

① 指与主条内容或字面形式、结构相关或相近，而又不等于它的变式；和主条的含义及结构相同或基本相同即其变式，称为"也作"条。

方。例如：

〔长安居，大不易〕长安：唐代都城，后也泛指京城或其他大城市。居：居住，生活。在京城或其他大城市生活很不容易。宋代尤袤《全唐诗话·卷二·白居易》："乐天（白居易）未冠，以文谒顾况，况睹姓名，熟视曰：'长安米贵，居大不易。'及披卷读其'芳草'诗，至'野火烧不尽，春风吹又生'，叹曰：'我谓斯文遂绝，今复得子矣，前言戏之耳。'"《艺风堂友明书札·王仁俊（一）》："因在京事简，尽可兼为跋尾，月得十篇，或作床头捉刀人乎。长安居，大不易。不得不作此冷生涯，但得月有津润足矣。"也作〔居大不易〕。鲁迅《书信集·致许寿裳》："我虽不惮荒凉，但若购买食物，须奔波数里，则亦居大不易耳。"姚雪垠《李自成》第一卷第二十六章："不回去有何办法？一则弟不能使周拔贡为弟受累，二则长安米珠薪桂，居大不易。"

第三，以地名作比。成语中的地名，往往是抓住这个地方的某一特征，作为比喻的事物，如"泰山北斗"，以泰山之宏伟高大喻受人仰慕的人；"泰山压卵"，以泰山之巨大喻力大无穷；"重于泰山"，以泰山所处地理位置、意义之重大喻价值之大；等等。用地名作比的例子很多，情况也比较复杂。再看几例：

〔稳如泰山〕像泰山一样安稳，形容极其稳固，不可动摇。《镜花缘》第三回："（武后）自谓稳如泰山，十分得意。"也作〔安如泰山〕。汉·焦延寿《易林·坤之中孚》："安如泰山，福喜屡臻。"又有〔安于泰山〕。《文选·枚乘〈上书谏吴王〉》："变所欲为，易于反掌，安于泰山。"

〔楚界汉河〕楚（项羽）、汉（刘邦）相争中双方控制地区之间的地界与河流，比喻一般战争中的前线。《民国通俗演义》第十六回："霎时间烟焰冲霄……仿佛枪林弹雨，依稀楚界汉河"。也作〔楚河汉界〕。常用以指象棋盘上双方的分界。

〔寿比南山〕寿命可以同终南山相比，指寿命像终南山那样长久。多用作祝寿的颂辞。《南史·齐豫章王嶷传》："愿陛下寿比南山，或称万岁，此殆近貌言。"柔石《为奴隶的母亲》："于是拿出四只铜制镀银的字，一方寸那么大，是'寿比南山'四字。"原作〔南山之寿〕。《诗经·小雅·天保》："如月之恒，如日之升，如南山之寿。"唐·王勃《乾元殿颂》："业峻一人，金策奉南山之寿。"又有〔福如东海，寿比南山〕。《三侠五义》第四十二回："将八盆松景从板箱抬出一看，却是用松针扎成的'福如东海，寿比南山'八个大字，却也做的新奇。"

〔长江大河〕我国最长的河流长江和黄河，形容气势磅礴，奔腾不息。宋·苏洵《上欧阳内翰书》：“韩子之文，如长江大河，浑浩流转。”鲁迅《从“别字”说开去》：“文化的改革如长江大河的流行，无法遏止。”

从上述三个特点可以看到，地名进入成语之后，其地理环境、特点及地理历史等对成语含义的渗透，对成语的形成、发展和运用，都起着较为重要的作用，是研究成语所不可忽视的。地名和语言学有很大关系，是值得我们去研究的。

（原载《地名知识》1986 年第 1 期）

三赞成语英雄

一赞成语英雄：鼓励投入公益事业

河南卫视大型文化节目《成语英雄》于 2013 年 11 月 21 日开播，至 2014 年 1 月 16 日播毕，共 16 集。它是利用选手对成语的掌握与应用来进行比拼，以赛出成语英雄。节目中，选手和三位成语先生崔永元老师、钱文忠老师、蔡志忠老师及主持人陈琨频频互动。这个娱乐性的文化节目，结合选手的生活、工作和学习，阐发古老成语饱含的广博而深厚的文化底蕴，从而向大众传播中国优秀的传统文化。我们从众多优秀选手的表现中，选出热爱公益事业、创业敬业、家庭和睦等方面的内容，分别写成短文，此文为第一篇。

选手刘洋大学毕业后选择做职业社工，他的女友选手李慧静也决定做兼职社工。参赛之前她表示：“参加《成语英雄》这个节目，不光是为了比赛，还希望有更多的人了解这项工作，加入这行列。”闯关后，钱先生在讲到他们猜中的成语“百尺竿头更进一步”时，说这条成语对他们很重要，鼓励他们继续努力。崔老师十分热爱公益慈善事业，并身体力行。他们交谈了一些想法，有人不理解，说刘洋天天跟残疾孩子、孤寡老人混在一起，干什么嘛。有人认为是“作秀”。崔老师指出人们对公益事业不理解，他说：“我们中国人认为这是好人好事，所以才希望人家得到表扬。其实它是一种生活方式，不是好人好事；是每个人都应该做的，是随手去做的。当你做了，别人也不会夸你一句，也不指望别人夸你一句。”崔老师又说：“对公益事业大家有误解，只能说明我们的工作还做得不好。”刘洋表示要坚持下去。钱先生说："以社工为职业非常了不起，是我们这个社会文明和成熟必经的一步。"钱先生也是一位兼职义工，体会到这工作的艰难，便称赞李慧静的决定和对刘洋的支持，非常感动人。

还有一对选手是脑瘫自闭症特殊学校的一对师生：郭老师和学生彭勃。成语先生说，学生能站在这里参加《成语英雄》节目就很叫人感动。郭老师说："这样的孩子，我教了一二十年，最感欣慰的是他（指彭勃），上完学之后，能有一技之长，他上班了，不给社会、自己的家人添负担，对于我来说，这是最重要的，是我的欣慰。"钱先生说："对您来说，您唯一的希望，是希望您的孩子们不要给这个社会、这个国家添麻烦、添负担。别这么想，国家和社会有义务负担。我想，每个孩子都不一样，他们是我们的家人，同样生活在这片蓝天下，同样生活在这个国度里。感谢您，也非常感谢彭勃。我觉得，彭勃站在这里，本身就是一种影响，一种成功。因为他站在这里，向大家展示他的信心，他的勇气，他完全可以去面对一切挑战。"

成语命题作文，是这个节目的又一个亮点。选手闯关之后，成语先生和选手聊一些关于选手工作、学习、生活等方面的话题。然后针对选手谈的话题内容，成语先生出一个题目，要选手猜射成语，当场组织成一篇短文。如清华大学支教组合闯关后，聊了一些支教的话题，如在玉树支教六年了，每年假期都去，和学生建立了深厚的情谊。他们谈了支教创新等问题，又回答了整个清华的暑假实践活动情况，选手介绍"整个学校有上万人，到各个阶层、各个领域、各个角落去注入我们大学生的活力"。成语先生说："当我们听到这样的消息的时候，比听到北大、清华在世界大学排名中又有提高还要高兴。"接着，成语先生话锋一转，要他们把猜对的五个成语"世外桃源""充耳不闻""囫囵吞枣""双管齐下""一叶障目不见泰山"用进去，编成一篇短文，题目是《支教》。选手稍想片刻，开始口头作文了："在去支教的短短几天，我们去了一个世外桃源。如果我们支教的方式不正确的话，那里的学生会充耳不闻，或者对知识囫囵吞枣，从而对知识的整体架构一叶障目不见泰山，所以我们支教的方法要双管齐下，为他们提供更多的教育资源。"这篇口头"命题作文"得到了成语先生极大的肯定，认为是成语组句成篇最成功的一次。这就把社会公益活动和节目中的成语应用统一起来。节目中，成语先生对选手们支教支边、照料孤寡老人等社会公益行为，都给予了肯定和鼓励。

（原载《中国语言生活》2015 年第 5 期）

二赞成语英雄：推崇创业和敬业精神

选手猜射成语之后，和三位成语先生有一个短时间的交流，涉及职业和工作的问题较多。两位大学生选手毕业后自己创业，共同开了一个猪蹄店。网上有人发表议论，称她们为“猪蹄西施”。在和选手对话时，钱先生说：“我觉得，这个名字（指‘猪蹄西施’）隐藏着我们中国教育思想几千年来的偏见。你们是大学生，学设计的，又那么漂亮，为什么去卖猪蹄?”钱先生和选手同时说出：“为什么不能卖猪蹄呢?”钱先生说：“其实，我觉得，创业特别好。我们非常支持，非常赞成。当媒体报道你们，当很多人叫你们‘猪蹄西施’的时候，他们过分好奇，觉得你们很特别。你们用平常心去做大家放心的、特别的猪蹄，这才是最重要的。”选手猜射的成语是“风雨同舟”，钱先生在讲语源之后说：“（典故的）前段跟你们没关系，你们的关系特别好。后段和你们的关系很大，因为你们在创业，今后的路还很长，虽然是合作者，也难免有意见不同的时候，但是我相信，你们一定会牢牢记住，你们要风雨同舟。”

前面一篇讲的职业社工刘洋就是敬业爱业的典型一例。他不管人家的眼光和议论，坚持做职业社工。在大家有误解的情况下，他说：“我们这些义工要坚持，连我们都不做了，现在做的人都做不下去了，都没法坚持的话，我心里想，如果自己也不做了，还有谁去做?”钱先生赞赏他：“以社工为职业，非常了不起!”

成语先生和选手殡葬礼仪师以积极的态度谈到死亡问题和他的职业，最后，崔老师说：“用心热爱这份工作，真的敬重你。”钱先生称赞他有“真实、健康、乐观的生活态度”。

成语先生和水下摄影师选手交谈了在水下拍摄艺术照、生活照、产品广告的艰辛，但因热爱这份工作，选手也不怕艰辛而奋力去做。崔老师说：“我很欣赏现在年轻人有自己的这种活法，他们每个人有自己的乐趣，自己的目标，就去坚持实现它，不管多么小众，都要想办法把它做成大众，为了这个去做很多的奋斗。”还有，成语先生对热心创业的大学生，对热爱学生的老师，对辛勤工作的警官，对坚持奋斗的街头音乐人等，对这些选手表现出的爱业敬业的品德，常联系他们猜对的成语给以称赞，使节目和他们融为一体。成语先生巧妙使用成语，也是节目的一个亮点。

（原载《中国语言生活》2015 年第 6 期）

三赞成语英雄：家和万事兴

中国有句老话："家和万事兴。"成语先生把选手猜射的成语和他们构建的和谐家庭的事例巧妙而自然地结合起来，显示了运用成语的高度艺术技巧。

上海的一对婆媳选手，一人画一人猜。蔡先生一直在指导画画，终于画明白了，经过较长时间的努力，终于猜出来了成语"削足适履"。钱先生说："我觉得（对观众）她们猜的时间越长，（对选手）证明你们二人的关系越好，最好猜不出来。"接着钱先生讲了这个成语的语源，并赞扬她们婆媳关系好，又说："当然，绝大多数婆媳还是要'削足适履'的。我觉得流点血，在无关紧要的脚上削掉一块，为了穿上一个家庭共同的'鞋子'，是值得的。"崔老师问："你们相处为什么这么融洽？"婆婆谈了她对组成家庭的看法，举例说明有矛盾时家里人如何处理。成语先生称赞婆媳主动消除矛盾。崔老师问她媳妇："进婆婆家之前在哪儿接受过培训？"媳妇："没有什么培训，是妈让着我。我说两条，跟家里人生活在一起，第一，一般反对的时候，沉默。第二，特别反对的时候，如果是婆媳关系，就去找老公跟她说。还有一个前提，有事大家商量，就行了。"崔老师："哪里是'前提'，是'战略'。短短几句，既讲了战略，又讲了战术，非常厉害。二位闯关没有成功，但是，其实我们并没有感到'挫折感'，我们感到'和谐感'。这种和睦久违了，尤其是在婆媳之间。电视机前的很多观众以你们为榜样，希望你们把更多的战略战术总结出来，传授出去。"主持人陈琨对正要离开舞台的婆媳说："你们在这个舞台上给我们带来春风一样的感受。"

另一对选手是一个中加混血儿和他的妈妈，单亲家庭。闯关之后，崔老师问她儿子："你长大了想做什么？"他答："我从小的梦想是想做一个艺人，能唱、能跳、能演，能赚好多好多钱，给我妈妈。通过我的努力，给我妈妈，给我姥姥、姥爷很好的生活，给家庭带来幸福、快乐。"钱先生赞扬他："（对大家说）他是在讲真话，是发自内心的真诚流露。（对小选手说）你心里边真的有我们传统文化最核心的东西，一份孝心，这是中华民族最核心的东西。"成语先生又一次肯定他的想法特别好，特别感人。"将来你开演唱会的时候，我们一定去买票。"最后发晋级奖杯时，成语先生再次赞扬了他们积极快乐的生活态度。贯穿在节目中的是和睦家庭中积极乐观的生活态度。其实，我们看到的节目，都是在用不同的方式肯定并传播积极乐观的生活态度，这也是这个节目的特点，是一个亮点。

此外还有感人肺腑的恩爱小夫妻的“恩爱”，阳光母女的“阳光”，父母和子女之间在《成语英雄》这个舞台上的感情交流和精神补偿。这个节目对增进家庭和睦和宣传传统家庭和睦观念做出了很好的成绩。

（原载《中国语言生活》2016 年第 1 期）

成语典故谈写作

“小题大做”与写作

“小题大做”，《现代汉语词典》释义：“比喻把小事当作大事来办，有不值得这样的意思。”这是在社会生活中人们对这条成语的理解和用法。从写作的角度看，我们可以这样理解这条成语。

“小题大做”本来就源于与写作相关的事。明清两代实施科举考试时，文科考八股文，以“四书”文句命题叫“小题”。用做“五经”文的章法来做“四书”文，称为“小题大做”。后引申为拿小题目做大文章。清人常用此话评说诗文写作。清代以后一般用其比喻义。

是故，写文章有“大题大做，小题小做，大题小做，小题大做”之说。“大题大做”恐怕不是学习写作的写法。“小题大做”多为习作者之写法，而小作有时怕做不出好文章来，能做出来当然好。“大题小做”我们应从两方面理解：遇上大题，用材少，思路窄，篇幅短，用技少，这样“小做”是做不好“大题”的；另一方面，“大题小做”也是一种思路，一种做法。遇上“大题”选一个侧面，选一个角度“化大为小”，也是写作一法，应当提倡。“小题大做”，即题目要小，控制范围，抓住一点，下大力气深入挖掘，从不同层面、不同角度去挖掘；集中一点或一个方面把事物的本质特征最充分地表现出来。这是我们对“小题”和“大做”的理解。我们以为，这对同学们审题、行文、立意、构思是有启发意义的。

［此文与邹贞合写］

（原载《学语文报》第877期）

江郎才尽

——写作贵在创造

江郎，即江淹，南朝著名文学家。传说江淹梦见一个人，仪表堂堂，博学多才，自称是晋朝的文学家、语言学家郭璞。他对江淹说："我有一支五彩笔，在您那儿多年了，劳驾您还给我吧。"江淹往怀里一摸，果然有一支五彩笔，于是还给了郭璞。从此，江淹写不出诗文佳句了。时人纷纷相传江郎才尽了。这段传说见于《南史·江淹传》。在《梁书·江淹传》中无此传说，只言江淹"少以文章显，晚节才思微退，时人谓之才尽"。从史书记载看，江淹到了晚年，确是"才尽"。因此，人们用"江郎才尽"或"江淹才尽"比喻才思衰退。

江淹年轻时家境贫寒，他自学成才，写出了精彩的诗文，名盛一时。他极善模仿，模拟从汉代到南朝宋 30 个诗人的风格特点写出来的诗，达到了以假乱真的地步。他摹写的陶渊明的诗混在陶渊明诗集里，连深爱陶诗的苏轼也没有辨别出来。后人分析，江淹才思衰减，是否和他刻意模仿而忽视创造有关？是否对创造与才思发展认识不够？前人评诗文的书中有这种肯定的看法。再一种意见认为，他的才思减退与做官有关。他在南朝宋、齐、梁三代做过官。在梁代任金紫光禄大夫，封为醴陵侯。这时生活优裕了，自满自足了，不再艰苦创造了，才思也就自然衰退了。

"江郎才尽"告诉我们，诗文写作贵在创造。只有不断创造，才能不断地发展才思，才能防止"才尽"。

（原载《中学语文》2000 年第 10 期）

"胸有成竹"与"胸无成竹"

"胸有成竹"的典故是说，宋代画家文同（字与可）善画墨竹，每每作画前，胸中已有完整的竹子，故云"胸有成竹"。现在我们常用来比喻做事前已有了全面的设想和安排。而清代书画家郑燮（号板桥）作画却是"胸无成竹"。他在《板桥题画》中说："文与可画竹，胸有成竹；郑板桥画竹，胸无成竹。浓淡疏密，短长肥瘦，随手写去，自尔成局，其神理具足也……然有成竹无成竹，其实只是一个道理。"板桥"胸中十万杆，一时飞作淋漓墨"，虽是胸中没有完整而具体的形象，但因多年生活积累，信手拈来，亦成章法，故云与胸有成竹实是一个道理。

对于写作的初学者而言，首要的是学会观察生活，获取创作的素材，使胸中有“竹”。在构思时，尽量使心中有“成竹”，“成竹”愈具体、愈细致，笔下之文愈形象、愈完善。我们知道，在写作的摄取、构思、表述三阶段中，构思是核心和关键，因此，初学者写作还是“胸有成竹”为好。郑板桥的“无竹”实是“成竹”的另一境界，他“胸中十万杆”，一旦举笔创作，所需“形象”跃然纸上，这“无竹”之境界当是更为不易。

［此文和以下两文与邹贞合写］

（原载《学语文报》2005 年第 953 期）

“一鳞半爪”说零整

成语“一鳞半爪”比喻零星的事物，多指珍贵的东西。此条成语源于绘画。鳞爪：指绘画中飞腾在云雾之中的龙只露出一部分鳞片和几只爪子，由此便能知道在云中活跃着的龙的全貌。也作“一毛片甲”“一鳞半甲”“一鳞一爪”“片鳞半爪”等。如唐代张彦远《法书要录》卷四：“或麟凤一毛，龟龙片甲，亦无所不录。”清代人以此为喻谈论作诗的甚多。如《清史稿·赵执信传》：“又以（王）士祯论诗，比之神龙不见首尾，云中所露，一鳞一爪而已，遂著《谈龙录》云：‘诗以言志，诗之中须有人在，诗之外尚有事在。’”

我们读《任弼时同志二三事》，文中只写了两三个典型事例，就可看到任弼时的整个精神面貌和高尚品德。这里体现了以“一鳞半爪”画龙的写作方法。当然，谈“一鳞半爪”并不意味着否定“画出全龙”的形象。如果要写一本厚厚的《任弼时传记》，就得画出全龙的形象了。

（原载《学语文报》2005 年第 947 期）

“画龙点睛”和“画人点睛”

“画龙点睛”大家熟知，传说南北朝时梁代画家张僧繇在金陵安乐寺壁上画上四条龙，皆不点睛（睛：眼珠儿），说龙点睛即飞。人以为妄言，固请点之。刚点两条龙，突然电闪雷鸣，二龙破壁而飞。事见唐代张彦远《历代名画记》。你们知道吗？还有比这更早的传说：秦始皇元年，有一个名叫裔的画工，画龙凤如飞，“皆不可点睛，或点之，必飞走也”。事见晋代王嘉《拾遗记》。“画龙点睛”这个故事启发我们，在写作诗文或发表言论时，要在关键的地方，加上点明要旨的字词或语句，使内容更加精彩生动。

“画人点睛”讲的是晋代名画家顾恺之的故事。南朝宋·刘义庆《世说新语·巧艺》记载：顾恺之画的人像，有的数年后还不点眼珠儿。人问其故，顾恺之说：“四肢的美与丑对绘画的精妙没有多大关系，人像的传神写照，还在这眼睛之中。”写作中表现人物的精神面貌，强调描写“眼睛”，道理不正是与绘画一样吗？正如俗话所说：“眼睛是心灵的窗户。”

学会“点睛”的技巧，不仅要在诗文关键处用上精辟的语句，还要求写作时能抓住事物的特点，在反映事物本质的典型上狠下功夫。

（原载《学语文报》2005 年第 903 期）

陈言务去

唐朝有一个叫李翊（yì）的青年，有志于学写古文，于是写信向大文学家韩愈求教，韩愈为勉励后生，写了复信《答李翊书》，说出了自己学习古文的主要经验，给李翊以指导。信中有云：“当其取于心而注于手也，唯陈言之务去，戛戛乎其难哉！”这句话的意思是：“把自己心里想的写出来时，务求去掉陈旧的言辞，那是多么困难啊！”它指明了学习古人的作品要做到推陈出新，切忌人云亦云。正如他在自己的另一篇文章中指出的：“（词句）必出于己，不蹈袭前人一言一句。”宋代魏庆之的《诗人玉屑》、清代刘熙载的《艺概》都肯定并强调了韩愈“陈言务去”的重要观点。

（原载《写作》1994 年第 11 期）

王夫之论“推敲”

“推敲”的典故故事是我们熟知的，贾岛在考虑是用“推”还是用“敲”，正苦思不定之时遇到韩愈。韩愈谓岛曰：“作‘敲’字佳矣。”于是产生了“僧敲月下门”的诗句。这是因为月夜寂静，“敲”门则有生有色，字音铿锵，诗句读来清丽响亮。从唐、五代的典籍记载，到宋人诗话，对此均以肯定态度对待之。

而明清之际的思想家、学者王夫之却有不同的看法，他在《姜斋诗话》中论及“推敲”时说：“若即景会心，则或推或敲，必居其一；因景因情，自然灵妙，何劳拟议哉！”句中的关键是“即景会心”，即指面对当时的生活情景和自己的切身体会来写作，强调“以意为主”，该用什么字就用什么字。诗文写作要真实地反映现实生活，而不是单纯地去雕琢字句。王夫之的评论，对我们读诗与写作是有启发的。

[此文和以下两文与邹贞合写]

（原载《学语文报》2006年第995期）

“涉笔成趣”之“趣”

“涉笔”：动笔（写作或绘画），“成趣”：形成有趣味的笔意。这四字连用始见于清代李汝珍长篇小说《镜花缘》：“读了些四库奇书，享了些半生清福。心有余闲，涉笔成趣，每于长夏余冬，灯前月夕，以文为戏，年复一年，编出这《镜花缘》一书。”

趣味性笔意，写作时可表现在多个层面上：有的以内容为趣，如民间笑话多如此，有的以材料为趣，比如表达同一思想内容，却运用不同材料的歇后语，如“卖布不带尺——瞎扯”“打盹儿聊天——瞎扯”“妖猴拉彩绸——瞎扯”“盲人带盲人过街——瞎扯”。相比之下，以选取的材料显趣，趣味浓一些，且耐人寻味。造成材料的趣味性，关键在善选材。也有以言语表达显示讲述的趣味性，体现作者遣词组句的艺术技巧。还有以文章结构为趣的，文章的起承转合，起伏跌宕，山重水复，柳暗花明。读文章如同进入苏州林园，里面有小桥流水、弱柳疏墙，其中不知有多大多小。游人信步其间，转过去又见嶙峋矗立、错落有致的假山石，走过纤纤竹林，便是一条弯弯曲曲、别有韵味的长廊。游人移步换景，意趣盎然。

写文章要做到一个“趣”字，实在不容易。内容之趣、选材之趣、言语表达之趣、结构布局之趣，都要有较好的文学修养、较多的生活积累和较深的文化底蕴。

“涉笔成趣”是写作的较高境界，要全面体现文章写作之“趣”，是要下苦功夫的。

（原载《学语文报》2005年第881期）

绮丽风格成语谈

绮丽，是文学作品中一种常见的风格，它和质朴相对，注重语言形式，词藻艳丽，请看体现绮丽风格的一类成语。

屈艳班香　也作班香宋艳。语出唐杜牧《冬至日寄小侄阿宜》：“高摘屈宋艳，浓薰班马香。”屈，指屈原；宋，指宋玉；班，指班固；马，指司马迁。艳、香：指文辞优美。此成语用来称赞文辞优美，在风格上兼有辞赋与史书二者之长。例：曹雪芹的《红楼梦》可以说是屈艳班香，博采众家之长。(卓越《古今成语八用词典》)

错彩镂金　语出南朝钟嵘《诗品》：“谢（灵运）诗如芙蓉出水；颜（延之）诗如错彩镂金。”钟嵘认为谢灵运的诗如芙蓉出水般清新自然，颜延之的诗如错彩镂金般瑰丽繁复。错，装饰；镂，雕刻。本指雕刻绘画工丽，后用来形容诗文词藻绚烂华丽。传统的骈文就体现了错彩镂金的风格。例：著名美学家宗白华在《中国美学史论集》中提出：“……有错彩镂金的美和芙蓉出水的美。”

扬葩振藻　语出《北史·文苑传序》：“汉自孝武之后，雅尚斯文，扬葩振藻者如林，而二马、王、扬为之杰。”形容文章写得华美。扬、振，显扬；葩、藻，比喻文辞优美。例：在《董西厢》的基础上，元代杰出戏剧家王实甫扬葩振藻，运思熔裁……完成了中国古典戏剧中的瑰宝——《西厢记》。”(詹全友《毛泽东瞩目的巾帼红颜》)

沉博绝丽　近义成语有“沉博艳丽”。语出汉扬雄《答刘歆书》：“……少不得学，而心好沉博绝丽之文。”指文章内容深沉渊博，语言华丽。例：“她相信那哀感顽艳的情感和沉博艳丽的文章，绝不是戒律谨严的高僧所能有或所能做的。”(苏雪林《棘心》)

铺锦列绣　语出《南史·颜延之传》。铺锦列绣本指铺陈精美华丽的丝绣品，后比喻文章词藻华丽。例：“君诗若铺锦列绣，亦雕缋满眼。”(李延寿《南史·颜延之列传》)

锦心绣口　也作锦心绣腹、绣口锦心。语出唐柳宗元《河东先生集·乞巧文》：“骈四俪六，锦心绣口。”比喻才思敏捷，词藻丰润。例：“虽只数字，结束之妙，无过于此，若非锦心绣口，何能道出……”(李汝珍《镜花缘》第九十三回)

天机云锦　语出宋张炎《词源·杂论》：“所以出奇方语，以白石骚雅句法润色之，真天机云锦也。”天机云锦本指神话中织女所用的织机和织出的云锦，后被用来比喻诗文或绘画精妙绝伦，浑然天成。例：“天机云锦用在我，剪裁妙处非刀尺。”（陆游《九月一日夜读诗稿有感走笔作歌》）

绮丽风格重视并追求形式美，可使语言“有文采”，增强文章的表现力。只要不“徒以富丽为工”，流于浮艳，是无可非议的。学生们可有意识地积累这类成语，理解它们的内涵和语境特点，做到学以致用。

（原载《学语文报》2011 年第 1451 期）

马工枚速

——写作要快捷和质优兼备

张率是南朝梁代著名辞赋家，12 岁就作诗文辞赋，当时人们对他的才华十分赞美。他作的《待诏赋》上奏给梁武帝，梁武帝看了极为称赏，说这篇赋写得特好。司马相如的赋写得工巧，但速度太慢；枚皋的赋写得快速却不工巧。《待诏赋》是二者兼而有之。《梁书·张率传》有记载。

司马相如是西汉辞赋鼎盛时期最大的代表作家。他的辞赋喜用对偶、排句，层层渲染，气势充沛，波澜壮阔，且词采华美，工巧富丽。世有“马工”之称。事见《史记·司马相如传》。枚乘是汉初重要的辞赋家，他极善辞赋，对其子枚皋影响较大。枚乘因与妻不和而离异，家室无人。枚皋流亡长安，于是上书自言枚乘之子，汉武帝得知大喜，召其入室，使之成为一个典型的宫廷“御用文人”。皇帝每有所感，就命枚皋赋之。他作文极快，一接受作赋任务马上就写成。《汉书·枚乘传》载：“（枚皋）为文疾，受诏辄成，故所赋者多。司马相如善为文而迟，故所作少而善于皋。”因此，世有“枚速”之称。

“马工枚速”指文章有写得精的，有写得快的，称誉各有所长。就写作而言，“工”与“速”即写作工巧与写作快捷似乎是有矛盾的：文章写得精而工，讲技巧，就会慢，数量少；文章写得快，数量多，似乎质量就差。人们常有这样的感觉，所谓“慢工出细活，快则粗制滥造”者是也。这类情况在生活中是存在的。如果潜心努力，刻苦磨练，是能做到既“工”且“速”的，把写作的这对矛盾统一起来，就像梁武帝所赞赏的张率那样，“工”“速”二者兼而得之。

杜甫“读书”名句历代解

大诗人杜甫写出“读书破万卷，下笔如有神”（《奉赠韦左丞丈二十二韵》）后，很快被世人传颂，成为名句。“破”指破损。“破万卷”，指万卷书都被反复翻阅诵读而破损，形容熟读群书典籍之多。如此读书，下笔便如有神仙相助一样。唐人普遍认同这一读书观点。韩愈在《进学解》中说他自己：“口不绝吟于六艺之文，手不停披于百家之编”，“沉浸浓郁，含英咀华”，其实正是因为做这样的努力，所以他的文章才“闳其中而肆其外”。

到宋代，对杜甫这一名句的理解略有变化，强调关键是着眼于如何“用书”才能“下笔如有神”。陈辅《陈辅之诗话》：“世人常言老杜读尽天下书，过矣。老杜能用所读之书耳。彼徒见其语有‘读书破万卷，下笔如有神’。万卷人谁不读，下笔未必有神。”作者用杜甫自己写作用书的事例肯定了杜甫的这一名句，并从负面引出读书与用书的问题，即读书多且熟，未必用得好，未必就能写出好文章。这里强调的是读书要吃透义蕴，融会贯通，进而运用自如。

这一观点直到明代，人们仍十分赞同，如都穆《南濠诗话》：“老杜诗云：‘读书破万卷，下笔如有神。’肖千岩云：‘诗不读书不可为，然以书为诗，则不可。’范景文云：‘书而至万卷，则抑扬高下，何施不可。非谓以万卷之书为诗也。’景文之语，犹千岩之意也。尝记昔人云：‘万卷书人谁不读？下笔未必能有神。’”

到了清代，对杜甫这一名句的理解又有新见解，提出“破其卷而取其神”。破虽指“破损”，却有剖开、深入、突破、破解之意，言深入到书中领会其精神实质，吸收其精华，这就对古人读书与用书作出了更深一层的解说。突出的代表要算袁枚《随园诗话》所言：“或问诗既不用典，何以少陵有读破万卷书之说？不知‘破’之一字与‘有神’之二字，全是教人读书作文之法。盖破其卷而取其神，非囫囵用其糟粕也。蚕食桑，而所吐者丝也，非桑也；蜂采花，而所酿者蜜也，非花也。读书如吃饭，善吃者长精神，不善吃者生痰瘤。”今天我们对杜甫这一名句的一般理解和运用，与袁枚解读相近，而此书上的解释仍维持唐人的理解，大约是要保持语句的本意。

另外，也有单用“读书破万卷”，以形容书读得非常多，且烂熟于心，很有学问的，如唐代岑参《北庭贻宗学士道别》：“万事不可料，叹君在军中，读书破万卷，何事来从戎？”或形容知识渊博融会贯通，如清代江藩《国朝汉学师承记·凌廷堪》：“君读书破万卷……批文摘句。寻例析辞，闻者冰释。”此句也作“读破万卷”“万卷读破”。值得一提的是，若作“读万卷书”则常与“行万里路”合用，形容学识丰厚，见多识广。字的选用与排列组合不同，其意义也有差别。

（原载《学语文报》2011 年第 1463 期）

朱熹谈“读书三到”

朱熹（1130—1200）南宋哲学家、教育家。他学问渊博，对经学、史学、乐律以至自然科学都有不同程度的贡献。他对读书很有探究，在总结前人读书经验的基础上，提出了“读书三到”。他说：“余尝谓读书有三到，谓：心到、口到、眼到。……三到之中，心到最紧，心既到矣，眼口岂不到乎？”（《训学斋规》）眼到口到表现于外，心到表现于内，朱熹强调读书用心的内在作用。若是像俗话所说的“小和尚念经——有口无心”，也不能真正做到眼到口到。朱熹说明了它们之间的辩证关系。

朱熹“读书三到”的精神实质体现在“实”“思”“勤”这三个字上。先说“实”，读书要脚踏实地，要“三到”俱到，而心到最为紧要。战国时的商鞅年轻时爱好法律，字字句句认真研读深究其意。长此学习，以至形成一种认真踏实的独立工作的品格。宋代陆九渊说：“商鞅是脚踏实地，他亦不问王霸，只要成事。”（《语录下》）南朝梁元帝 12 岁便刻苦好学，时手、膝患疥疮，不能屈伸，还引来苍蝇叮咬，他便关在帐子里读史书，每天 20 卷，反复诵读领悟。这样的事例古代很多。再说“思”，孔子曰：“学而不思则罔，思而不学则殆。”（《论语・为政》）韩愈说：“行成于思毁于随。”（《进学解》）古之圣贤、学者有很多关于学习思索的论述，都表明读书要用心，“心到最紧”，此乃学习之根本。三说“勤”，古人勤学的故事很多，诸如孔子韦编三绝、匡衡凿壁借光、汉光武帝手不释卷等。古人对勤学的教导也不少，诸如“锲而不舍，金石可镂”“业精于勤，荒于嬉”“学问勤中得”等。勤学之中包含了勤读勤思，心到口到眼到正是勤学的具体表现。“实”“思”“勤”体现了“读书三到”的本质特征。它要求读书踏实认真、用心善思、勤学苦练。这种读书品格南宋以后得到了继承和发扬，成为我们民族的好传统。

“读书三到”四字言简意赅，蕴涵丰富，已成为一条成语被收录成语词典。古人的“读书三到”对于今天的我们是值得继承和借鉴的。

[此文与邹贞合写]

（原载《中学语文》2005 年第 2 期）

成语游戏

成语谜语游戏

谜语的时代印记

说到谜语，多是谈到它的娱乐性，或是寓教于乐，乃至智力开发，很少从时代性来谈论的。对这个问题有所涉及的，笔者看到洪东流编著的《字谜》（知识出版社 1985 年版）在谈到字谜的“出现和传播”一节时，列有用字谜手段进行政治斗争的案例。在“字谜的作用”一节中，作者也谈到要摒弃宣传封建道德的陈腐庸俗的旧字谜，让社会主义的新思想、新道德、新风尚进入字谜。这是从教育的角度谈论的，当然也涉及时代性问题。该书归纳字谜的社会作用表现在三个方面：（1）有益的教育作用；（2）丰富人们的文化娱乐生活；（3）丰富文艺创作。这三个社会作用，从方式方法上看，总体上讲，应该是各个时代共有的，不论是哪个时代、哪种社会形态，其谜语的作用都可体现在这三个方面。我们谈谜语的社会性，要强调的是，不同时代的社会生活具有不同的时代特征。谜语是文学艺术的一个很小的分支，必然要打上时代的烙印，反映出社会斗争和不同时代的社会生活与道德观念。这些主要是从谜语的谜面和谜底表现出来的。例如《三国演义》中有一个童谣式的谜语：“千里草，何青青，十日上，不得生。”“千里草”“十日上”合起来是“董卓”二字，暗指董卓将不得生，反映出老百姓与封建权势者的斗争。这个谜谣，只有在那个时代才会产生。再如谜语“人王面前两朵花，一点金钗到王家，二十三天不下雨，庙里和尚住人家——打一成语。”谜底为“金玉满堂”。（按：三点水，草字头，下面一个雨字，是“满”的异体字）我们来看“金玉满堂”的一个用例：清·钱泳《履园丛话·利己》：“今人既富贵骄奢矣，而又丧尽天良，但思利己，不思利人，总不想死后，虽家资巨万，金玉满堂，尚是汝物耶?”这段话可帮助我们理解谜底的含义。再看一个民间谜语故事：过年了，有一个穷秀才的大门上贴了一副对联，上联是“二三四五”，下联是“六七八九”，请人补上横额四字。实际上，对联是谜面，横额是谜底。谜底为“缺衣（一）少食（十）”。以上两条谜语，对照来看，不正反映了封建时代“朱门酒肉臭，路有冻死骨”的社会现象吗？

有相当一部分谜语涉及历史事件、社会变革、重大的社会活动，以及特定历史时期的社会生活，它们是从娱乐的角度反映出来的。这些谜例，足以说明谜语作为文学艺术的一个组成部分，必然会留下一些不同时代的印记。了解这些，可以帮助我们猜谜和制谜，也可从一个侧面了解不同时代的种种社会生活。

［作为成语谜语的附文，附录于此，供参考］

（原载《中国语言生活》2013 年第 4 期）

关于成语谜语

成语谜语是以成语为谜底的谜语。广义的成语谜语还包括谜面为成语或谜面、谜底皆为成语的谜语。成语谜语可分为三类：成语物谜、成语语谜和成语字谜。成语物谜是以一物打一成语或一成语打一物。成语语谜是一成语、俗语、古诗句、典故等语句打一成语。成语谜语的谜面和谜底的关系是条件与结果的关系，即谜面给予条件，以条件猜射谜底，猜中者便得出结果。从条件（谜面）推断出结果（谜底）的谜语，称为顺式成语谜语。若从结果（谜面）推断出条件（谜底），则称为逆式成语谜语。这三类成语谜语又可分为六个小类。下面将谈谈今天我们对成语谜语的认识。

我国谜语孕育于先秦，成熟于东汉。就在成熟的时候，也出现了成语谜语。这时的成语谜语是以猜字谜的形式出现的。南朝宋·刘义庆《世说新语·捷悟》记载：“魏武尝过曹娥碑下，杨修从。碑上题作‘黄绢幼妇外孙齑（ji）臼’八字。魏武谓修曰：‘卿解不？’答曰：‘解。’魏武曰：‘卿未可言，待我思之。’行三十里，魏武乃曰：‘吾已得。’令修别记所知。修曰：‘黄绢，色丝也，于字为绝；幼妇，少女也，于字为妙；外孙，女子也，于字为好；齑臼，受辛也，于字为辤。所谓绝妙好辤也。”（按：“辤”为“辞”的异体字）这一谜例，已有完整的谜语结构——谜面、谜底、谜目、谜格。谜面即碑文，谜底即“绝妙好辞”，谜目是猜谜的范围“打四字”或“打一成语”，谜格是猜谜的方法，这里用的是会意法加离合法。完整的谜语结构的出现，是谜语成熟的标志。成语谜语的发展，至今已有两千年的历史。现根据我们掌握的谜语材料，结合今天谜语活动的实际，重新思考、整理成文，分成语物谜、成语谜语和成语字谜三类来谈谈它们的特点和猜射，以供中学生朋友和中等以上文化程度的人群猜射成语谜语时参考。

（原载《学语文报》2013 年第 1759 期）

成语物谜的特点

——成语谜语之一

成语物谜之“物”，指物品、事物、景物、动作行为以及专有名词和科技名词所指事物，包括人名、地名等。顺式的或逆式的成语物谜中的“物”和“成语”，都有其共同特点，分三方面来谈。

第一，释义的字面性。绝大多数成语都表现为语义的双层性，即字面义和使用时的特定含义。如“高山流水”，字面义是从高山上流下水来。这是字面义直解。实际上字面“高山”和“流水”是乐曲名。特定含义是“比喻知音或乐曲高妙”（《现代汉语词典》）。词典解释的这种特定含义，也称规范义。在一般情况下，猜谜者往往首先想到的是运用时的特定含义，而制谜者通常用的是字面义。如“瀑布——打一成语”，谜底“高山流水”即是。有的用成语原字面义以外的意义，称为别义或字面别解义。这是字面义别解。如“望眼欲穿”，字面义是眼睛都要望穿了，特定含义是“形容盼望的殷切”（《汉语成语大词典》）。“眼”，眼睛，还可指小洞、窟窿。“穿”，表示通透，彻底显露，也可表示通过孔洞、空隙等。“望眼欲穿”也可理解为望着小洞想要（将某物）穿过去。谜语“一手拿针，一手拿线——打一成语”，谜底“望眼欲穿”。此谜语得按字面义别解才能猜射成功。谜语最忌直接明白地显露谜底，猜谜时不要被成语的特定含义所束缚。

第二，特征的一般性。谜面或谜底，至少有一方要提出事物的特征，给猜谜者以指示（包括暗示指示和提示指示），这种特征是人们在生活中感受得到的，往往是表面的非本质的特征，如颜色、形状、外表的某种动态等。如“煤”，大家都知道是黑色的固体，加工成球形，可作生活燃料用的煤球。人们一般不考虑它的碳、氢、氧、氮等成分的种类以及作化工原料结构类型方面、工业用途方面等特征，只考虑生活中感受得到的一般性特征。如谜语“煤球——打一成语”，谜底“一团漆黑”。上例举“瀑布”，也是人们表面感受得到的一般性特征，从而得到谜底“高山流水”，也不管瀑布是之字形还是马蹄形，以及瀑布的成因所产生的特征，还舍弃了瀑布的另一部分不常见的现象：从河身突然降落的地方流下的水。只要扣住一般性特征猜射即可，这与谜语的群众性娱乐活动有关。

第三，思维的迂曲性。猜谜一般要绕过成语在实际运用中的特定含义，返回到成语的字面义，还有字面别解义，如上例“望眼欲穿”。有时谜语内迂曲的部分隐匿起来，须猜谜者用自己储存的文化背景知识补足迂曲的部分，让猜射思维畅达谜底。如“枯枝败叶落长江——打一成语”，谜底“付诸东流”。这要有长江自西向东入海的背景知识。再如“金蝉脱壳——打一物”，谜底“玻璃”。谜面成语和谜底“玻璃”怎么联系起来呢？这中间的迂曲度较大。“脱壳”，壳从身上剥离下来，抓住关键“剥离”与“玻璃”谐音，由谐音换字来猜射谜底，没有这些语音文字修辞方面的背景知识，是难以猜射的。

（原载《学语文报》2013 年第 1759 期）

成语物谜的猜射

——成语谜语之二

上面谈了成语物谜的特点，这里再介绍成语物谜 5 种常见的猜射方法：（一）对释法；（二）状情法；（三）特征法；（四）因果法；（五）归结法。前人用“格”称呼猜谜的方法，我们以“法”称之。我们根据新情况和成语谜语的特点作了分析与归纳。

（一）对释法。谜面和谜底，一方或两方通过直解、别解、省略、简称等，使二者语义大体“对等”，可以“互释”，它们之间可用上“等于说、相当于、就是”之类，表示可以“等义互释”，这种所谓“等义”，是非常规意义的谜内等义，这种“互释”是非逻辑关系的所谓“互释”。如“乔装上舞台”（谜面）等于说“粉墨登场”（谜底），谜语“必须出正品”就是“不可造次”（谜底）。前一例是肯定式对释，后一例是否定式对释。谜面为成语的谜语“喋喋不休——打一物理学名词”，谜底“频道”。“喋喋不休”等于说“频频道来”，简称“频道”。通过迂曲的思维活动，扣住谜底字面，再转入物理学名词义。运用“对释法”，要注意谜面谜底不是真正意义上的对释，是迂曲的非常规意义上的对释，“频道”就是典型一例。

（二）状情法。对谜面或谜底表述的事物、景况、动作行为，多用成语来描写其情态、状况、样子，如前例“瀑布”，谜底“高山流水”用来描写谜面。再如谜语“礼花”，谜底“五彩缤纷”用以描写“礼花”。谜语“冲奶粉”，用“水乳交融”（谜底）来描写。逆式成语物谜亦然，如“一泻千里——打一物理学名词”，“一泻千里”表明“水流迅速”，省说“流速”（谜底）。状情，多是通过成语提供的画面形象或某种意象去联想某事物，以达到猜射的目的。

（三）特征法。谜面常常是事物或动作行为，谜底将其突出的特征给以提出，提出其特征的往往是一条点睛的成语。如谜语“照相底片”，谜底“颠倒黑白”以标示其特征。谜语“单口相声”，谜底“自言自语”以标示其表演的特征。成语为谜面者，往往也是提出事物的特征，以猜射其事物。如“聚精会神——打一古典名著”。这一古典名著的特征是聚集了妖精鬼怪，会合了各路神仙，联想被今人称为四大名著的《三国演义》《水浒传》《西游记》《红楼梦》，是哪一部古典名著呢？按谜面成语的提示来联想其特征便可猜射成功。

（四）因果法。谜面表述的内容是因（或条件），谜底的答案是果。这种猜射是由因求果。如谜语“骑马踩地雷”（谜面）是因，结果是“人仰马翻”（谜底）。它们可以进入“因为（谜面），所以（谜底）”的格式。反之，由果溯因的，可进入“之所以（谜面），是因为（谜底）”的格式。如之所以“手拿谜语猜不出”（谜面），是因为“执迷（谜）不悟”（谜底）。这类谜语中，以因求果的居多。

（五）归结法。谜面表述的事物、情态、状况、动作行为等，谜底为其内容、含义、主旨给以概括或总结，归结谜面，所表述的常是一条成语，其成语有时带有某种评价性。如谜语“不断地打圈，不断地回来”，谜底“周而复始”，总括其内容。谜语“百年松树当柴烧”，谜底“大材小用”，带有评价性。谜面是成语，也可用来归结。如“前事不忘，后事之师——打一明代人物名”，谜底“史可法”。这类谜语很少，重点是善于用成语去概括谜面的内容。

用这些方法去猜谜，要灵活运用。有时兼用两三种方法猜射一谜，当然有主有次，可算作第六种“综合法”。这些方法仅供猜谜时参考。不论通过什么途径猜射，猜中谜底就行。

（原载《学语文报》2013 年第 1761 期）

成语物谜选编（一）[①]

A组（打一成语）：1. 暴风雨之前。2. 背台词。3. 冰天雪地谈寒冬。4. 不准超过十五分钟。5. 彩色影片。6. 车祸。7. 初一。8. 火热天打哆嗦。9. 打边鼓。10. 杜鹃鸟在召唤。11. 发面团。12. 飞行员。13. 航空公司开业。14. 狗和猫像什么。15. 哈哈镜。16. 抽去火炉盖。17. 相声表演。18. 口传家书。19. 淋浴。20. 骡子。21. 美梦。22. 魔术。23. 爬山比赛。24. 齐唱。25. 长途电话。26. 全错。27. 全面开荒。28. 二十四小时。29. 13月32号。30. 刷子掉了毛。31. 梳头。32. 踩地雷。33. 提来二两黄酒开宴会。34. 万尺高空跳伞。35. 五指。36. 无底洞。37. 闲地窖。38. 先住下层。39. 显微镜。40. 一条泥鳅要掀翻船。41. 只开花不结果。42. 只看中间。

B组（打一物）：43. 不三不四（打一数学名词）。44. 追根溯源（打一数学名词）。45. 大地回春（打一现代作家名）。46. 展翅高飞（打一现代作家名）。47. 胸怀坦荡（打一现代作家名）。48. 三令五申（打一《西游记》人物名）。49. 鬼话连篇（打一古代著名短篇小说集）。50. 大言不惭（打一城市名）。51. 风平浪静（打一城市名）。52. 夕阳西下（打一城市名）。53. 一路平安（打一城市名）。54. 开卷有益（打一外国国名）。55. 马到成功（打一外国国名）。

（原载《学语文报》2013年第1761期）

成语物谜谜底：A组：1. 风起云涌。2. 自言自语。3. 冷言冷语。4. 刻不容缓。5. 有声有色。6. 乘人之危。7. 日新月异。8. 不寒而栗。9. 旁敲侧击。10. 不如归去。11. 自高自大。12. 有机可乘。13. 有机可乘。14. 如狼似虎。15. 相映成趣。16. 热火朝天。17. 装腔作势。18. 言而无信。19. 首当其冲。20. 非驴非马。21. 好景不长。22. 无中生有。23. 捷足先登。24. 异口同声。25. 遥相呼应。26. 一无是处。27. 不留余地。28. 一朝一夕。29. 不日不月。30. 有板有眼。31. 一触即发。32. 一触即发。33. 小题（提）大做。34. 一落千丈。35. 三长两短。36. 深不可测。37. 空洞

---

① 成语谜语的选编共有三组，皆为笔者收集整理，个别谜语是笔者编造的。内容总体为“辑录”，特此说明。

无物。38. 后来居上。39. 一孔之见。40. 自不量力。41. 华而不实。42. 不相上下。

B组：43. 圆周率。44. 求根。45. 碧野。46. 张天翼。47. 浩然。48. 八戒。49.《聊斋》。50. 海口。51. 宁波。52. 洛（落）阳。53. 旅顺。54. 智利。55. 捷克。

（原载《学语文报》2013年第1761期）

成语语谜的特点和猜射

——成语谜语之三

成语语谜之“语”，指成语、俗语、古诗句、典故等语句，以它们为谜面来猜射成语，这是顺式成语语谜，也是习惯上说的成语语谜。反之，是逆式成语语谜，属广义成语语谜。成语物谜的特点和猜射方法，成语语谜可以借鉴或参考。这里，只讨论成语语谜的特点。成语语谜的特点有三：

第一，含义的转换性。猜成语语谜，特别是用成语（谜面）猜成语（谜底）这两方，一般不能用成语实际运用的特定含义来猜射。一方或两方一定要换用成语字面义或字面别解义，才能达到猜射的目的。如“四通八达——打一成语”，谜底为“头头是道”。“头头是道”的特定含义是形容说话、做诗文有条有理，依此义无法成为谜底。得要换义，用“头头”指处处、各个地方，把“道”解释成道路，才能扣合谜面。这是一种自身语义的转换。再一种是相对语义的转换，把谜面成语的本义、比喻义或具体事例的含义转换成别义或泛指义，才有可能猜射成功。或与之相反，如用俗语“明知山有虎，偏向虎山行”来打一成语，将此具体事例的含义转换成泛指义，即“知难而进”，猜射成功。转换含义是为了扣合谜面谜底，达到猜射的目的。

第二，意义的概括性。用“语”去打一成语，多是用一成语去概括古诗句、俗语、典故的内容或主旨。如上例用“知难而进”概括“明知山有虎，偏向虎山行”的事实行为，是客观性的概括。再如用“两岸猿声啼不住，轻舟已过万重山”打一成语，谜底为“势不可当”。这是对诗句“自我”理解后作出主观性概括。猿声啼不住，万重山挡不住，这是通过意象的联想来概括的。以上重在内容的概括。再如“百花齐放，百家争鸣——打一成语”，谜底为“有声有色”，这是重在表面形式的概括。据谜面成语的提示联想：一般说来，争鸣则有声，百花开放则有色。这里的“有声有色”是用字面义扣合谜面给以概括的。

第三，解读的选择性。谜面或谜底中的“语”常会出现或考虑多种解读，进而选择一种能扣合谜底谜面的解读，以获得猜射成功。如前例“头头是道”，因“道”的多义性造成字词的多种解读，要扣住谜面来解读才能猜射成功。再如“唐僧的书——打一成语”，“唐僧的书”可能是唐僧手执诵读的佛经，可能是唐僧去印度取回的真经，也可能是唐僧翻译的译经。怎么理解？要扣住一条成语，获取谜底答案。怎么选择？佛经、真经、译经，取何者？取“真经”。真经者，正经也，乃真正之佛家经书。唐僧的书，便是“一本正经”。谜底成语即对“一本正经”别解而成，这是对谜语多种解读选择的结果。

我们要多方面联系地来理解成语语谜的特点，为猜射做好准备。

成语语谜跟成语物谜的五种猜射法基本上是一样的，请读者将成语语谜的例子对照成语物谜的五种猜射法看看即可。

（原载《学语文报》2013 年第 1763 期）

成语语谜选编（二）

A 组（以成语打一成语）：1. 昙花一现。2. 鹦鹉学舌。3. 逆水行舟。4. 松龄鹤寿。5. 量体裁衣。6. 玲珑剔透。7. 水中捞月。8. 兔死狐悲。9. 飞蛾扑火。10. 泾渭不分。

B 组（a. 以俗语打一成语）：11. 晴带雨伞，饱带饥粮。12. 打破碗说碗，打破碟说碟。13. 叫天天不应，叫地地不灵。14. 金要足赤，人要完人。15. 两条腿走路。16. 明人不做暗事。17. 破罐子破摔。18. 惹不起躲得起。19. 人心齐，泰山移。20. 上梁不正下梁歪。21. 手心手背都是肉。22. 树倒猢狲散。23. 天高皇帝远。24. 跳到黄河洗不清。25. 先下手为强，后下手遭殃。26. 一朝天子一朝臣。27. 眼睛一睁，忙到熄灯。28. 一个婆婆歪嘴，个个婆婆歪嘴。29. 一朝被蛇咬，三年怕草绳。30. 有理三扁担，无理扁担三。31. 与君一席话，胜读十年书。

B 组（b. 以成语打一俗语）：32. 欲盖弥彰。33. 反目成仇。34. 各执一词。35. 居心叵测。36. 因小失大。37. 众矢之的。38. 虚张声势。

39. 混为一谈。40. 分道扬镳。41. 自欺欺人。42. 畏首畏尾。43. 胜券在握。44. 一暴十寒。45. 参差不齐。46. 宽宏大量。47. 得过且过。

C组（a. 以诗句打一成语）：48. 欲穷千里目，更上一层楼。49. 剪不断，理还乱。50. 朝发白帝，暮还江陵。51. 读书破万卷，下笔如有神。52. 春蚕到死丝方尽，蜡炬成灰泪始干。53. 谁知盘中餐，粒粒皆辛苦。54. 一片花飞减却春。55. 去年今日此门中，人面桃花相映红。人面不知何处去，桃花依旧笑春风。56. 无可奈何花落去。57. 但愿人长久，千里共婵娟。

C组（b. 以成语打一诗句）：58. 豁然开朗。59. 一见如故。60. 死不瞑目。61. 永世长存。

D组（以典故打一成语）：62. 黔驴技穷。63. 既平陇，复望蜀。64. 愚公之居。65. 鲁智深当和尚。66. 孙大圣翻筋斗。67. 猴王出世，玉帝心忧。68. 图穷匕首现。69. 同奏《阳春》《白雪》与《下里》《巴人》。

（原载《学语文报》2013年第1763期）

成语语谜谜底：A组：1. 好景不长。2. 人云亦云。3. 力争上游。4. 各有千秋。5. 以身作则。6. 八面见光。7. 空洞无物。8. 物伤其类。9. 自取灭亡。10. 同流合污。

B组（a）11. 有备无患。12. 就事论事。13. 走投无路。14. 求全责备。15. 双管齐下。16. 光明正大。17. 自暴自弃。18. 敬而远之。19. 众志成城。20. 上行下效。21. 一视同仁。22. 众叛亲离。23. 鞭长莫及。24. 不白之冤/覆盆之冤。25. 先发制人。26. 任人唯亲。27. 目不暇给。28. 随声附和。29. 心有余悸。30. 不分皂白/不分青红皂白。31. 茅塞顿开。

B组（b）32. 此地无银三百两。33. 翻脸不认人。34. 公说公有理，婆说婆有理。35. 不知葫芦里卖的什么药。36. 拣了芝麻，丢了西瓜。37. 老鼠过街，人人喊打。38. 雷声大，雨点小。39. 胡子头发一把抓。40. 你走你的阳关道，我过我的独木桥。41. 捏着鼻子哄眼睛。42. 前怕狼，后怕虎。43. 任凭风浪起，稳坐钓鱼船。44. 三天打鱼，两天晒网。45. 十个指头有长短，荷花出水有高低。46. 宰相肚里能撑船。47. 做一天和尚撞一天钟。

C组（a）48. 高瞻远瞩。49. 千头万绪。50. 一日千里。51. 熟能生巧。52. 鞠躬尽瘁，死而后已。53. 来之不易。54. 大势已去。55. 睹物思人。56. 日薄西山。57. 意惹情牵。

C组（b）：58. 山重水复疑无路，柳暗花明又一村。59. 相逢何必曾相识。60. 王师北定中原日，家祭无忘告乃翁。61. 不废江河万古流。

D组：62. 机关算尽。63. 贪得无厌。64. 开门见山。65. 半路出家。66. 一步登天。67. 石破天惊。68. 锋芒毕露。69. 雅俗共赏。

（原载《学语文报》2014年第1765期）

顺式成语字谜的特点

——成语谜语之四

字谜是用字做谜底的谜语。成语字谜是以成语为谜面，提供猜射谜底字的条件，由此获得谜底字。传统上认为这种成语字谜是字谜中的一个分支，我们称之为顺式成语字谜，也是成语谜语中的一个小类。反之，以字为谜面去猜射谜底成语，我们称之为逆式成语字谜，是广义的成语字谜，也是成语谜语中的一员。逆式成语字谜是由谜面字倒推演出谜底成语，常常是由结果推出条件，获取谜底成语。顺式成语字谜和逆式成语字谜的特点很不相同，我们分别来讨论。这里先谈顺式成语字谜的特点，其主要特点有三：

第一，字面义的指示性。成语为谜面的字谜，由成语字面义提供条件：包括指示字、被指字，有的还有定指字。被指字又称谜底基础字。谜底基础字为猜射的谜底字提供部件，成为构成谜底字的基础，进而形成谜底字。定指字则明确指出被指字的某部分（部件或笔画）可提取构成谜底字。如“独占鳌头”的字面义，依猜字谜的需要，理解成“独占‘鳌’字之头”，“独占”是指示字，“鳌”是被指字，“头”是定指字，指明了“鳌”字之头，谜底当然是“敖”。再如“斩草除根”，“斩”和“除”是指示字，“草”是被指字，同时也指草字头，为定指字，“根”也是定指字，指“草”字的根部，谜底“日”。以上两例都是只指一个字，是谜面单指型成语字谜。若一个谜面成语分指两个被指字，称双指型成语字谜。如“水落石出”，谜底“泵”；“残编断简”，谜底“篇”。如果成语中有用“共”“交”等同指两字的，称共指型成语字谜。如“和衷共济”（种），“悲喜交集”（志），“劳逸结合”（菟、边）。还有一种谜面合指（隐指）型成语字谜，其成语字面皆为指示字，谜底字则隐含在指示字之中，实际上是一种指示会意，在会意中获取谜底字。如“熙熙攘攘”，形容很多人来来往往，十分热闹。取其部分指示意义：“人多”，构成谜底字“侈”。“侈”与成语的含义毫无关系。再看取其全部指示意义的，如“三头六臂”，谜底“众”。“一口为定”，谜底“哟”，其字与成语皆无意义联系，仅仅是按联想义构成谜底字。这四种类型的谜面共同特点是成语字面义的指示性。不了解这一点是无法猜射成语字谜的。

第二，解释的附会性。所谓解释的附会性，指抛弃成语运用时的特定含义或者说规范义（词典上解释的意义），依成语字面或取其部分/全部联想义作牵强的解释，甚至该成语本无其义却故意说成有其义，都是对成语的附会性解释，其目的是为猜射谜底服务的。如上例“独占鳌头”（敖），“熙熙攘攘”（侈），“三头六臂”（众）等。要注意成语字谜这一释义是一种娱乐性释义，可称为“谜语释义”，以区别于“词典释义”。若把这二者混为一谈，则无法猜射成语字谜。

第三，谜底字的重组性。猜射成语字谜，须得依条件重新组构，成为一个新产生的字，即谜底字。所获得的谜底字，必须成字，必须是现行的规范汉字，这是猜字谜的原则。否则，就失去猜字谜的意义。如“内外交困——打一字”，按字面附会，指“困”字的内外交接，内为“木”外为“口”（依其“□”形变成“口”），交接有上、下、左、右四种形式，只有上下两种形式成字：“呆、杏”，谜底字有两个。再如“情景交融”，被指字有两个“情、景”，“情”有两个部件，“景”也有两个部件，本身也可作一个构字部件，共有五个部件，其左右组合形式有 24 种，其中只有三种能成字：“晴、惊、憬”，即三个谜底答案。谜底字必须根据谜面指示字和附会意思重组，必须掌握成字原则，构成现行规范字，这是成语字谜的又一重要特点。

掌握成语字谜的这三个特点，是猜射成语字谜的基础。

（原载《学语文报》2014 年第 1765 期）

顺式成语字谜的猜射

——成语谜语之五

掌握顺式成语字谜的三个特点，是猜射成语字谜的基础，也是关键。再掌握一些常见的猜射顺式成语字谜的方法，能帮助我们有效地猜出谜底字。这常见的方法大体有 5 种：（一）加合法。（二）拼合法。（三）意合法。（四）减损法。（五）加笔法。下面分别举例说明。

（一）加合法。这是把两个被指字作为部件，加合成一个字。如“水落石出”，谜底“泵”；“大有可为”，谜底“奇”。这类谜语较少。

（二）拼合法。这是把两个被指字的部件分离出来，再拼合在一起，形成一个谜底字。如“东征西讨”，把“征”的右边，“讨”的左边的部件分离出来，组拼成谜底字“证”。再如“分崩离析”，谜底“棚”。

（三）意合法。这是一种会意组合的方法，也叫会意法。有直接意合与间接意合两种。直接意合有明确的被指字，按指示字的意思，将被指字按其意组合，形成谜底字，如上例“内外交困”。再如“与从不同”，被指字是“众”，按其意，与“众”字不同，还是三个人，只是与“众”写法不同，谜底字“仨”。再如“三十而立——打一字”，按其意，把“三十”竖立起来，先要把“三十”合成一个字“卅”，谜底字即“丰”。间接意合则没有明确的被指字，按谜面成语意义的理解形成谜底字，如上例“熙熙攘攘”。再如“二八佳人——打一字”，“二八佳人”是年轻美丽的女子。理解成“少女”，“少”和“女”构成谜底字“妙”。类似的如“千言万语”构成谜底字“够”，“五谷丰登”构成谜底字“移”。以上是按谜面成语的“内容”意合，还可按形式意合成谜底字，如“表里如一”，谜底为“回”；“狭路相逢”，谜底为“丛”；“纵横交错”，谜底为“十”。值得注意的是，间接意合要理解（别解）成语的部分语义，联想构成谜底字。谜底字往往隐含在谜面成语所指语义内容或描写的形象形式之中，常靠猜谜者的感悟。

（四）减损法。这是指示字、定指字要求被指字省去某个部件或笔画，减损后留下的部件即形成谜底字，如前例“独占鳌头”，谜底“敖”即是。再如“恻隐之心”，“恻”字边的心（竖心旁）隐去了，谜底“则”。这是直接减损。还有谐音减损和会意减损。谐音减损的，如“华而不实”，“实”“十”谐音，“不实（十）”，不要“十”，谜底“化”。会意减损的，如“竭泽而渔——打一字”，“竭泽而渔”，排尽池子里的水来捞鱼。这时“渔”没有水（三点水）只有鱼儿了。谜底“鱼”。再如“黯然失色”，“黯”边的“黑”色失去了，谜底“音”。

（五）加笔法。按成语字面义指示，增加笔画，达到猜射的目的。如“一分为二——打一字”，将“一”从中加竖一笔，使“一”分为二段，谜底为“十”。再如“接二连三”，把“二”和“三”加一笔连接起来。谜底为“王”。这类谜语极少。

以上五种猜射方法中，用第二、三、四种方法猜射的成语字谜较多，是我们要重点掌握的猜射法。有时运用两种以上的猜射法猜一个谜语，就形成了猜射方法的第六种——综合法。

（原载《学语文报》2014 年第 1767 期）

逆式成语字谜的特点和猜射

——成语谜语之六

由谜面成语提供条件，猜射出谜底字的结果，这是顺式成语字谜。反之，谜面给一个字，去猜射一条成语，这便是逆式成语字谜。谜面字是结果，由结果再推导出形成这一结果的条件，即谜底成语。在收集的逆式成语字谜中，我们发现有相当一部分是先有顺式成语字谜，然后才把它们转变成逆式成语字谜。如先有“水落石出——打一字”，谜底为“泵”；“大公无私——打一字”，谜底为“八”；“巧夺天工”，谜底为“人”等，后才有用“泵”“八”“人”等字打一成语。逆式成语字谜相对较少。一定要掌握顺式成语字谜的特点和猜射法，这是猜射逆式成语字谜的基础。在此基础上，根据逆式成语字谜的谜语材料及其猜射的情况，归纳出三个特点，分述如下：

第一，谜面谜底的逆转性。由条件（谜面成语）到结果（谜底字）是顺式成语字谜的结构，逆式成语字谜则反转过来，把结果（字）变成谜面，把条件（成语）变成谜底，这一特点使结果（字）逆推出产生该字的条件（谜底成语）。这种谜面字（结果）往往是谜底成语（条件）中被指字或被指字的一部分，再联想指示字，构成成语。这便构成了与顺式成语字谜相对的谜面谜底的逆转性特点。

第二，谜底成语的补足性。成语中的被指字，在顺式成语字谜中是谜底基础字；在逆式成语字谜中为谜面字，以构成成语中的被指字，这“被指字”，往往要补足成符合成语条件的被指字，再补足指示字，成为谜底成语。如“斤——打一成语”，先把“斤”当作成语的被指字，联想成语：“斤斤计较、运斤成风、半斤八两”，就想到的这些成语，不可能有指示字及其指示作用得出其结果“斤”，这就要给“斤”补上笔画，构成另一个字，如“斥”，成语有“挥斥八极”，仍无“斤”的指示字，再把“斤”作为一个部件，构成合体字，这类字谜，更多的是把谜面字补足而构成合体字再进入成语查看。“斤”补足成合体字，如“欣、所、颀、斯、断、近、匠”等，补足成合体字后，再补上指示字联成一条成语，或者先联想成语，再通过指示字逐条考察，找出一条成语，能得出谜面字“斤”，该成语即为谜底。如联想“欣欣向荣、人心所向、斯文扫地、断子绝孙、近在咫尺、独具匠心”

等，再一条条考察被指字、指示字之间的关系，找出了“独具匠心”（谜底），猜射成功。这也体现了第一个特点：逆转性。“匠”字独具有心，不是一个“斤”字吗？同时，还产生了下面第三个特点。

第三，猜射时的联想性。补足谜面字要联想许多合体字，有时还要联想在谜面字上加笔画（如斤——斥），或加部件（如斤——欣）再联想含有补足字的成语。当然，联想要有相关的语文基础作为背景知识，否则无从联想。可见猜射逆式成语字谜是相当难的。难，不仅在于联想力要强，更在于要有丰富的语言文字的背景知识。

逆式成语字谜的猜射法就是“回推法”，即回溯推演法，把谜面字当作结果，回推出形成结果的成语，即谜底答案。要猜射逆式成语字谜，首先得弄清楚顺式成语字谜的特点和猜射法，对猜射法采取逆向思维，运用于推演逆式成语字谜的谜底成语即可。

（原载《学语文报》2014 年第 1769 期）

成语字谜选编（三）

以成语打一字：1. 安分守纪。2. 白璧微瑕。3. 百无一是。4. 抱残守缺。5. 抱头鼠窜。6. 本末倒置。7. 残花败柳。8. 承上启下。9. 痴心妄想。10. 充耳不闻。11. 措手不及。12. 大权旁落。13. 呆头呆脑。14. 弹尽援绝。15. 弹丸之地。16. 东拼西凑。17. 飞砂走石。18. 非同小可。19. 高天厚地。20. 各得其所。21. 功名未遂。22. 苟且偷安。23. 沽名钓誉。24. 瓜熟蒂落。25. 海市蜃楼。26. 烘云托月。27. 回心转意。28. 借题发挥。29. 进退维谷。30. 绝代佳人。31. 开源节流。32. 枯木逢春。33. 滥竽充数。34. 里应外合。35. 励精图治。36. 流言蜚语。37. 落花流水。38. 门庭若市。39. 名列前茅。40. 目瞪口呆。41. 目空一切。42. 喷薄欲出。43. 偏听偏信。44. 奇花异草。45. 前功尽弃。46. 前因后果。47. 巧取豪夺。48. 如虎添翼。49. 软硬兼施。50. 三十而立。51. 伤天害理。52. 诗中有画。53. 视而不见。54. 束手就擒。55. 随波逐流。56. 滔滔不绝。57. 同流合污。58. 偷梁换柱。59. 推心置腹。60. 望梅止渴。61. 文武双全。62. 吴头楚尾。63. 下车伊始。64. 相提并论。65. 心满意足。66. 心有余悸。67. 信口开河。68. 休戚与共。69. 寻根追底。70. 一笔勾销。71. 一步登天。72. 一了百了。73. 一去不复返。74. 一言堂。75. 一针见血。76. 一字之师。77.

隐姓埋名。78. 有板有眼。79. 有苦难言。80. 争分夺秒。81. 争先恐后。82. 众叛亲离。83. 专心致志。84. 捉襟见肘。85. 自相矛盾。

（原载《学语文报》2014 年第 1769 期）

成语字谜谜底：1. 妃。2. 王。3. 白。4. 导。5. 穴。6. 末。7. 茆。8. 卡。9. 相。10. 聋。11. 昔。12. 友。13. 口。14. 掸。15. 尘。16. 搼。17. 少。18. 奇。19. 享。20. 阁。21. 加。22. 宜。23. 喧。24. 爪。25. 觑。26. 育。27. 音。28. 提。29. 唯。30. 圭。31. 原。32. 椿。33. 汙。34. 佥。35. 清。36. 吾。37. 各。38. 闹。39. 茗。40. 橙。41. 口。42. 吹。43. 喧。44. 华。45. 力。46. 杲/畚。47. 奄。48. 彪。49. 砍。50. 莘/丰。51. 全。52. 畤。53. 瞎。54. 禽。55. 皮。56. 训。57. 亏。58. 林。59. 什。60. 沐/海。61. 斌。62. 足。63. 什。64. 抡。65. 音。66. 季。67. 汀。68. 伐。69. 过。70. 竺。71. 大。72. 白。73. 丢。74. 信。75. 皿。76. 帅。77. 如。78. 相。79. 亚。80. 余。81. 急。82. 休。83. 士。84. 衬。85. 尖。

（原载《学语文报》2014 年第 1771 期）

成语组构游戏

数字成语组构游戏

——成语组构游戏之一

一、关于成语组构的游戏规则

成语组构是给定一字或二字或多个字，以此组构一条或多条互相交接的成语，形成一种游戏性活动。成语组构游戏有“三定”规则，由此便有了三结果。这“三定”是：（一）定字。给规定的一个或几个字，参加游戏者用此规定的字来组构成语。如给“风”“雨”二字，这就是定字，若要求以此构成一条成语，其成语中有此二字即可。不管这二字相连相离，谁前谁后，如构成“暴风骤雨”“暴雨狂风”等，任何一条都行。可称作自由组构，为游戏规则之一。（二）定位。在定字的基础上，规定了该字在成语中的前后位置，如要求“风”“雨”二字连用，出现在成语的开头。成语有“风雨同舟”“风雨如晦，鸡鸣不已”，不论是四字格成语，还是八字格成语，满足了定位要求即可，两条取任何一条都行。这称作半自由成语组构，为游戏规则之二。（三）定格。规定组构成语的格式，如四字格、八字格或三字格、五字格、七字格等，通常以四字格居多。如要用“风”“雨”构成一条四字格成语，只要定字、定格即可，上举成语除八字格外，任何一条即可。如果加上定位，“三定”俱全，这便是成语填空游戏。如给“风__雨__”“__风__雨”或“风雨____”，要求填入适当的字，组成一条成语。这种“三定”合一者，是不自由组构，为规则之三。此外，在游戏中组构的成语，应在现行的正式出版的成语词典中查得到。否则，成语组构游戏无所依从。此为成语组构游戏规则之四。这四条游戏规则按编制的游戏内容选择运用或综合运用。

二、数字成语组构游戏

定字为数字，要求用此数字来组构成语。按“三定”的游戏规则，笔者编制了三组数字成语组构游戏。

A 组：

（一）定字分别为“一二”“二三”“三五”和“七八”“八九”，以此连用的两个数字各组构一条成语。

（二）定字分别为“一十”“三十”“五十”“七十”“九十”，以此连用的数字各组构一条成语。

（三）定字分别为“三”“六”“九”“十二”“十八”“二十一”“三十六”“七十二”以及“三百”“十万八千”各组构一条成语。

B 组：

（一）定字为“一”“二”“三”“四”“五”“六”“七”“八”“九”“十”，以此各组构一条成语，要求该定字均在成语的第二字位置上。

（二）定字为“一”“二”“三”“四”“五”“六”“七”“八”“九”“十”，以此各组构一条成语，要求该定字均在成语的最末的位置上。

C 组：

（一）成语填空之一。按四字格成语一、三两个位置给出的数字填空，使之分别组构成一条成语（已填空构成成语的，可不再填写）。

一__二__，二__三__，三__四__，四__五__，五__六__，六逸七贤，七__八__，八__九__，九__十__；十__九__，九垓八表，八叉七步，七__六__，六张五角，五__四__，四__三__，三__二__，二童一马。

（二）成语填空之二。表格有 13 条成语，定字为“一”，均包含在每一条四字格成语中，且已定位。请填入适当的字，使之组构成成语。

一			
	一		
		一	
			一
		一	
	一		
一			
	一		
		一	
			一
		一	
	一		
一			

（三）成语填空之三。要求组构六条成语，这六条成语的第一个字为数字，全同；第三个字分别为“一”“二”“三”“四”“五”“六”。填空于下表：

		一	
		二	
		三	
		四	
		五	
		六	

（原载《学语文报》2014 年第 1819 期）

三、数字成语组构游戏参考答案

说明：此为参考答案。组构的成语可以使用参考答案以外的成语，只要符合游戏内容的要求和游戏规则即可。

A 组：（一）略知一二、二三其德、三五成群、乱七八糟、八九不离十。（二）一五一十、三十而立、五十步笑百步、人生七十古来稀、九十春光。

（三）三人成虎、六神无主、九牛一毛、十二道金牌、十八般武艺、不管三七二十一、三十六计走为上计、七十二变、此地无银三百两、十万八千里。

B组：（一）三一三十一[1]、接二连三、张三李四、骈四俪六、吆五喝六、百六阳九[2]、杂七杂八、二八佳人、数九寒天、拔十得五。（二）整齐划一、独一无二、事不过三、低三下四、挨三顶五、四不拗六、不管三九二十七[3]、横七竖八、十有八九、闻一知十。

C组：（一）一清二楚、二帝三王、三朋四友、四分五裂、五颜六色、六逸七贤[4]、七扯八拉、八病九痛、九流十家；十拿九稳、九垓八表[5]、八叉七步[6]、七情六欲、六张五角[7]、五湖四海、四海三江、三心二意、二童一马[8]。

（二）

一	无	所	有
分	一	杯	羹
混	为	一	谈
百	里	挑	一
沧	海	一	粟
挂	一	漏	万
一	日	千	里
决	一	雌	雄
焕	然	一	新
表	里	如	一
万	众	一	心
惩	一	儆	百
一	刻	千	金

（三）

三	位	一	体
三	平	二	满
三	沐	三	薰
三	番	四	复
三	令	五	申
三	头	六	臂

注：

［1］三一三十一：指按三分平均分配。见于《汉语成语大词典》（中华书局 2002 年版）。

［2］百六阳九：指灾难、厄运。古代术数家的说法，天厄为阳九，地亏为六百。见于《新华成语大词典》（商务印书馆 2013 年版）。

［3］不管三九二十七：义同“不管三七二十一”。见于《汉语成语大词典》（中华书局 2002 年版）。

［4］六逸七贤：指相与交游、不拘礼法的名士或诗朋酒友。六逸：指唐代李白交的五位好朋友，称竹溪六逸。七贤：三国魏时，嵇康、阮籍等七人常宴集于竹林赏玩畅谈，称竹林七贤。见于《成语源流大词典》（江苏教育出版社 2003 年版）。

［5］九垓八表：指极高极远的地方。九垓：九重天。八表：八方之外。见于《新华成语大词典》（商务印书馆 2013 年版）。

［6］八叉七步：形容文思敏捷，才华极高。八叉：唐代温庭筠入试，每八叉手又八韵成，时号温八叉。七步：指三国魏时曹植七步成诗的故事。见于《成语源流大词典》（江苏教育出版社 2003 年版）。

［7］六张五角：古语有云：“五日遇角宿，六日遇张宿，此两日行事多不成。”指遭遇不好，事事不顺。见于《成语源流大词典》（江苏教育出版社 2003 年版）。

［8］二童一马：两个孩童共骑一竹马玩耍。指少年时代的好朋友。见于《汉大成语大词典》（汉语大词典出版社 1996 年版）。

（原载《学语文报》2014 年第 1826 期）

生肖成语组构游戏

——成语组构游戏之二

生肖，是代表十二地支而用来记人出生年的十二种动物，即鼠、牛、虎、兔、龙、蛇、马、羊、猴、鸡、狗、猪。含有这十二种动物的成语，称为生肖成语。现用这十二种动物名作为定字，再行定位定格，使每个动物名在四字格成语的不同位置上各组构一条。每组 4 条，共 12

组，48 条。

1.

鼠			
	鼠		
		鼠	
			鼠

2.

牛			
	牛		
		牛	
			牛

3.

虎			
	虎		
		虎	
			虎

4.

兔			
	兔		
		兔	
			兔

5.

龙			
	龙		
		龙	
			龙

6.

蛇			
	蛇		
		蛇	
			蛇

7.

马			
	马		
		马	
			马

8.

羊			
	羊		
		羊	
			羊

9.

猴			
	猴		
		猴	
			猴

10.

鸡			
	鸡		
		鸡	
			鸡

11.

狗			
	狗		
		狗	
			狗

12.

猪			
	猪		
		猪	
			猪

（原载《学语文报》2014 年第 1821 期）

参考答案：

1.

鼠	目	寸	光
投	鼠	忌	器
抱	头	鼠	窜
胆	小	如	鼠

2.

牛	刀	小	试
对	牛	弹	琴
多	如	牛	毛
目	无	全	牛

3.

虎	视	眈	眈
调	虎	离	山
狐	假	虎	威
如	狼	似	虎

4.

兔	死	狐	悲
狡	兔	三	窟
龟	毛	兔	角
守	株	待	兔

5.

龙	飞	凤	舞
画	龙	点	睛
虎	踞	龙	盘
望	子	成	龙

6.

蛇	蝎	心	肠
画	蛇	添	足
杯	弓	蛇	影
打	草	惊	蛇

7.

马	到	成	功
走	马	观	花
兵	荒	马	乱
单	枪	匹	马

8.

羊	肠	小	道
十	羊	九	牧
虎	入	羊	群
歧	路	亡	羊

9.

猴	年	马	月
沐	猴	而	冠
尖	嘴	猴	腮
杀	鸡	吓	猴

10.

鸡	虫	得	失
杀	鸡	取	卵
小	肚	鸡	肠
呆	若	木	鸡

11.

狗	急	跳	墙
打	狗	看	主
狐	朋	狗	友
飞	鹰	走	狗

12.

猪	狗	不	如
杀	猪	宰	羊
人	头	猪	脑
一	龙	一	猪

（原载《学语文报》2014 年第 1823 期）

反义字成语组构游戏

——成语组构游戏之三

反义字成语是含有一组意义上相反或相对的字的成语。如“轻财重义”“大公无私”“得失相半”。这种成语游戏是给一组反义字为定字，并定格于四字格中，列出表格，规定了反义字的位序，按格填空，组构成语。此处编制了10组共40条成语供组构成语游戏之用。

1.

天	地		
		天	地
天		地	
	天		地

2.

日	月		
		日	月
日		月	
	日		月

3.

古	今		
		古	今
古		今	
	古		今

4.

生	死		
		生	死
生		死	
	生		死

5.

文	武		
		文	武
文		武	
	文		武

6.

手	足		
		手	足
手		足	
	手		足

7.

是	非		
		是	非
是		非	
	是		非

8.

东	西		
		东	西
东		西	
	东		西

9.

大	小		
		大	小
大		小	
	大		小

10.

上	下		
		上	下
上		下	
	上		下

（原载《学语文报》2014年第1823期）

参考答案：

1.

天	地	不	容
别	有	天	地
天	长	地	久
欢	天	喜	地

2.

日	月	如	梭
枉	费	日	月
日	新	月	异
不	日	不	月

3.

古	今	绝	唱
博	览	古	今
古	为	今	用
说	古	论	今

4.

生	死	与	共
誓	同	生	死
生	离	死	别
出	生	入	死

5.

文	武	双	全
兼	资	文	武
文	修	武	备
能	文	能	武

6.

手	足	无	措
亲	如	手	足
手	舞	足	蹈
胼	手	胝	足

7.

是	非	之	地
搬	弄	是	非
是	今	非	昔
口	是	心	非

8.

东	西	南	北
各	奔	东	西
东	张	西	望
声	东	击	西

9.

大	小	不	一
事	无	大	小
大	材	小	用
老	大	不	小

10.

上	下	其	手
举	国	上	下
上	天	下	地
敬	上	爱	下

（原载《学语文报》2014 年第 1825 期）

叠连字成语组构游戏

——成语组构游戏之四

两条或两条以上的成语，有一字或一字以上的相同的字，并为两条成语所共用，由此把这些成语连接起来，成为几何图形，其中的空格，由游戏者填入适当的字，以组构成成语。这是“三定”（定字、定位、定格）的成语组构游戏中较难的一种成语填空游戏。这里设计了三种形式：封闭式、开放式和板块式，其中根据图形又分一些小类，供大家做成语填空游戏之用。

A类：封闭式

1. 三角形

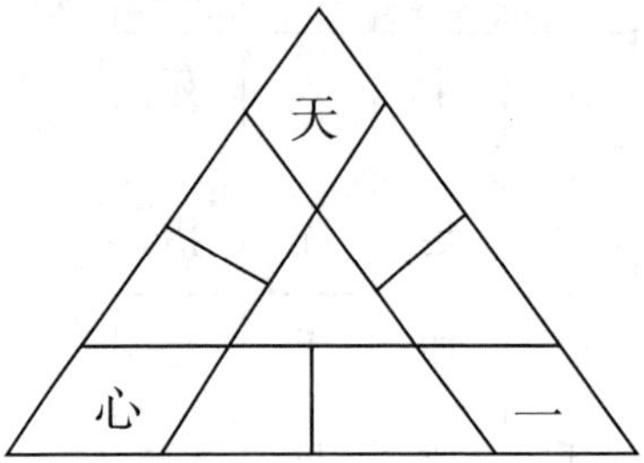

2. 正方形

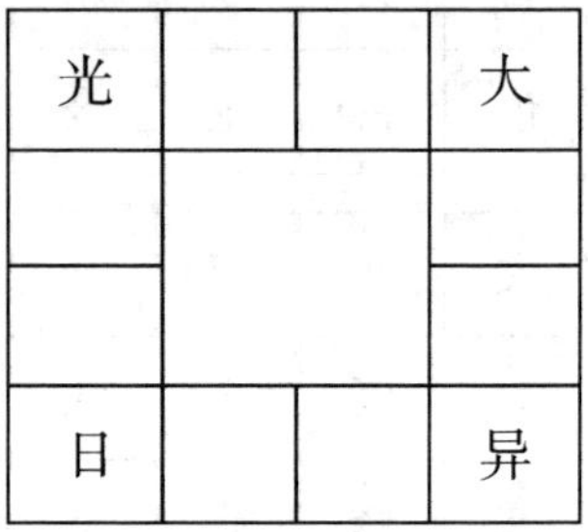

3. 圆形

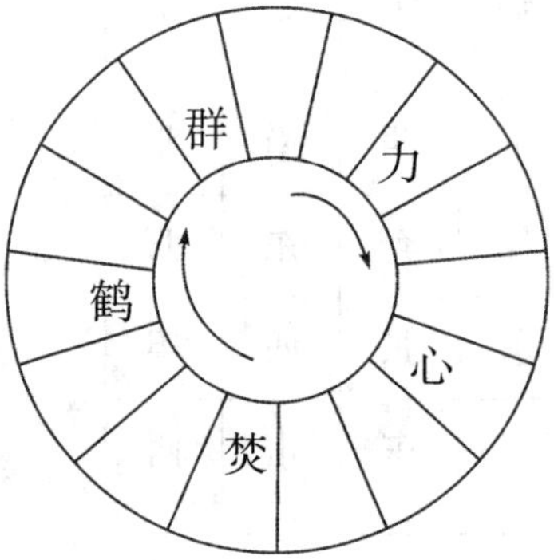

4. 六边形

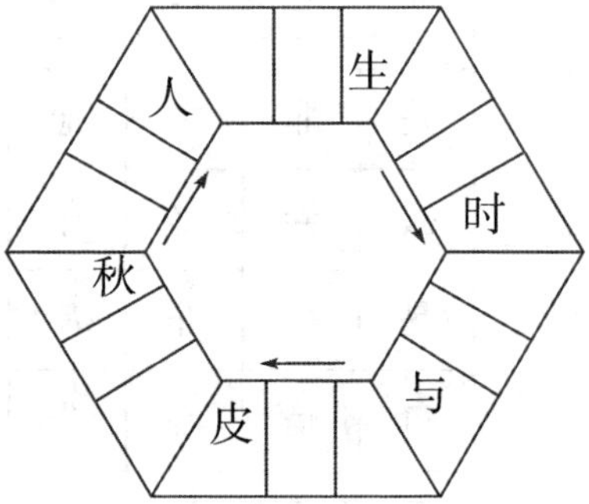

5. 横“日”字形

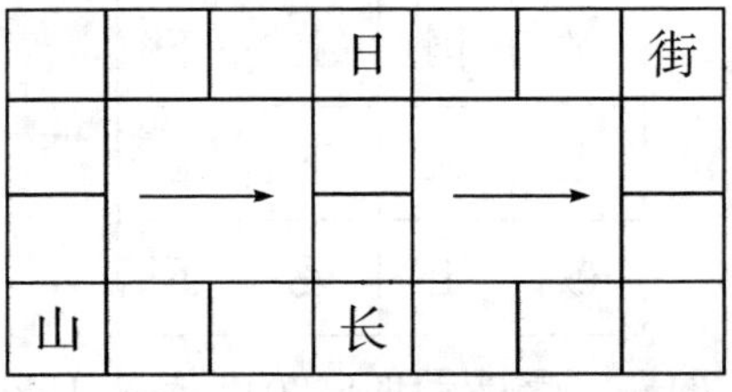

B 类：开放式

1. 三叉形

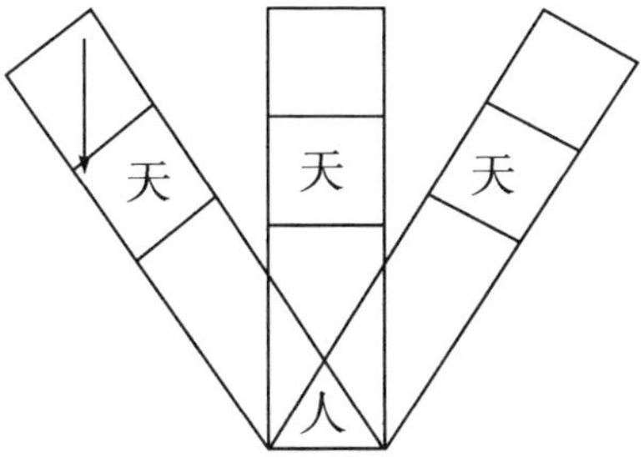

2. “十”字形

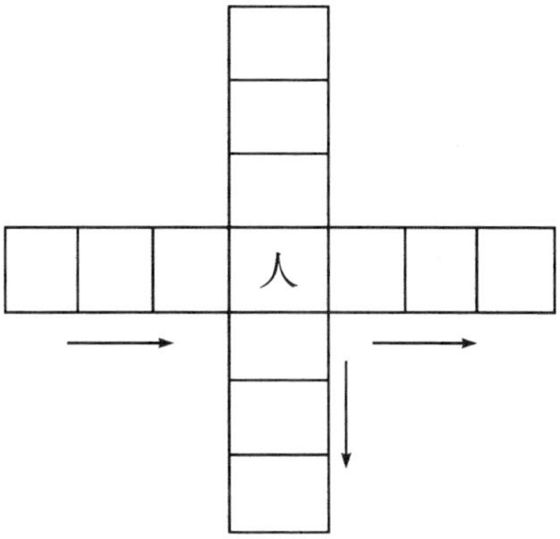

3. 扇形

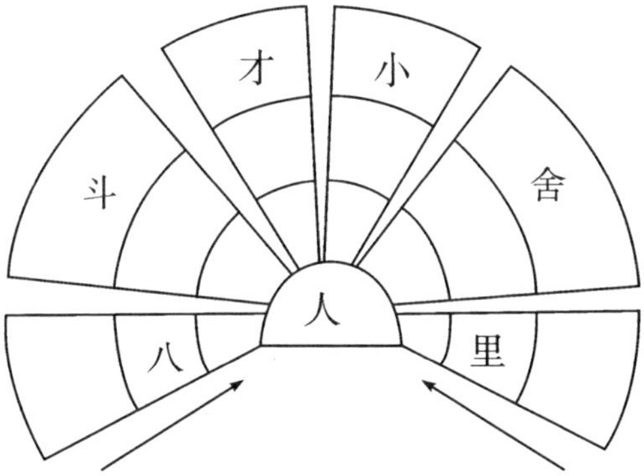

4. 车轮形

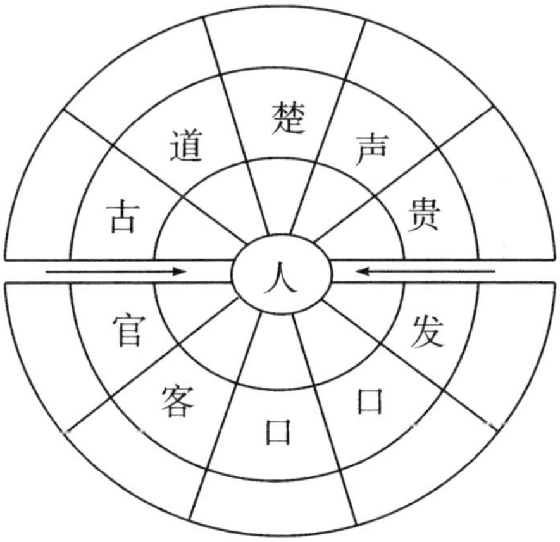

5. 横“王”字形（中间是两条三字格成语）

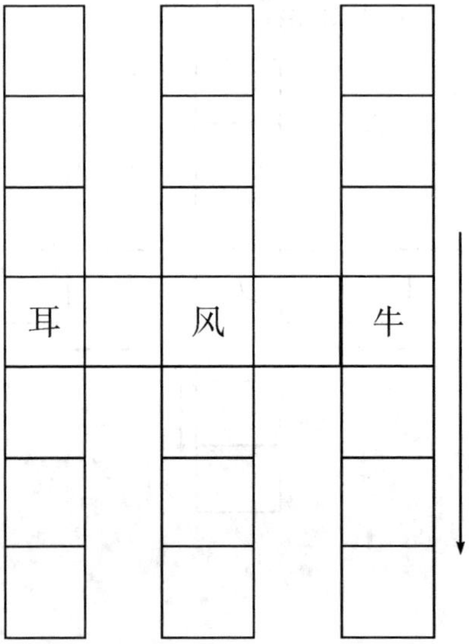

C类：板块式

1. 左上角形

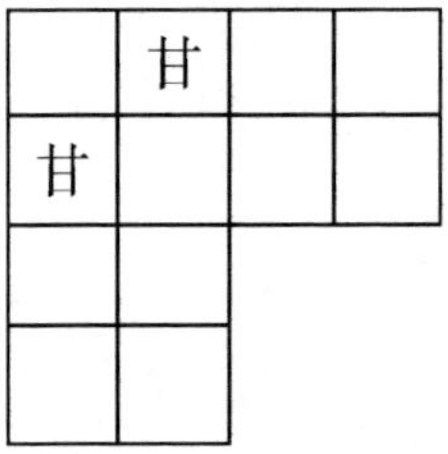

2. 上凸形

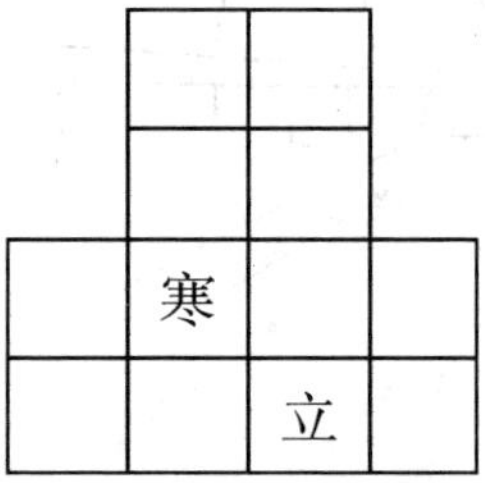

3. 右上角形

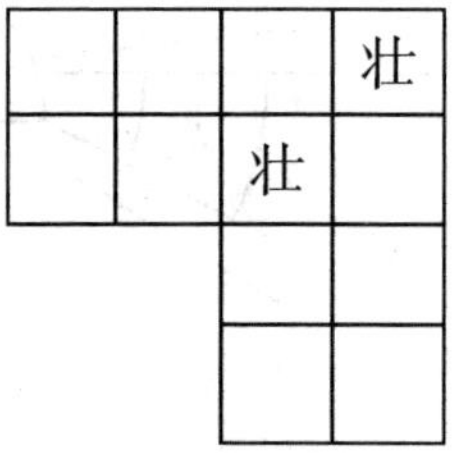

4. 左下角形

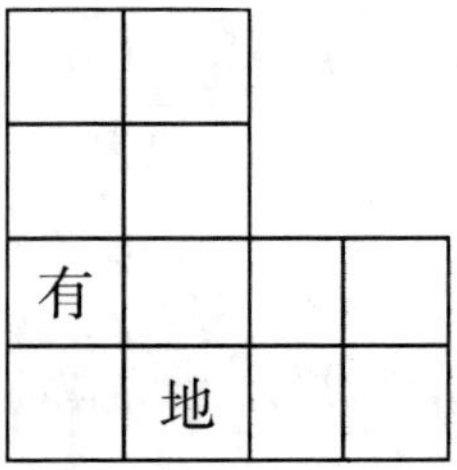

5. 下凸形

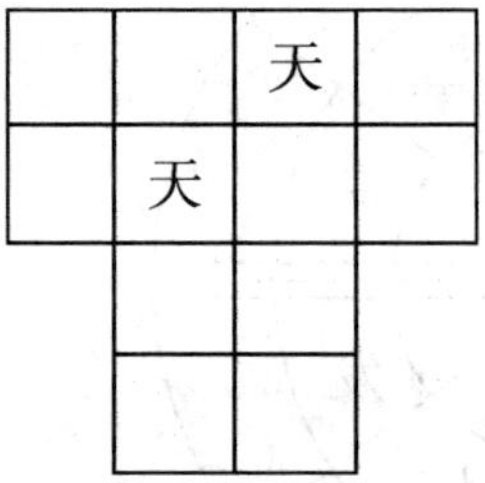

6. 右下角形

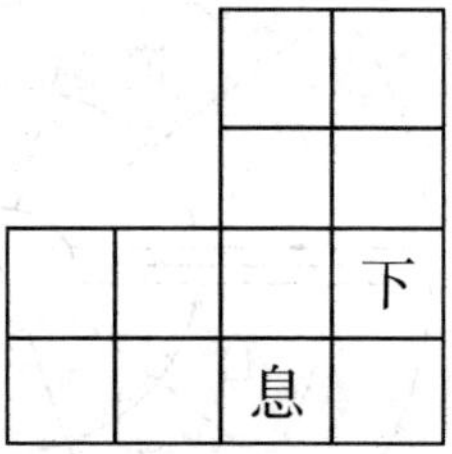

（原载《学语文报》2014 年第 1825 期）

参考答案

A类：封闭式

1. 三角形

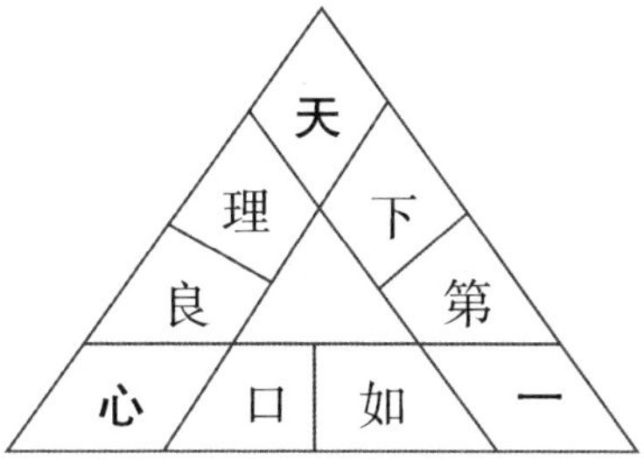

2. 正方形

光	明	正	**大**
天			同
化			小
日	新	月	**异**

3. 圆形

4. 六边形

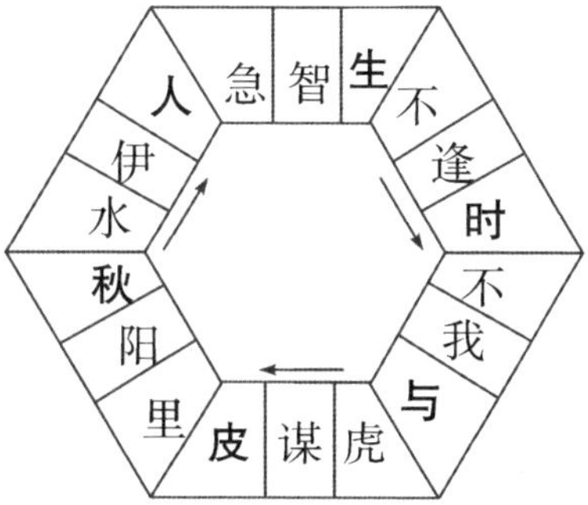

5. 横“日”字形

日	复	一	**日**	转	千	**街**
落			久			谈
西	→		天	→		巷
山	高	水	**长**	话	短	说

B类：开放式

1. 三叉形

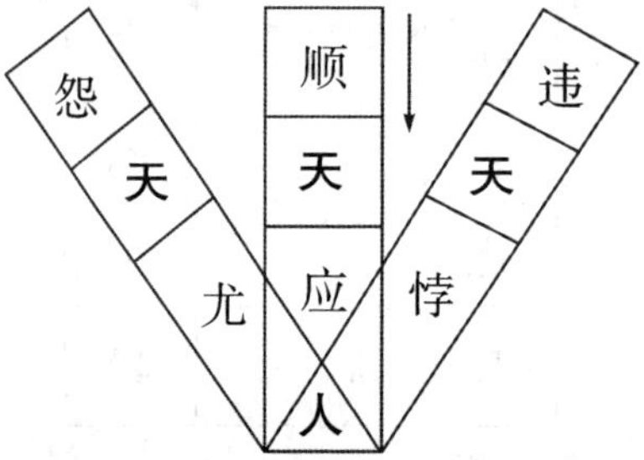

2. “十”字形

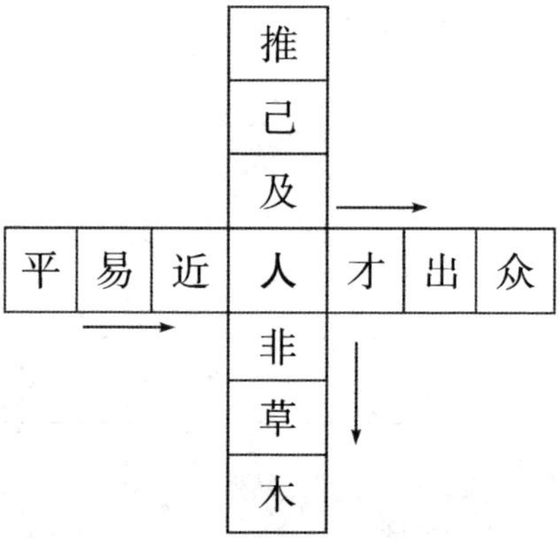

3. 扇形

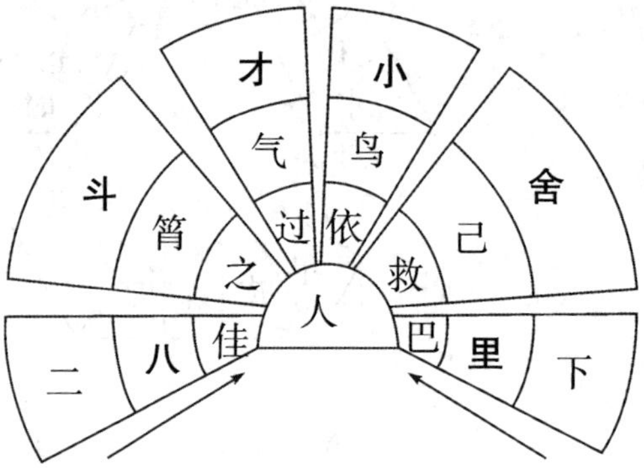

4. 车轮形

5. 横“王”字形（中间是两条三字格成语）

如		口		气
雷		角		喘
贯		春		如
耳	边	**风**	马	**牛**
提		吹		郎
面		草		织
命		动		女

C 类：板块式

1. 左上角形

不	**甘**	人	后
甘	心	情	愿
示	如		
弱	荠		

2. 上凸形

	数	鼎	
	九	足	
不	**寒**	而	栗
顶	天	**立**	地

3. 右上角形

理	直	气	**壮**
雄	心	**壮**	志
		山	凌
		河	云

4. 左下角形

后	出		
继	人		
有	头	有	尾
人	**地**	生	疏

5. 下凸形

地	老	**天**	荒
有	**天**	无	日
	拔	二	
	地	日	

6. 右下角形

		自	低
		强	声
不	上	不	**下**
屏	声	**息**	气

（原载《学语文报》2014 年第 1827 期）

多音字成语组构游戏

——成语组构游戏之五

用多音字组构成语，实际上是多音多义字组构成语。要求用每个音项组构一条成语，如“参”有（1）cān，（2）chā，（3）cēn 三个音项，组构三条成语即可。不管一个音项中的多义，如 chā 这个音项在成语中至少有两义可以组构成两条成语：“差三错四”和“差强人意”，只要求组构其中一条（能多组构当然更好）。这里选取了 30 个多音字，每个只录两个音项（不管是否只有两个读音），各组构一条成语即可。不给字在成语中定位，但都必须是四字格成语。30 个多音字如下：

1. 艾（1）ài（2）yì 2. 车（1）chē（2）jū 3. 称（1）chèn（2）chēng 4. 重（1）chóng（2）zhòng 5. 处（1）chǔ（2）chù 6. 传（1）chuán（2）zhuàn 7. 当（1）dāng（2）dàng 8. 调（1）diào（2）tiáo 9. 斗（1）dǒu（2）dòu 10. 发（1）fā（2）fà 11. 更（1）gēng（2）gèng 12. 号（1）háo（2）hào 13. 喝（1）hē（2）hè 14. 和（1）hé（2）hè 15. 济（1）jǐ（2）jì 16. 落（1）là（2）luò 17. 好（1）hǎo（2）hào 18. 量（1）liáng（2）liàng 19. 难（1）nán（2）nàn 20. 宁（1）níng（2）nìng 21. 胖（1）pán（2）pàng 22. 少（1）shǎo（2）shào 23. 舍（1）shě（2）shè 24. 省（1）shěng（2）xǐng 25. 鲜（1）xiān（2）xiǎn 26. 相（1）xiāng（2）xiàng 27. 兴（1）xīng（2）xìng 28. 应（1）yīng（2）yìng 29. 载（1）zǎi（2）zài 30. 中（1）zhōng（2）zhòng

（原载《学语文报》2014 年第 1827 期）

参考答案（只列举 14 个多音字）

说明：此为参考答案，仅供参考，所写的成语不一定跟参考答案一样，只要符合游戏内容的要求和游戏规则即可。

每一个字列有两个音项，组构两条成语即可。参考答案中对一个音项有多义者，也适当多列举几例常用成语，以供参考。有的多义字不大好理解的，在成语之后做了简短的尾注，亦仅供参考而已。

1. 艾（1）ài①方兴未艾（艾：停止）②期期艾艾

2. 车（1）chē 杯水车薪

（2）jū 丢卒保车

3. 称（1）chèn 称心如意

（2）chēng①称兄道弟②拍手称快③称斤掂量

4. 重（1）chóng 重整旗鼓

（2）zhòng①拈轻怕重②积重难返（积重：积习很深。）③轻重缓急④老成持重（重：稳重，慎重。）⑤重于泰山⑥安土重迁（重：以……为重，看重）

5. 处（1）chǔ①五方杂处（处：居所）②泰然处之③处心积虑（处：存在于）

（2）chù 大处着眼

6. 传（1）chuán①传闻轶事②传宗接代（传：继承）

（2）zhuàn 不见经传

7. 当（1）dāng①当机立断②门当户对③螳臂当车（当：挡住）④首当其冲（当：处在）⑤臭不可当（当：承受）

（2）dàng 安步当车（当：当作，作为）

8. 调（1）diào 调兵遣将

（2）tiáo①风调雨顺②调三窝四（调：挑拨）

9. 斗（1）dǒu①尺布斗粟②斗酒百篇③斗折蛇行（斗折：像北斗星排列的那样曲折蜿蜒）

（2）dòu①斗志昂扬②斗鸡走狗

10. 发（1）fā①发号施令②整装待发③发人深省④发聋振聩（发：开启，使打开）⑤先发制人（发：发动，开始行动）

（2）fà 千钧一发

11. 更（1）gēng①更阑夜静②万象更新③少不更事（更：经历）

（2）gèng 更上一层楼

12. 号（1）háo 号寒啼饥

（2）hào 号令如山

13. 喝（1）hē 喝西北风

（2）hè 当头棒喝（喝：大声喊叫）

14. 中（1）zhōng①中流砥柱②中西合璧

（2）zhòng①言必有中（中：正对上，切中）②正中下怀（中：符合）③恶语中伤（中：击中，使遭受到）

（原载《学语文报》2014 年第 1829 期）

成语配对游戏

成语配对和配对游戏规则

——成语配对游戏之一

鲁迅《从百草园到三味书屋》有“上午习字、晚上对课”，“对课”是私塾教学中“对对子”的一门课程。蔡元培《我在教育界的经验》：“对课与现在的造句法相近。大约由一字到四字，先生出上联，学生想出下联来。不但名词要对名词，静词要对静词，动词要对动词，而且每一种词里面，又要取其品性相近的。例如先生出一‘山’字，是名词，就要用‘海’字或‘水’字来对他，因为都是地理的名词。又如出‘桃红’二字，就要用‘柳绿’或‘薇紫’等词来对他；第一字都用植物的名词，第二字都用颜色的静词。别的可以类推。这一种功课，不但是作文的开始，也是作诗的基础。”张志公《传统语文教育初探》中“读写基础和训练”一章“属对”一节有云：“教学生对对子（从前叫做‘属对’），这是更值得注意的一种教学方法。”又说：“属对是一种实际的语音、词汇的训练和语法训练，同时包含修辞训练和逻辑训练的因素。可以说，是一种综合的语文基础训练。”

配对，就是上面讲的对对子。成语配对是按要求用成语来对对子。我们吸收传统属对的一些方法和优点，结合相关知识和中学生的实际，编成成语配对游戏，以游戏的方式进行趣味性的成语学习和训练。传统的属对，老师出一个字，如“山”（又叫“引对字”），学生对一个“水”字（构成“引对”，又叫一字对）；接着是二字对：“山重”对“水复”；“山重水复”构成一条成语，再用一条成语与之配对：“山重水复—柳暗花明”。前面的二字对，是成语的内部对，后者用成语对成语，是成语的外部对。这里的成语配对游戏重点是做成语的外部对。

下面提出成语配对的游戏规则，共 4 条。

第一条，配对的成语要求字数相等。本游戏中配对的成语一律采用四字格成语。

第二条，配对的成语要求近义或反义。

近义配对，指配对的成语，其意义相近或相关，意义相关是对意义相近的补充和说明。如近义成语“东拼西凑”和“东挪西借”，都有设法凑齐的意思。“挪、借”意义范围较小，指凑齐钱，是对意义范围较大的“拼、凑”的补充和具体化，是成语中成分的关联，在“东 A 西 B”的格式中构成近义成语。再如“水到渠成”和“瓜熟蒂落”是两个不同的事件，都可表示做某事的条件成熟了，这件事就会做成功，由此意义的关联构成一组广义的近义成语。

反义配对，指配对的成语，其意义相反相对。意义相对是对意义相反的补充和延伸。有的意义相对，但不一定相反，如成语“喜从天降”和“祸从天降”，单就“喜”“祸”而言，“喜”的反义词是“悲”，“祸”的反义词是“福”，但在成语中，“喜”指喜事，“祸”指祸事，在成语中这两个字的意义得到补充和延伸。这两条成语的含义相对相反，构成广义的反义成语。

成语配对，意义上可宽一点，广义的近义成语和反义成语均可参与成语配对游戏。

第三条，配对的成语要求结构相同。结构不同的近义成语或反义成语不能参与成语配对游戏。短语（词组）的基本结构有 5 种：联合（并列）结构、偏正结构、主谓结构、动宾结构、补充结构（参见《语文》教材七年级下册“短语简表”）。我们以此来分析成语结构，一般只分析到两个层次。如“开门大吉”，第一个层次，前后两段划为主谓结构。第二个层次，前段二字为动宾结构，后段二字为偏正结构。配对的成语要与它结构相同，它的反义成语是“关门大吉”。“安如泰山”和“危如累卵”是一组反义成语，第二层次结构不同，“泰山”是一个名词，“累卵”是一个动宾短语，它们的结构不配对，不能参与成语配对游戏。此外，还有两个特殊的结构，一是连动结构，即由几个连续发生的动作组成，如“破门而入”，和它配对的是“破门而出”。二是兼语结构，即一个词是前一个动词的宾语，又是后一个动词的主语，这个词兼有主语和宾语的双重身份，如“调虎离山”，“调虎”是动宾结构，“虎离山”是主谓结构，“虎”具有双重身份。与之配对的是“放虎归山”。现在只是要同学们了解一下成语中有这两种特殊结构。

第四条，配对的成语要求对应的词性相同。如近义成语“天长地久”和“天长日久”，它们的前后两段都是名词和形容词，对应词的词性相同，意义、结构都符合配对的游戏规则。“刀耕火种”和“精耕细作”是一组反义成语，因词性不同（“刀、火”是名词，“精、细”是形容词），不能参与成语配对游戏。

总之，配对的上联成语和下联成语要求都是四字格成语，它们是近义或反义，结构和词性必须相同。这是我们要遵守的游戏规则。让我们在游戏中获得成语的多方面的训练，提高对成语的理解能力和运用能力。

参照上文第二段讲的引对字“山”，配对成“山—水”，“山重—水复”，“山重水复—柳暗花明”，给下列10个引对字进行如此三步配对，引对字要求做成语的首字。配对的成语同义反义均可，要求符合游戏规则。

（1）大　（2）上　（3）天　（4）风　（5）古

（6）东　（7）南　（8）前　（9）称　（10）新

参考答案

（1）大：大—小　大街—小巷　大街小巷—大家小户

（2）上：上—下　上行—下效　上行下效—上勤下顺

（3）天：天—地　天塌—地陷　天塌地陷—天崩地裂

（4）风：风—云　风起—云涌　风起云涌—风流云散

（5）古：古—今　古往—今来　古往今来—春去秋来

（6）东：东—西　东奔—西走　东奔西走—东游西逛

（7）南：南—北　南征—北战　南征北战—东荡西除

（8）前：前—后　前思—后想　前思后想—左思右想

（9）称：称—道　称孤—道寡　称孤道寡—称王道霸

（10）新：新—旧　新仇—旧恨　新仇旧恨—新愁旧怨

（注：“仇、恨”“仇、怨”均为名词性语素）

附言：现在和以后所提出的答案，强调一下，均为参考答案。比如（4）引对字“风”答案中对的是“云”，亦可对“浪”“雨”等，符合答题要求即可。

近义成语配对游戏

——成语配对游戏之二

按前面讲的成语配对游戏规则，要求配对的上联成语和下联成语都是四字格成语，这里要求配对者为近义成语，其结构与词性相同。配对者必须符合这四条游戏规则，否则，不能参与成语配对游戏。

近义成语配对游戏，这里设计了四组。

第一组：按四条游戏规则，为给予的上联成语配上近义的下联成语。本组分为a、b、c三小组，配对的成语分别要求一字同、二字同、三字同。如

b小组，配对的成语要求二字同，上联“暴风骤雨”，下联配上“疾风横雨”，其中有“风”“雨”二字同。本组编有30配组，每配组有成语结构和近义提示，供配对参考（提示中的“二者”指上联成语和下联成语。）。

a. 上联成语和下联成语有一字同。

(1) ｛一语破的

提示：二者第一层为主谓结构，第二层前段为偏正结构，后段为动宾结构。○都可表示直截了当、击中要害。

(2) ｛大巧若拙

提示：二者第一层为主谓结构，第二层前段为偏正结构，后段为动宾结构。○都可表示灵巧有智慧的人外表却显得愚笨。

(3) ｛兵多将广

提示：二者第一层为联合结构，第二层前后两段均为主谓结构。○都可表示军力强大。

(4) ｛金科玉律

提示：二者第一层为联合结构，第二层前后两段均为偏正结构。○都可表示必须遵守的、不可改变的规则、条款等。

(5) ｛明火执仗

提示：二者第一层为联合结构，第二层前后两段均为动宾结构。○都可表示公开地、不加遮掩地干坏事。

(6) ｛背信弃义

提示：二者第一层为联合结构，第二层前后两段均为动宾结构。○都有不讲道义、不讲诚信、忘记他人恩惠的意思。

(7) ｛殊途同归

提示：二者第一层为联合结构，第二层前后两段均为偏正结构。○都可表示不同的方法、途径、表现形式，达到的目的和产生的结果是一样的。

(8) {稳如泰山

提示：二者第一层为主谓结构，第二层后三字为动宾结构。○都可用来比喻事物坚固、稳定。

(9) {能言善辩

提示：二者第一层为联合结构，第二层前后两段均为偏正结构。○都可表示善于言辞。

(10) {蠢蠢欲动

提示：二者第一层为偏正结构，前段为叠音词作修饰语，后段为能愿结构。○都可形容准备马上行动的样子。

b. 上联成语和下联成语有二字同。

(1) {一落千丈

提示：二者第一层为补充结构，第二层前后两段均为偏正结构。○都可表示从高处急遽下降。

(2) {千丝万缕

提示：二者第一层为联合结构，第二层前后两段均为偏正结构。○都可表示繁多、纷乱、极其复杂的意思。

(3) {天南海北

提示：二者第一层为联合结构，第二层前后两段均为偏正结构。○都可表示很远的地方或远方各地。

(4) {花言巧语

提示：二者第一层为联合结构，第二层前后两段均为偏正结构。○都可表示巧妙的、动听的、动人的甜美话语。

(5) 视而不见

提示：二者前一字和后二字为联合结构，后段为偏正结构。○都可表示不理睬、不重视的意思。

(6) 承上启下

提示：二者第一层为联合结构，第二层前后两段均为动宾结构。○都可表示承前者开启后者的意思。

(7) 油腔滑调

提示：二者第一层为联合结构，第二层前后两段均为偏正结构。○都可表示说话油滑、轻浮、不实在，善于耍嘴皮子。

(8) 兼容并包

提示：二者第一层为联合结构，第二层前后两段均为联合结构。○都可表示有关的方方面面都收入包容在内。

(9) 惊天动地

提示：两者第一层为联合结构，第二层前后两段均为动宾结构。○都可形容声音、声势、事件、某种状况等震惊巨大。

(10) 深谋远虑

提示：二者第一层为联合结构，第二层前后两段均为偏正结构。○都可表示深入地、反复地、多方面地、周密地进行思考。

c. 上联成语和下联成语有三字同。

(1) 一呼百诺

提示：两者第一层为联合结构，第二层前后两段均为主谓结构。○都可表示一人呼唤众人应诺，都可显示个人权势煊赫。

(2) 山明水秀

提示：两者第一层为联合结构，第二层前后两段均为主谓结构。○都可形容山水景致秀美。

(3) 天长地久

提示：两者第一层为联合结构，第二层前后两段均为主谓结构。○都可形容时间长久。

(4) 立锥之地

提示：两者第一层为偏正结构，第二层前段为动宾结构。○都可形容微小的地方。

(5) 安家立业

提示：两者第一层为联合结构，第二层前后两段均为动宾结构。○都可形容组成家庭创建事业。

(6) 如花似锦

提示：两者第一层为联合结构，第二层前后两段均为动宾结构。○都可形容十分娇艳、极其美好。

(7) 报仇雪恨

提示：两者第一层为联合结构，第二层前后两段均为动宾结构。○都可形容除掉仇恨、洗清耻辱。

(8) 前仆后继

提示：两者第一层为联合结构，第二层前后两段均为主谓结构。○二者都可表示勇往直前、不怕牺牲、继续奋斗的意思。

(9) 排山倒海

提示：两者第一层为联合结构，第二层前后两段均为动宾结构。〇都可形容声势浩大、力量巨大。

（10）窃窃私语

提示：两者第一层为偏正结构，第二层后段为偏正结构。〇都表示私下里小声说悄悄话。

第二组：下面是已配对的10组成语，请写出它们的结构和意义。（可参看上题“提示”的写法）

示例：垂头丧气
灰心丧气

结构：两者第一层为联合结构，第二层前后两段均为动宾结构。

意义：都可形容情绪低落、意志消沉。

（1）不约而同
不谋而合

结构：

意义：

（2）安分守纪
循规蹈矩

结构：

意义：

（3）卑躬屈膝
俯首帖耳

结构：

意义：

（4）胡言乱语
胡说白道

结构：

意义：

（5）蚍蜉撼树
螳臂当车

结构：

意义：

（6）推波助澜
兴风作浪

结构：

意义：

（7）添油加醋
添枝加叶

结构：

意义：

（8）脱胎换骨
洗心革面

结构：

意义：

（9）避重就轻
避实就虚

结构：

意义：

（10）瞠目结舌
张口结舌

结构：

意义：

第三组：请按游戏规则给下列上联成语配上下联成语。

(1) 一石二鸟 / ______

(2) 不堪入目 / ______

(3) 休戚相关 / ______

(4) 人心所向 / ______

(5) 无边无际 / ______

(6) 公而忘私 / ______

(7) 全心全意 / ______

(8) 自吹自擂 / ______

(9) 别具一格 / ______

(10) 弦外之音 / ______

(11) 谈天说地 / ______

(12) 偷梁换柱 / ______

(13) 精卫填海 / ______

(14) 装模作样 / ______

(15) 漫不经心 / ______

第四组：检查下列30小组配对近义的成语，找出其中不符合游戏规则的配对成语，并说明不能参与成语配对游戏的原因。

(1) 才高八斗 / 学富五车

(2) 马到成功 / 旗开得胜

(3) 无机可乘 / 无懈可击

(4) 犬牙交错 / 纵横交错

(5) 不胫而走 / 不翼而飞

(6) 见风使舵 / 顺水推舟

(7) 去粗取精 / 去伪存真

(8) 白璧微瑕 / 白璧无瑕

(9) 片言只语 / 三言两语

(10) 半途而废 / 前功尽弃

(11) 仪表堂堂 / 风度翩翩

(12) 过河拆桥 / 卸磨杀驴

(13) 并驾齐驱 / 双管齐下

(14) 感人肺腑 / 沁人心脾

(15) 乱七八糟
污七八糟

(16) 良药苦口
忠言逆耳

(17) 鸡零狗碎
鸡毛蒜皮

(18) 画饼充饥
望梅止渴

(19) 刻不容缓
迫不及待

(20) 侃侃而谈
娓娓而谈

(21) 闻所未闻
见所未见

(22) 说长道短
说三道四

(23) 莞尔一笑
嫣然一笑

(24) 破涕为笑
转喜为悲

(25) 集腋成裘
聚塔成沙

(26) 康庄大道
阳关大道

(27) 惊弓之鸟
漏网之鱼

(28) 粗心大叶
粗枝大叶

(29) 痴心妄想
胡思乱想

(30) 触景生情
即景生情

参考答案

第一组：

a. (1) 一语破的
一针见血

(2) 大巧若拙
大智如愚

(3) 兵多将广
兵强马壮

(4) 金科玉律
清规戒律

(5) 明火执仗
明目张胆

(6) 背信弃义
忘恩负义

(7) 殊途同归
异曲同工

(8) 稳如泰山
坚如磐石

(9) 能言善辩
能说会道

(10) 蠢蠢欲动
跃跃欲试

b. (1) 一落千丈
一泻千里

(2) 千丝万缕
千头万绪

(3) 天南海北
天涯海角

(4) 花言巧语
甜言蜜语

(5) 视而不见 / 听而不闻

(6) 承上启下 / 承前启后

(7) 油腔滑调 / 油嘴滑舌

(8) 兼容并包 / 兼收并蓄

(9) 惊天动地 / 惊心动魄

(10) 深谋远虑 / 深思熟虑

c.（1）一呼百诺 / 一呼百应

(2) 山明水秀 / 山清水秀

(3) 天长地久 / 天长日久

(4) 立锥之地 / 立足之地

(5) 安家立业 / 成家立业

(6) 如花似锦 / 如花似玉

(7) 报仇雪恨 / 报仇雪耻

(8) 前仆后继 / 前赴后继

(9) 排山倒海 / 移山倒海

(10) 窃窃私语 / 窃窃私议

第二组：

(1) 不约而同 / 不谋而合

结构：两者第一层为偏正结构，前二字修饰后一字，第二层前段为偏正结构。

意义：都可表示事先没有商定，碰巧完全一致。

(2) 安分守纪 / 循规蹈矩

结构：两者第一层为联合结构，第二层前后两段均为动宾结构。

意义：都有守本分，按规矩办事的意思。

(3) 卑躬屈膝（卑躬：低下弯曲的身子） / 俯首帖耳

结构：两者第一层为联合结构，第二层前后两段均为动宾结构。

意义：都可形容屈从听命、讨好主人的奴才相。

(4) 胡言乱语 / 胡说白道

结构：两者第一层为联合结构，第二层前后两段均为偏正结构。

意义：都可表示违背事实乱说一通。

(5) 蚍蜉撼树
螳臂当车

结构：两者第一层为主谓结构，第二层后段为动宾结构。

意义：都可表示渺小的要胜过力量强大的是做不到的。

(6) 推波助澜
兴风作浪

结构：两者第一层为联合结构，第二层均为动宾结构。

意义：都可表示制造事端使事态扩大。

(7) 添油加醋
添枝加叶

结构：两者第一层为联合结构，第二层前后两段均为动宾结构。

意义：都可表示编造一些本来没有的东西给添加上去。

(8) 脱胎换骨
洗心革面

结构：两者第一层为联合结构，第二层前后两段均为动宾结构。

意义：都可表示思想、观点、行为等方面彻底悔改。

(9) 避重就轻
避实就虚

结构：两者第一层为联合结构，第二层前后两段均为动宾结构。

意义：都可表示避开要害或难以进行的问题。

(10) 瞠目结舌
张口结舌

结构：两者第一层为联合结构，第二层前后两段均为动宾结构。

意义：都可表示因受某种刺激而说不出话来。

第三组：

(1) 一石二鸟
一箭双雕

(2) 不堪入目
不堪入耳

(3) 休戚相关
荣辱与共

(4) 人心所向
众望所归

(5) 无边无际
无穷无尽

(6) 公而忘私
国而忘家

(7) 全心全意 / 真心实意

(8) 自吹自擂 / 自卖自夸

(9) 别具一格 / 独树一帜

(10) 弦外之音 / 言外之意

(11) 谈天说地 / 讲古论今

(12) 偷梁换柱 / 偷天换日

(13) 精卫填海 / 愚公移山

(14) 装模作样 / 装腔作势

(15) 漫不经心 / 漠不关心

第四组：

不能参与近义成语配对游戏的有（4）、（7）、（8）、（9）、（10）、（13）、（17）、（22）、（26）、（29）共10小组。不能参与近义成语配对游戏的原因分别叙述如下：

①（4）小组：上联成语前段“犬牙”是偏正结构，下联成语相对的“纵横”是联合结构，结构不配对。

②（7）小组：上联成语和下联成语中的“粗、精”和“真、伪”不能构成近义关系。

③（8）小组：上联成语说“有瑕”（微瑕），下联成语说“无瑕”，不能构成近义关系。

④（9）小组：上联成语中的“片、只”和下联成语中的“三、两”词性不相对。

⑤（10）小组：上联成语为偏正结构，下联成语为主谓结构，结构不相对。

⑥（13）小组：上联成语中的“并”是动词，并排的意思。“驾”，驾车。下联成语中的“双”是数词，“管”是名词，二者词性、结构都不配对。

⑦（17）小组：上联成语中的“零、碎”是形容词，下联成语中的“毛、皮”是名词，词性不相对。

⑧（22）小组：上联成语中的“长、短”是形容词，下联成语中的“三、四”是数词，二者词性不相对。

⑨（26）小组：上联成语中的“康庄”指四通八达。古语有“五达谓之康，六达谓之庄”，“阳关”是地名。二者结构不相对，意义有差别。

⑩（29）小组：上联成语中的“妄想”是不切实际的想法。“想”是名

词，与“心”相对。下联成语中的“想”是动词，二者词性不对，不能参与配对游戏。

反义成语配对游戏

——成语配对游戏之三

前面讲的成语配对游戏规则，要求配对的上联成语和下联成语都是四字格成语，这里要求配对者为反义成语，其结构与词性相同。配对者必须符合这四条游戏规则，否则不能参与成语配对游戏。

反义成语配对游戏，这里设计了四组。

第一组：按四条游戏规则，为给予的上联成语配上反义的下联成语。本组分为a、b、c、d四小组，配对的成语分别要求一字同、二字同、三字同、四字同。本组有40配组，每配组有成语结构和反义提示，供配对参考（提示中的“两者”指上联成语和下联成语）。

a. 上联成语和下联成语有一字同。

(1) {大恩大德

提示：两者第一层为联合结构，第二层前后两段均为偏正结构。○在恩德惠及的大与小方面构成相对的意义。

(2) {功成名就

提示：两者第一层为联合结构，第二层前后两段均为主谓结构。○在立了功，成了名和身份丧失，名声毁坏方面构成相反的意义。

(3) {甘居下游

提示：两者第一层为动宾结构，第二层前后两段均为偏正结构。○在甘心落后和奋力争先方面构成反义。

(4) {耳聪目明

提示：两者第一层为联合结构，第二层前后两段均为主谓结构。○在视听灵敏与迟钝方面构成反义。

(5) {成家立业

提示：两者第一层为联合结构，第二层前后两段均为动宾结构。○在家业的创建与丧失方面构成反义。

(6) {国破家亡

提示：两者第一层为联合结构，第二层前后两段均为主谓结构。○在国家灭亡、家庭破败和国家太平、人民安康方面构成反义。

(7) {垂头丧气

提示：两者第一层为联合结构，第二层前后两段均为动宾结构。○在受到失败、挫折后的低落情绪与摆脱压抑后的畅快心情方面构成相对相反的意义。

(8) {喋喋不休

提示：两者第一层为偏正结构，第二层前者为叠音词，后者为偏正结构。○在不停地讲话和毫不作声方面构成相反相对的意义。

(9) {理屈词穷

提示：两者第一层为联合结构，第二层前后两段均为主谓结构。○在理亏无话可说和有理说话有气势方面构成相对相反的意义。

(10) {感恩戴德

提示：两者第一层为联合结构，第二层前后两段均为动宾结构。○在对他人恩德与背弃方面构成反义。

b. 上联成语和下联成语有二字同。

(1) {一心一意

提示：两者第一层为联合结构，第二层前后两段均为偏正结构。○在全心同一与心意不专方面构成相对相反的意义。

(2) {大公无私

提示：两者第一层为联合结构，第二层前后两段均为动宾结构。○在以公为大、毫无偏私和借办公事、谋取私利方面构成相反相对的意义。

(3) {同心同德

提示：两者第一层为联合结构，第二层前后两段均为动宾结构。○在思想与信念上同一和背离方面构成相反的意义。

(4) {年富力强

提示：两者第一层为联合结构，第二层前后两段均为主谓结构。○在身体、精力的强盛与衰弱方面构成相对相反的意义。

(5) {花好月圆

提示：两者第一层为联合结构，第二层前后两段均为主谓结构。○在圆满与残缺方面构成反义。

(6) {青山绿水

提示：两者第一层为联合结构，第二层前后两段均为偏正结构。○美好的自然环境与恶劣的自然环境构成反义。

(7) {国富民强

提示：两者第一层为联合结构，第二层前后两段均为主谓结构。○国家、人民在富强与困穷方面构成反义。

(8) {和风细雨

提示：两者第一层为联合结构，第二层前后两段均为偏正结构。○在风雨的和缓与迅猛方面构成相对相反的意义。

(9) {枯枝败叶

提示：两者第一层为联合结构，第二层前后两段均为偏正结构。○树木在枯败与青绿长势方面构成相对相反的意义。

(10) {家给人足

提示：两者第一层为联合结构，第二层前后两段均为主谓结构。○家庭及成员在富足与衰亡方面构成反义。

c. 上联成语和下联成语有三字同。

(1) 千虑一得

提示：两者第一层为主谓结构，第二层前后两段均为偏正结构。〇在考虑之后的得与失方面构成反义。

(2) 百废待兴

提示：两者第一层为主谓结构，第二层后段为动宾结构。〇被搁置的事，尚未兴办和全部兴办起来构成相对相反的意义。

(3) 有始无终

提示：两者第一层为联合结构，第二层前后两段均为动宾结构。〇在不能坚持到底和能坚持到底方面构成反义。

(4) 有勇无谋

提示：两者第一层为联合结构，第二层前后两段均为动宾结构。〇在有“勇”的前提下，有无谋略构成反义。

(5) 师出有名

提示：两者第一层为主谓结构，第二层前段为主谓结构，后段为动宾结构。〇在出兵打仗有无正当理由和名义上构成反义。

(6) 后继无人

提示：两者第一层为主谓结构，第二层前段为偏正结构，后段为动宾结构。〇在有无继承人方面构成反义。

(7) 言而有信

提示：两者第一层为主谓结构，第二层后段为动宾结构。〇在说话方面，由讲信用和不讲信用构成反义。

(8) 怒形于色

提示：两者第一层为主谓结构，第二层（“形于色”）为补充结构。〇在愤怒与喜悦上构成相对的意义。

(9) {胸有成竹

提示：两者第一层为主谓结构，第二层（“有成竹”）为动宾结构。○在“成竹”的有无上构成反义。

(10) {胸怀大志

提示：两者第一层为主谓结构，第二层（“怀大志”）为动宾结构。○在胸中是否存有大志向上构成反义。

d. 上联成语和下联成语四字全同。

(1) {女扮男装

提示：两者第一层为主谓结构，第二层（“扮男装”）为动宾结构。○在装扮上男与女构成相对的意义。

(2) {小题大做

提示：两者第一层为主谓结构，第二层前后两段均为偏正结构。○在选题与做题上，大与小构成反义。

(3) {化零为整

提示：两者为兼语结构。“零”既是前面一词的宾语，又是后者的主语。“为整”是动宾结构。○零与整构成相对的意义。

(4) {分久必合

提示：两者第一层为主谓结构，第二层前段为补充结构，后段为偏正结构。○在时间长久的前提下，分与合构成相对相反的意义。

(5) {以德报怨

提示：两者第一层为偏正结构，第二层前段为介词结构，后段为动宾结构。○在回报对方时，由“德”和“怨”构成相对的意义。

(6) {事半功倍

提示：两者第一层为联合结构，第二层前后两段均为主谓结构。○在做事与效果上由“倍”和“半”构成相对相反的意义。

（7）学非所用

提示：两者第一层为主谓结构，第二层为动宾结构。○在“学”与“用”上构成相对相反的意义。

（8）点铁成金

提示：两者第一层为兼语结构，“铁”作前一词的宾语，又作后面的主语。“成金”为动宾结构。○在形成“金”或“铁”上构成相对的意义。

（9）厚古薄今

提示：两者第一层为联合结构，第二层前后两段均为动宾结构。○在对待古今的态度上构成相反相对的意义。

（10）得而复失

提示：两者第一层为联合结构，第二层后段为偏正结构。○在“得”与“失”方面构成相反相对的意义。

第二组：下面是已配对的10组成语，请写出它们的结构和意义。（参看上题“提示”的写法）

示例：嫉贤妒能
举贤任能

结构：二者第一层为联合结构，第二层前后两段均为动宾结构。

意义：在对待贤能问题上，嫉妒排斥与举荐任用这两方面构成相反相对的意义。

（1）人困马乏
人强马壮

结构：

意义：

（2）小手小脚
大手大脚

结构：

意义：

（3）仇深似海
恩重如山

结构：

意义：

（4）达官贵人
平民百姓

结构：

意义：

（5）传宗接代
断子绝孙

（6）笨嘴笨舌
伶牙俐齿

结构：
意义：

结构：
意义：

(7) 苛捐杂税 / 轻徭薄赋
结构：
意义：

(8) 非亲非故 / 沾亲带故
结构：
意义：

(9) 粗制滥造 / 精雕细刻
结构：
意义：

(10) 祸国殃民 / 利国利民
结构：
意义：

第三组：请按游戏规则给下列上联成语配上下联成语。

(1) 三言两语
(2) 夕阳西下
(3) 见利思义
(4) 心中无数
(5) 丰衣足食
(6) 风急浪高
(7) 以理服人
(8) 有情有义
(9) 安分守己
(10) 先发制人
(11) 任人唯亲
(12) 合二为一
(13) 身单力薄
(14) 苦不堪言
(15) 知难而进
(16) 承前启后
(17) 流芳百世
(18) 暮气沉沉
(19) 锦上添花
(20) 榜上无名

第四组：检查下列 30 组反义成语，找出其中不符合游戏规则的配对成语，并说明不能参与成语配对游戏的原因。

(1) 一言丧邦 / 一言兴邦　(2) 人间天堂 / 人间地狱　(3) 大家闺秀 / 小家碧玉

(4) 不毛之地 / 膏腴之地　(5) 心腹之患 / 疥癣之疾　(6) 心狠手辣 / 心慈手软

(7) 以退为进 / 以进为退　(8) 北面称臣 / 南面称王　(9) 目光如炬 / 目光如豆

(10) 半信半疑 / 坚信不疑　(11) 百家争鸣 / 万马齐喑　(12) 问心有愧 / 问心无愧

(13) 自高自大 / 自轻自贱　(14) 兵多将广 / 兵微将寡　(15) 表里不一 / 表里如一

(16) 单枪匹马 / 千军万马　(17) 肺腑之言 / 违心之论　(18) 相反相成 / 相辅相成

(19) 哀兵必胜 / 骄兵必败　(20) 急流勇进 / 急流勇退　(21) 顺之者昌 / 逆之者亡

(22) 怒气冲冲 / 喜气洋洋　(23) 粗衣恶食 / 锦衣玉食　(24) 菩萨心肠 / 蛇蝎心肠

(25) 虚情假意 / 真情实意　(26) 略逊一筹 / 略胜一筹　(27) 量体裁衣 / 削足适履

(28) 锋芒毕露 / 锋芒不露　(29) 屡战屡败 / 屡战屡胜　(30) 赫赫有名 / 默默无闻

成语配对游戏之三参考答案

第一组：

a. (1) 大恩大德 / 小恩小惠　(2) 功成名就 / 身败名裂　(3) 甘居下游 / 力争上游

(4) 耳聪目明 / 耳聋眼花　(5) 成家立业 / 倾家荡产　(6) 国破家亡 / 国泰民安

(7) 垂头丧气 / 扬眉吐气　(8) 喋喋不休 / 默默不语　(9) 理屈词穷 / 理直气壮

(10) 感恩戴德 / 忘恩负义

b. (1) 一心一意 / 三心二意　(2) 大公无私 / 假公济私　(3) 同心同德 / 离心离德

(4) 年富力强 / 年老力衰　　(5) 花好月圆 / 花残月缺　　(6) 青山绿水 / 穷山恶水

(7) 国富民强 / 国困民穷　　(8) 和风细雨 / 急风暴雨　　(9) 枯枝败叶 / 青枝绿叶

(10) 家给人足 / 家破人亡

c. (1) 千虑一得 / 千虑一失　　(2) 百废待兴 / 百废俱兴　　(3) 有始无终 / 有始有终

(4) 有勇无谋 / 有勇有谋　　(5) 师出有名 / 师出无名　　(6) 后继无人 / 后继有人

(7) 言而有信 / 言而无信　　(8) 怒形于色 / 喜形于色　　(9) 胸有成竹 / 胸无成竹

(10) 胸怀大志 / 胸无大志

d. (1) 女扮男装 / 男扮女装　　(2) 小题大做 / 大题小做　　(3) 化零为整 / 化整为零

(4) 分久必合 / 合久必分　　(5) 以德报怨 / 以怨报德　　(6) 事半功倍 / 事倍功半

(7) 学非所用 / 用非所学　　(8) 点铁成金 / 点金成铁　　(9) 厚古薄今 / 厚今薄古

(10) 得而复失 / 失而复得

第二组：

(1) 人困马乏 / 人强马壮

结构：两者第一层为联合结构，第二层前后两段均为主谓结构。

意义：人、马，在疲惫、困乏与威武、强壮上构成相对的意义。

(2) 小手小脚 / 大手大脚

结构：两者第一层为联合结构，第二层前后两段均为偏正结构。

意义：在办事乱用乱花和小气吝啬上构成相对相反的意义。

(3) 仇深似海 / 恩重如山

结构：两者第一层为主谓结构，第二层前段为主谓结构，后段为动宾结构。

意义：在极大的恩和极大的仇方面构成相对相反的意义。

（4）达官贵人
平民百姓

结构：两者第一层均为联合结构，第二层前后两段均为偏正结构。

意义：显贵的高官富人和普通的民众百姓构成相对的意义。

（5）传宗接代
断子绝孙

结构：两者第一层为联合结构，第二层前后两段均为动宾结构。

意义：一代代传下来和没有子孙后代传下来构成相反的意义。

（6）笨嘴笨舌
伶牙俐齿

结构：两者第一层为联合结构，第二层前后两段均为偏正结构

意义：善于言辞和不善言辞构成相对相反的意义。

（7）苛捐杂税
轻徭薄赋

结构：两者第一层为联合结构，第二层前后两段均为偏正结构。

意义：赋税的苛刻繁杂与轻薄较少构成相对的意义。

（8）非亲非故
沾亲带故

结构：两者第一层为联合结构，第二层前后两段均为动宾结构。

意义：不是亲戚朋友和是亲戚朋友构成相对相反的意义。

（9）粗制滥造
精雕细刻

结构：两者第一层为联合结构，第二层前后两段均为偏正结构。

意义：粗糙草率与细心认真两种工作作风构成相反相对的意义。

（10）祸国殃民
利国利民

结构：两者第一层为联合结构，第二层前后两段均为动宾结构。

意义：在使国家、人民遭灾祸与得好处上构成相对相反的意义。

第三组：

(1) 三言两语 / 千言万语　　(2) 夕阳西下 / 旭日东升

(3) 见利思义 / 见利忘义　　(4) 心中无数 / 心中有数

(5) 丰衣足食 / 缺衣少食　　(6) 风急浪高 / 风平浪静

(7) 以理服人 / 以力服人　　(8) 有情有义 / 无情无义

(9) 安分守己 / 惹是生非　　(10) 先发制人 / 后发制人

(11) 任人唯亲 / 任人唯贤　　(12) 合二为一 / 一分为二

(13) 身单力薄 / 身强力壮　　(14) 苦不堪言 / 乐不可支

(15) 知难而进 / 知难而退　　(16) 承前启后 / 空前绝后

(17) 流芳百世 / 遗臭万年　　(18) 暮气沉沉 / 朝气勃勃

(19) 锦上添花 / 雪中送炭　　(20) 榜上无名 / 榜上有名

第四组：

不能参加反义成语配对游戏的有（3）、（4）、（10）、（11）、（15）、（16）、（17）、（21）、（24）、（28）共10小组，原因分述如下：

①（3）小组："闺"是名词，"碧"是形容词，词性不同。

②（4）小组："不毛"是偏正结构，"膏腴"是联合结构，二者结构不对应。

③（10）小组："半"是数词，"不"是副词，词性不同。

④（11）小组："争鸣"是联合结构。"齐喑"是偏正结构，结构不对应。

⑤（15）小组："不一"是偏正结构，"如一"是动宾结构，二者结构、词性不对应。

⑥（16）小组："单"，形容词，"匹"量词；"千、万"，数词，词性不

对应。

⑦（17）小组："肺腑"联合结构，"违心"动宾结构，结构不对应。

⑧（21）小组：这是一条八字格成语，不是两条四字格成语。

⑨（24）小组："菩萨"是梵语音译省略词，"蛇蝎"是联合结构。

⑩（28）小组："毕"是形容词，"不"是副词，词性不对应。

（以上答案仅供参考。个别词的词性可能有争议，此处仅为个人意见。）

后　记

这本书是奉献给朋友们的一本消闲读物，书的最后也和朋友们聊聊天，谈的内容与这本书的成语短文没多大关系，姑且当作写这本书的个人历史背景来了解一下。

我 1940 年 1 月生于汉口，妈妈是个小学教师，喜欢唱歌，喜欢读书。还是幼儿时，妈妈就教我唱“小羊儿乖乖，把门儿开开……”“树上小鸟啼，江畔帆影移……”。这些词还记得开头两句，名字不知道，哄我睡觉时，唱的是“粪车是我们的报晓鸡，多少的声音跟着它起。前门叫卖菜，后门叫卖米……”，唱着唱着我就睡着了。稍大一点，妈妈又教我背《三字经》《百家姓》，间或教我背诵点短小的唐诗。父亲也是教书的。他读了一年的初中，家中无钱，不让他读了，后自学，考取了高中，边打工边读书，当时还参加抗日救亡的学生运动，主要以教书为生。新中国成立前，为了生活，父亲到处代课，中学语数外都教，还会教会计，后来主要教会计了。幼年时，父亲还教我《论语》《孟子》，之后，还教我《秋水轩尺牍》和《古文观止》（此书还保留着）。因抗战“逃兵荒”，我们一家由汉口逃往乡村。记得是在汉阳远郊的奓山，父亲租了一间泥巴砖砌成的房子，招来了十几名学生，教他们识字。教学条件很差，那时称为“教‘泥巴馆’”，大约相当于教“私塾”，但是没有用《三字经》《百家姓》这些传统的启蒙教材，用的是新式国语课本，我记得开头是“人、手、足、刀、尺、山、水、日、狗、牛、羊，一身、二手、大山、小石，天地日月、父母男女……”。大约过了半个月，有的学生送来一碗米（粗瓷饭碗，我们叫“湖南碗”），有的学生送来两个鸡蛋，有的学生送来一把韭菜，很少给钱的。两三年后，抗战胜利前夕，我们回到了汉口老家。记得 1945 年，日本人投降的那一天，真是热闹非凡，我家一出巷子就是三民路孙中山先生的铜像（这个地方时称“铜人像”，人人皆知），晚饭后，父亲扛着我到马路上看热闹，我只记得人山人海，行走十分困难，到处是一圈一圈的踩高跷、玩龙灯、划采莲船的人，还有放鞭炮、烟火的，大家欢庆抗战胜利。

妈妈上班了，在附近小学教书，每天把我带去，上课时坐在别的老师的课堂里，下了课，有高年级学生找我玩。我大约7岁上小学，在一所较好的公立小学——新安区国民小学（听父亲说以前叫“九小”）。后来新安区国民小学改为“十一小”，新中国成立后改为“二十一小”，就是现在的六渡桥小学，我上小学以后，父亲仍然教《秋水轩尺牍》《古文观止》，我仍不理解，讲解了也难理解，只是背诵，如今一点也不记得了。母亲从小体弱，有肺病，生了四个小孩后，病狠了，又要照顾小孩，于是没上班了，后来第四个孩子得病去世了。之后，又生了一个弟弟，小弟弟是我和老二（妹妹）用奶粉喂大的。父亲为生活奔波，又要照顾生病的妈妈，也无力管四个孩子了。我们的生活也十分清苦，母亲的病越来越重，家里无力支付就医费用，母亲1954年1月去世，年仅38岁。这以后我也没读《古文观止》了。通过学习学校的课程，接受传统的孩童教育，我知道了一些典故，有的是成语故事，以后中学学习，又接触到了，便自然关注了，这便是继续关注成语的一个铺垫。

再聊聊现在，谈谈我参编《汉语成语大词典》的一些情况，也是我学习与研究成语的开始。

1980年暑假，我调到湖北大学古籍研究所（当时称武汉师范学院语言研究室）工作，参与周总理批示的国家大型科研课题《汉语大字典》的编纂工作，这一工作由湖北、四川两省共300多人承担，1975年到1986年完成，参加者有的姓名都没有登上。后来补上了高庆赐先生，还有如邢福义先生就没有补上。我编写时，用到了高先生和邢先生做的例句卡。邢老先生还去四川参加过《汉语大字典》的编写工作会议，同行的华中科技大学中文系的李崇兴可以作证，为此工作的，不管有名无名，都在为祖国的文化建设事业尽职尽责，努力奋斗，齐心协力完成周总理批示的任务。

我们在做资料卡片时发现成语典故的资料，于是，再制作一份留下来，1981年决定编纂一本《汉语成语大词典》。全体工作人员除了注意留下编大词典时涉及成语的语料之外，寒暑假等假日每人都有“假期作业”，要求每人读书做语料卡片。开始还登记，后来太多了，交来即收，保守地估计，约有二十万张。

第一次整理时，将近九千条，后来不断整理资料，条目越来越多，1982年底，编写的初稿由约一万三千条增至一万五千多条。到 1985 年出版时，其数量约为一万七千条（我统计的具体数目是一万六千九百四十五条），由河南人民出版社出版，这是我国出版的第一部《汉语成语大词典》，出版当年成为我国十大畅销书之一，2002 年由中华书局出版了修订本。

《汉语成语大词典》主编朱祖延先生、副主编舒焚当时组织并抽出舒焚、鲁丰、我三人专编并审核成语词典条目，编写《汉语大字典》条目的任务分给其他同志。词典编到最后，许国经先生被安排抽出部分时间协助主编审稿。这本词典的主要编纂者，应该有五人：朱祖延、许国经、舒焚、鲁丰、我。成语词典交稿给出版社后，责任编辑刘一之多次往返郑州、武汉两地，舒焚、鲁丰和我也多次往返这两地。最后，出版社终审统稿前夕，大家得知已有两部成语大词典即将出版，一部在终审之中，一部即将上机开印。为了赶早出书，朱祖延先生派我去郑州，代表主编，协助责编刘一之完成终审、统稿和定稿工作，并处理存在的问题，这一工作顺利完成。印刷厂一天三班倒，终于在 1985 年 7 月，在全国出版了第一部《汉语成语大词典》。我在参编成语大词典的过程中，和同志们一起讨论收条目、释义、语料运用等方面的问题，尤其是通过争议，让人思考一些问题，学到了很多东西。《汉语成语大词典》出版后，我才能抽点业余时间来整理编纂中思考的问题，写了一些文章。如《试问 AABB 式成语》（载《汉语研究》1986 年第 1 期）、《古代典籍和成语的源流》（载《咸宁师专学报》1987 年第 1 期）、《“赴汤蹈火”的多侧面研究》（载《语言学通讯》1988 年第 2 期）、《成语抽换语表的类型及特点》（载《语言学通讯》1989 年第 1、2 期合刊）、《试问香港作家作品中成语的运用》（中山大学出版社 1989 年版）等。《汉语成语大词典》一出版，朱祖延先生就要我写篇推介性的文章，我马上写了一篇《编写成语大词典的条目组织、语义诠释和资料运用——谈〈汉语成语大词典〉的特点》[载《湖北大学学报》（哲学社会科学版）1986 年第 6 期]，算是一个小结，主要偏重这一事例，应该是事实性的小结。接着，我又从理论上思考，写了一篇《成语研究和成语词典的编纂》[载《湖北大学学报》（哲学社会科学版）1991 年第5 期]，此文被中国人民大学报刊复印中心主办的《语言文字学》1991 年第 11 期全文转载，此后，又被《辞书研究》1996 年第 52 期转载。

成语词典的编纂，对我来说，是暂告段落，为我从 20 世纪 90 年代继续进行成语研究打下了一个基础，现在就谈这么多，20 世纪 90 年代以后的事，有机会再谈。

这本书的整理、打印等杂事搞了四五年，都是几位学生帮我搞，韦奇林整理好全书，刘沁完成终校，对他们表示感谢！这本书的出版，还要感谢汪国胜教授、匡鹏飞教授的大力支持与帮助，感谢华中师范大学出版社各位领导和相关编校人员的辛勤工作，没有他们的努力，这本书是无法出版的。这本书的出版也是把研究成果变成通俗短文的一次尝试。恳请专家学者、各位师友和广大读者多提意见，批评指教！

卢卓群

2023 年 3 月 20 日